经济管理学术文库 • 经济类

财产性收入及其不平等研究

Property Income and Its Inequality Study

郭　斌／著

图书在版编目（CIP）数据

财产性收入及其不平等研究/郭斌著. —北京：经济管理出版社，2014.12
ISBN 978-7-5096-3525-4

Ⅰ. ①财… Ⅱ. ①郭… Ⅲ. ①居民实际收入—收入分配—研究—中国 Ⅳ. ①F126.2

中国版本图书馆 CIP 数据核字（2014）第 283701 号

组稿编辑：陈　力
责任编辑：陈　力　高　娅
责任印制：司东翔
责任校对：赵天宇

出版发行：经济管理出版社
（北京市海淀区北蜂窝 8 号中雅大厦 A 座 11 层　100038）
网　　址：www. E-mp. com. cn
电　　话：(010) 51915602
印　　刷：三河市延风印装厂
经　　销：新华书店
开　　本：720mm×1000mm/16
印　　张：13.75
字　　数：225 千字
版　　次：2015 年 1 月第 1 版　2015 年 1 月第 1 次印刷
书　　号：ISBN 978-7-5096-3525-4
定　　价：42.00 元

序

2010年我国国内生产总值（GDP）首次超过日本，跃居世界第二，我国人均GDP也迅速上升至6767美元（2013年）。从此，我国经济也就进入了一个总量上进一步超越美国、占领总量全球第一的历史阶段和具体过程。我国经济发展能够进入这样一个阶段和过程，实现这样一次新的超越，将具有划时代意义。不实现这样一次新的超越，不仅中华民族伟大复兴的中国梦不可能实现，而且我国经济发展还将面临更加严峻的“中等收入陷阱”的严重威胁与挑战。

显而易见，在全球经济大失衡和国内资源约束进一步强化的大背景下，成功实现这样一次新的历史性超越，不仅需要进一步深化我国的经济体制和其他体制的改革，还需要进一步推进我国经济结构和产业结构的大调整，更需要进一步实现我国经济发展模式和增长方式的大转型，同时也需要进一步调整和改善我国收入分配关系，维护和促进经济公平和社会正义，实现公平与效率的持续协调和积极均衡。

推进经济公平和社会正义，实现公平与效率的持续协调和积极均衡，实现我国国民经济的持续健康发展，要科学认识以生产资料所有制为基础的生产发展关系，尤其需要正确处理以生产资料所有制为基础的收入分配关系。在经济学发展史上，美国经济学家库兹涅茨（Kuznets）曾通过实证分析，论证和阐明了“倒U型曲线”，给出了收入分配差距与经济发展阶段之间客观存在的内在联系，阐明了收入差距先是较大并随经济发展水平的提升而逐渐变小的逻辑关系。后续的许多学者通过实证研究，在很大程度上验证了他的这一逻辑结论。然而，观察和分析我国实践，我们却发现，收入分配的差距并未随着国民经济的持续增长和经济社会发展水平的不断提高而呈现显著性收敛，而是在持续扩大。收入分配的乱象和越来越多国民感知清晰的收入分配不平等，不仅给我国经济社会持续稳定健康发展带来了巨大压力甚至冲击，而且在一个更深的层次上影响甚至左右着我国经济社会的未来发展。其中，财产性收入及其分配过程中存在的不公平和不平等，更具决定和支配意义。

确实，改革开放之前，我国广大国民并无完整意义上的“财产性收入”，从而也就不存在财产性收入分配的不公等问题。改革开放后，特别是随着个体、私营经济的发展和城乡居民住房的私有化，财产性收入开始成为我国城乡居民收入的一个重要组成部分。不仅如此，财产性收入甚至还成了部分家庭收入的主要组成部分。财产性收入的财富效应，对我国国民经济生活的影响和渗透作用越来越大，并逐渐成为我国广大国民必须面对的一个客观现实。

目前我国收入分配差距开始出现微弱收敛，基尼系数也已经从 2008 年的 0.491 降到了 2013 年的 0.473。尽管还远高于世界平均水平，更高于主要发达国家水平，但毕竟开始出现微弱下降。例如，2002~2012 年，我国财产性收入占总收入的比重分别为 1.57%、1.88%、1.98%、2.09%、2.28%、2.68%、2.62%、2.69%、2.89%、3.05%、2.94%，财产性收入差距持续扩大，不仅会对经济公平产生负面影响，而且会对社会正义产生负面影响，甚至会给我国未来经济社会稳定发展带来更大压力。有鉴于此，深入调查和研究现阶段我国财产性收入及其分配不公状况，并在此基础上分析和阐明其财产性收入分配不公的发生、发展及其演变规律，就有了特别重要而紧迫的意义。

中国社会科学院研究生院作为中国社会科学院直属的全国第一所人文社会科学研究生院，是我国研究生培养的重镇，具有雄厚的社会科学综合研究实力。由它培养的研究生担负起有关财产性收入及其分配的研究，应是当之无愧的事情。中国社会科学院研究生院经济学博士郭斌，在攻读博士学位期间，就勇敢地担当起了开展研究的重任。他紧紧围绕财产性收入及其不平等问题，对该领域主要研究成果及其重大分歧与争议进行了较为系统的收集与梳理，开展了一系列深入细致的探索性工作，并最终完成了财产性收入及其不平等的研究。

《财产性收入及其不平等研究》一书是郭斌博士长期观察和深入调查研究的学术成果。郭斌在研究生毕业并获得博士学位后，笔耕不辍，继续深化相关研究，并完成摆在读者面前这一重要研究成果。这项成果，不仅较为系统地追溯了经济学界前辈有关财产性收入的代表观点及其理论阐述，而且较为全面地回顾了国内外学者从事这方面研究的主要成果，还借助于经验实证分析方法从多个角度揭示和阐明了我国财产性收入不平等现状及其原因与机制，并在此基础上提出了改进我国财产性收入及其分配的对策建议。

《财产性收入及其不平等研究》在理论上贡献主要体现在以下几个方面：

第一，注重把理论研究的重点放在如何促进和提高“穷人”的财产性收入上，改变了长期以来学术界过多注重“非穷人”财产性收入，而很少关注“穷人”财产性收入研究的倾向，填补了我国财产性收入研究的一个空白。

第二，注重把研究对象拓展到初次分配领域，克服了长期以来学术界过多重视再分配领域财产性收入及其不平等的倾向，并由此较为全面地分析和阐明了我国改革开放以来财产性收入不平等的深层原因及其影响因素。

第三，注重从我国经济社会发展处于转型期这样的客观现实出发，借鉴不同经济学流派的学术成果，分析和阐明了如何通过进一步深化改革促进财产性收入不平等程度有效收敛的客观逻辑与政策建议。

在本书即将付梓之际，我愿意为其做序：一是希望笔者继续努力，在本项研究成果基础上，继续深化有关财产性收入及其分配公平与效率的研究，分析和阐明更多、更有价值的学术成果；二是希望由此引起更多读者的关注，吸引更多学者的参与，促进这一领域更深入的研究和更广泛的争鸣，为促进我国财产性收入分配的公平与效率，推动我国经济与社会更好更快更加持续健康发展做出更大贡献。

中国社会科学院研究员 刘迎秋

2014 年 10 月 5 日于北京小倦游斋

前　言

收入分配理论是经济学的核心研究领域之一。收入分配格局是否合理，既是一个涉及面很广的经济问题，也是一个敏感度很高的政治和社会领域问题。收入分配不平等程度过高，不仅对社会稳定产生深远影响，而且可能会演化成某种形态的政治或社会矛盾。因此，收入分配不平等的研究不能局限于简单经济现象剖析，必须把社会因素纳为研究对象，不仅如此，在展开研究过程中，还必须既要考虑收入分配的效率问题，也要考虑人类社会公平与正义主张下的平等要求问题。

经济发展的不同阶段，收入分配不平等研究的侧重点也不一样，欧美等发达国家的发展历程表明，在人均 GDP 超 2000 美元后，财产性收入将成为居民收入的新增长点，对收入增长的贡献度也越来越大。因此，财产性收入不平等也就成了该阶段收入分配不平等研究的重点。根据世界银行公布的数据，2006 年中国居民人均 GDP 为 2069.34 美元，财产性收入也由此进入快速增长阶段，2006~2012 年我国居民的财产性收入环比年均增长 23.08%、39.7%、13.53%、13.36%、22.36%、22.98%、10.28%，高速增长的财产性收入推升了我国居民的收入水平，未来也必将成为居民收入的新增长极之一，问题是，我国居民财产性收入的增加并未导致收入分配不平等程度的收敛，虽然国家统计局公布的我国 2013 年基尼系数为 0.473，是近十年来我国年度基尼系数最低水平，但仍然明显高于全球平均水平，究其原因，主要是财产性收入差距的扩大抵消了工资性收入和转移性收入的促减不平等效应。因此，在财产性收入持续增长的背景下，未来依然会面临着持续扩大的贫富鸿沟压力。研究表明，相对于工资性收入和转移性收入，导致财产性收入差距过大的原因更为复杂化，舒缓财产性收入不平等的难度更大、任务更艰巨，因此其经济、社会乃至政治意义也更为显著。

本书秉承平等与效率相均衡的观点，沿着“收入—财产—财产性收入”这样一个研究线索，从我国居民财产性收入现状出发，通过厘清财产性收入的影响因素，剖析财产性收入不平等形成的成因与机理，论证指出了收入是财产性收入不平等的源头，政策以及个人因素在财产性收入形成过程中所产生的约束作用及其对财产性收入结果不平等程度的影响，同时指出了再分配政策对于提高低收入组群居民财产性收入的数量增长和舒缓财产性收入不平等程度所具有的重要意义。

收入是民生之源，未来我国居民收入的主要构成将是财产性收入，因此，财产性收入分配状况关乎我国未来收入分配格局，并影响到我国经济增长活力和社会结构的稳定性，合意性政策选择是以平等和效率相均衡为出发点，适度提升初次分配中劳动者报酬占比，优化再分配政策，培育低收入组群居民的财产运营能力，在经济增长中实现财产性收入分配的公平性，把财产性收入不平等控制在适宜性的尺度内。

目 录

第一章 导 论

第一节 我国财产性收入及其不平等研究的背景

“有一些经济政策，设计它们是为了减少那种既削弱对生产的刺激又损害经济效率的不平等的范围和数量”[1]。在经济发展历程中，社会及社会事务管理者面临着艰难选择：或以公平为代价的效率取向，或以效率为代价的公平取向。显然，追求效率可以刺激人们奋发向上的拼搏精神，个人以自身努力来获得经济层面奖励，形成财富占有的优势，当这种精神通过个人传导到整个社会的生产活动过程时，就会形成高效率的经济运行局面。效率导向也有其负面作用，会带来组群或个体间物质财富占有差距的极大化倾向，不可避免地产生收入分配不平等问题，进一步而言，稳定的经济发展是社会稳定的经济基础，假设通货膨胀被限定的条件下，收入分配不平等则是影响经济稳定的另一个不可忽视的重要因素，因此，阿瑟·奥肯（1975）认为平等和效率是最大的社会经济抉择[2]。

从世界各国的经济发展历程看，国别经济发展总是与收入分配状况伴生在一起的，1955 年库兹涅茨采用少量可观察到的数据，分析了一定时间跨度内美国、英国和德国等国家的经济发展历程，描述了不同收入组群的收入份额占国民经济收入份额的变化趋势，得到收入分配不平等及其与经济发展阶段呈“倒 U 型”变化趋势，该结论载于《经济增长与收入不平等》一文，成为著名的“倒 U 型假说”理论。随后，各国学者通过实证研究验证“倒 U 型假说”是否成立，虽然理论界至今未就此达成一致性意见，但是基本认同经济发展与收入分配公平性问题是关联的，尤其是发展中国家随着工业化进程和经济快速成长，必定伴随着收入分配差距扩大化趋势，一般而言，发展中国家刚刚进入工业文明初期，更关注经济的增长速度，迫切希望尽快摆脱“贫困陷阱”，对收入分配不公采取了适度容忍或漠视的态度，因此，发展中国家更容易出现“倒U型假说”的左边现象。

无论现实世界是不是普遍存在“倒U型假说”的情况，观察世界各国不同阶段经济发展的收入分配状况，经济发展阶段与收入分配公平性确实存在关联性，虽然依据“倒U型假说”理论，我们仅仅能判断出经济发展与收入分配呈相关性，但是无法准确洞察其中的因果关系。因此，我们有必要深入分析收入分配不平等的影响因素，以及剖析影响因素对收入分配不平等的作用机理，其中“平等与效率”的抉择是问题考量的起点和归宿。以效率为导向的考量注重投入与产出的比率关系，也即资源的使用效率，经济体系产出物的水平成为唯一的评价标准，全社会总收入也将随之变化，社会以要素边际生产力的标准进行收入分配，具体到规模性收入分配层面，全社会收入的增长并不意味着家庭间收入差距的鸿沟被填平，只要家庭初始物质财富存在差别，如果经济增长的增量部分依然按原有比率进行分配，那么最终分配的结果将加剧原有的家庭间贫富差异；以平等为导向的考量则从另一个角度思考收入分配问题，假设家庭初始物质财富存在差异，该观点思考如何更合理地分配经济增长中的新增产出物，缩减家庭间收入分配差异的鸿沟，这必将以牺牲效率为代价，削弱经济体系生产的激情。因此，“平等与效率”的抉择成为经济领域最艰难和最重要的选择，经济学家也因此形成两种观点截然的抉择思想：①哈耶克、罗宾斯、弗里德曼等学者认为基于私有制基础的自由经济中平等与效率是统一的和直接联系的，在市场机制下资源有效配置是经济效率的源泉，市场中每个参与者以边际生产力为衡量标准获得相应报酬，实现真正意义的“平等”，他们反对任何形式的行政干预，认为行政干预只能得到结果的公平，而非实质意义上的平等，行政干预不仅损害了平等，也损伤了效率。②凯恩斯、罗宾逊、托宾和奥肯等新制度经济学家则认为平等与效率是矛盾的，在自由经济市场中，金钱作为奖惩制度刺激市场参与者的贡献潜力，创造出一个高效率经济运行体，同时，金钱也可以通过游说权力，导致权力配置的不平等，这样的权力反馈于经济领域，会扭曲分配关系，形成家庭部门流量和存量财富的不平等，越来越多的家庭将被驱逐出财富大门，整个社会财富增加和绝对贫困发生呈伴生现象，形成罗宾逊 1971 年 12 月 27 日在美国经济学协会第 84 届年会中提出的“富裕中的贫困”现象[3]。

经济学家无论持有哪种观点，平等与效率的抉择都是对一种经济与社会制度的艰难妥协，这种妥协的焦点是平等问题。论语："丘也闻有国有家者，不患寡而患不均，不患贫而患不安。盖均无贫，和无寡，安无倾。"[4] 其说明了分配平均与否的重要性远超财富水平的高低，在均等状况下无所谓贫穷问题，贫富差距对社会的冲击力也将大幅削弱，时空穿越了两千多年，在现有科学技术条件下，人类所面临的问题不是大幅提高经济体系的产出物，而是如何公平分配产出物的问题。从静态的分配结果看，一方面，分配是否恰当关系到有效需求能不能达到经济体系所需要的程度，也即整个社会的总供给与总需求能否实现平衡；另一方面，其关系到由此引发的社会问题，也即社会稳定的问题，从某种意义上讲，结果公平实质是追求经济体系产出物的均等化，在短期内，结果公平可以化解一定的经济、社会领域的某种压力；从动态持续演化角度看，结果公平的分配机制将损害经济运行活力，压制市场参与者的投资积极性，导致总供给的快速下降，造成总供给与总需求失衡，引发经济发展的非稳定性，伴随着经济收缩，居民部门的总收入也将下降，整个社会的总需求将不足，在供需两端互相反馈和作用下，经济运行将出现剧烈的下滑态势，经济危机将被引爆，随之而来的是家庭收入的物质基础荡然无存，公平也就无从谈起，因此，"片面地认为拥有巨大财富或高额收入是邪恶的象征和罪恶的行迹，这是对平等社会的一种误解"[5]。

由此可见，在科学技术高度发达的当今社会，以效率优先为代表的形式平等和以公平优先为代表的实质平等均不是一种合意性的抉择，2011 年发生在美国华尔街的暴力行为，即占 99%中低收入组群对抗占 1%的极端富裕阶层的行为，其实质是对上述两种抉择的否定。目前世界各地均出现以贫富不均为由头的大规模抗议风潮，引起了经济学家对分配问题的深入思考，并更加关注"平等与效率"相均衡的分配观点，思考平等社会如何构建，以及在经济领域如何实现分配平等的问题。

从新中国成立到 1978 年改革开放前，我国执行计划经济体制，农业经济处于经济发展的主导地位，当时整个国家的经济基础十分薄弱，人口主要聚集在农村，国民经济生产效率低下，伴随着一些政治运动，国民经济增长缓慢，城乡居民收入总体水平处于低水平运行状态，未得到显著改善，表 1-1 数据显示 1949~1977 年人均 GDP 和人均农村居民家庭人均纯收入保持上升趋势，人均 GDP 和农村居民人均纯收入峰值分别为 1977 年的 341 元和 1974 年的 64.8 元，按 1985 年我国政府确定的人均年纯收入 200 元的贫困线，改革开放前我国 80%以上的中国居民处于贫困线以下，而在该时期收入分配平等研究中，Rozelle（1994）研究该时期的收入分配状况时，得到的结论是该时期我国收入分配是公平的[6]，也有学者将其原因归结于生产资料公有制度[7]，诚然学者们实证研究结果客观反映了该时期的结果平等现象，如果结合效率因素进行考量，该公平的实现是典型的以效率为代价的分配机制，是绝对的平均主义。1978 年改革开放以来，我国掀开了 30 年的赶超经济大幕，无论是 GDP 总量还是年均增长率均得到显著提升，改革也激发了整个市场参与者的高昂激情，生产效率得到显著提升，我国城乡居民的收入得到明显改善，截至 2011 年底，城镇居民家庭人均可支配收入为 21809.78 元，农村居民家庭人均纯收入为 6977.29 元，贫困人口仅占全国人口的 9.5%。①

表 1-1　中国历年 GDP、人均 GDP、城镇居民人均可支配收入和农村居民人均纯收入

年份	GDP（亿元）	人均 GDP（元）	城镇居民家庭人均可支配收入（元）	农村居民家庭人均纯收入（元）	城镇人口比重（%）	乡村人口比重（%）
1949	466.0	—	—	—	10.64	89.36
1950	575.0	—	—	—	11.18	88.82
1951	684.0	—	—	—	11.78	88.22
1955	1029.0	150	—	—	13.48	86.52
1960	1457.5	218	—	39.30	19.75	80.25
1965	1717.2	240	—	51.20	17.98	82.02
1970	2261.3	276	—	58.20	17.38	82.62
1971	2435.3	290	—	61.80	17.26	82.74
1972	2530.2	294	—	60.60	17.13	82.87
1973	2733.4	310	—	64.10	17.20	82.80
1974	2803.7	311	—	64.80	17.16	82.84
1975	3013.1	329	—	62.30	17.34	82.66
1976	2961.5	318	—	61.90	17.44	82.56
1977	3221.1	341	—	64.10	17.55	82.45
1978	3645.2	381	343.40	133.60	17.92	82.08
1979	4062.6	419	405.00	160.20	18.96	81.04
1980	4545.6	463	477.60	191.30	19.39	80.61

① 中国科学院《2012 中国可持续发展战略报告》指出 2011 年中国有 1.28 亿人（按农村居民家庭人均收入 2300 元/年的标准），2011 年中国人口总数为 13.4735 亿（《中国统计年鉴（2012）》）。

续表

年份	GDP（亿元）	人均 GDP（元）	城镇居民家庭人均可支配收入（元）	农村居民家庭人均纯收入（元）	城镇人口比重（%）	乡村人口比重（%）
1981	4891.6	492	500.40	223.40	20.16	79.84
1982	5323.4	528	535.30	270.10	21.13	78.87
1983	5962.7	583	564.60	309.80	21.62	78.38
1984	7208.1	695	652.10	355.30	23.01	76.99
1985	9016.0	858	739.10	397.60	23.71	76.29
1986	10275.2	963	900.90	423.80	24.52	75.48
1987	12058.6	1112	1002.10	462.60	25.32	74.68
1988	15042.8	1366	1180.20	544.90	25.81	74.19
1989	16992.3	1519	1373.90	601.50	26.21	73.79
1990	18667.8	1644	1510.20	686.30	26.41	73.59
1991	21781.5	1893	1700.60	708.60	26.94	73.06
1992	26923.5	2311	2026.60	784.00	27.46	72.54
1993	35333.9	2998	2577.40	921.60	27.99	72.01
1994	48197.9	4044	3496.20	1221.00	28.51	71.49
1995	60793.7	5046	4283.00	1577.70	29.04	70.96
1996	71176.6	5846	4838.90	1926.10	30.48	69.52
1997	78973.0	6420	5160.30	2090.10	31.91	68.09
1998	84402.3	6796	5425.10	2162.00	33.35	66.65
1999	89677.1	7159	5854.02	2210.30	34.78	65.22
2000	99214.6	7858	6280.00	2253.40	36.22	63.78
2001	109655.2	8622	6859.60	2366.40	37.66	62.34
2002	120332.7	9398	7702.80	2475.60	39.09	60.91
2003	135822.8	10542	8472.20	2622.20	40.53	59.47
2004	159878.3	12336	9421.60	2936.40	41.76	58.24
2005	184937.4	14185	10493.00	3254.90	42.99	57.01
2006	216314.4	16500	11759.50	3587.00	44.34	55.66
2007	265810.3	20169	13785.80	4140.40	45.89	54.11
2008	314045.4	23708	15780.76	4760.62	46.99	53.01
2009	340902.8	25608	17174.65	5153.17	48.34	51.66
2010	401512.8	30015	19109.44	5919.01	49.95	50.05
2011	472881.6	35181	21809.78	6977.29	51.27	48.73

资料来源：国家统计局；1950 年、1951 年 GDP 根据国家统计局公布的年增长率，依据 1949 年 GDP 换算而得；1960~1977 年农村居民家庭人均纯收入根据 1981 年《中国统计年鉴》公布的人民公社收益所得分配给社员的绝对额，除以 1960~1977 年农村人口数总数所得到的数据。

1978 年我国在农村以“家庭联产承包制”形式掀开中国经济领域改革大幕，以“乡镇企业”和“民营企业”为代表的私营部门得到快速扩展，铸就了 30 年改革开放辉煌成就，经济总量跃居世界第二，预计不远的未来将领先全球。伴随着经济增长，我国居民的收入和财富得到快速增长，仅以农村居民人均纯收入为例，① 改革开放前的 1977 年农村居民人均纯收入为 64.1 元，2011 年为 6977.29 元（表 1–1），在不考虑通货膨胀因素下，2011 年农村居民人均纯收入是 1977 年的 108.85 倍，而人均国民生产总值从 1977 年的 341 元增加到 2011 年的 35181 元，增长 103.17 倍，改革开放推动中国经济社会从农业文明进入到工业文明，全要素生产率得到大幅度提升，同时我们注意到收入数量增长并不意味着整个社会平等与效率达到了均衡，收入分配出现了“倒 U 型假说”的左边情况，全社会的收入分配和财产分布持续恶化，2013 年 1 月国家统计局局长马建堂在国务院新闻发布会上指出 2011 年中国总体基尼系数为 0.474，西南财经大学则发布报告称 2010 年我国总体、农村和城镇基尼系数为 0.61、0.6、0.56，两份数据均揭示了财富向高收入组群聚集，表 1–2 数据显示 2011 年农村低收入户（20%）收入占总收入比率为 5.25%，高收入户（20%）占到 44%，由此可见，收入增长与分配平等是两个问题，改革开放后中国居民收入不平等是一个不争的事实，有别于“中国曾经是世界上收入分配最平等的国家”② 的改革开放之前时期。

表 1–2　2011 年按收入五等分组各组收入占总收入的比例

指标	低收入户 20%	中等偏下户 20%	中等收入户 20%	中等偏上户 20%	高收入户 20%
农村居民家庭收入占比（%）	5.25	11.16	16.28	23.32	44

资料来源：国家统计局。

收入增加并未增进我国居民的经济平等，我国反而面临着西方发达国家工业化进程中所遇到的问题：富裕中的贫困。从收入来源构成分项看，国外研究显示，居民财产性收入差距在四种收入差距中是最大的，是居民收入差距的主要来源，Tormalehto（2007）发现欧盟各国财产性收入基尼系数远远高于可支配收入

① 1981 年中国政府发布第一部《中国统计年鉴》，未公布城镇居民家庭收入数据，为保持数据的可比性，采用农村居民家庭收入数据，以此反映我国居民收入变动的时间序列状况。

② 资料来源：Rozelle，1994；Riskin 等，2001。转载何晓斌、夏凡：《中国体制转型与城镇居民家庭财富分配差距—— 一个资产转换的视角》，《经济研究》2012 年第 2 期，第 28 页。

的基尼系数，Pryor（2006）利用美国家庭1975~2000年的面板数据，研究发现“财产性收入差距是导致美国家庭收入差距扩大的首要原因”[8]；国内学者的研究也揭示了虽然财产性收入占我国居民总收入的比重偏低，但是中国家庭财富差距已经呈现越来越大的趋势[9]，正如赵人伟、贾康等学者指出的，自改革开放以来我国居民财产性收入高速积累且差距明显扩大，已经呈现财富明显向最高端收入组群聚集的现象，贾康等学者由此认为：“目前理论界关注的我国居民收入差距扩大问题，如不与居民财产差距扩大问题放在一起考虑，我们已不能形成真正有价值的洞见，因为收入分配的差距与财产分布的差距互为因果，如影随形，很容易形成所谓‘正反馈’而不断自我加剧，对此问题的深入分析研究很有必要”[10]。

综上所述，财产性收入不平等对收入分配差距具有促增效应，并通过财产积累不断反馈，促增了总收入的不平等程度，这也是未来我国即将面临的收入分配领域现实和艰巨的挑战，需要社会和社会事务管理者未雨绸缪，深入研究财产性收入的不平等现状、主要影响因素和形成机理，才能有效解决财产性收入不平等问题，缩小总收入的差距，实现经济增长和分配平等的适度均衡。

第二节 研究目的

我国居民财产性收入快速积累和差距急速扩大已经成为不争的事实，中国共产党的十七大报告明确提出“创造条件让更多群众拥有财产性收入”,① 中国共产党十八大报告进一步指出“多渠道增加居民财产性收入”,② 说明中国政府已经密切关注财产性收入不平等问题。我国正处于经济、社会发展的关键时期，面对“中等收入陷阱”的挑战，及由此引发的社会稳定、经济滞胀、通货膨胀等诸多问题，只有进一步推动改革，以改革促发展，才能保持国民经济的平稳运行，摆脱中等收入陷阱的束缚，实现我国经济发展阶段从工业化阶段向后工业化阶段跨

① 中国共产党十七大报告。
② 中国共产党十八大报告。

越。然而，在整个社会经济转型的战略目标落地到经济领域的过程中，存在一个无法回避和绕过的问题：经济平等问题，即国民评价在新经济运行模式时存在的横向对比问题。经济平等的核心内涵之一是收入分配平等问题，其中财产性收入不平等是当前收入分配中突出问题，而要理性剖析财产性收入不平等应具备两个视角：其一是财产性收入与总收入具有正反馈机制；其二是受到起点不平等、机会不平等影响，财产性收入差距会显著扩大，加剧了我国居民收入分配不公平程度。

西方发达国家的实践已经表明后工业化时期财产性收入基尼系数远大于收入分配基尼系数，是影响收入分配公平与否的首要因素，中国正沿着西方发达经济体曾经走过的经济发展历程，处于从工业化向后工业化迈进的时期，虽然国内学者在研究过往收入分配时，得到财产性收入占比不高的结论，但是随着我国进一步推进改革开放和经济持续发展，财产性收入差距对总收入差距解释力度将会越来越强，因此，分析我国居民财产性收入及其不平等的变化趋势，凸显重要意义。

同时，我国地广人多，尤其在推进新型城市化的背景下，农村问题已经关系到我国经济战略转型，农村问题的焦点是农村居民的财富分布状况和未来的变化趋势，与城镇中低收入组群一样，均涉及穷人在国家经济社会发展中的受益程度，以及由此产生的社会结构稳定性问题。

基于上述考虑，在经济转型和新型城镇化的背景下，研究我国居民财产性收入及其不平等，具有经济、社会和政治等领域的重要意义，对中国经济可持续发展具有正面效应。

第三节　研究的基本思路和内容

一、研究的基本思路

自 1978 年改革开放以来，我国经济领域推进全面改革，市场禁锢得到一定改观，经济改革激发了市场参与者努力奋斗的意志与情绪，激活了市场创造动

力，刺激经济保持高速增长，该阶段分配机制一直秉承按要素边际贡献率为初次分配原则，居民的财富积累效应明显，随着财富数量快速增长，居民间财富差距急剧扩大，财富在社会各阶层和成员间的分布逐步呈现出两极分化趋势。2011年我国人均 GDP 达到 6000 美元以上，进入中等发达国家序列，在即将迈向人均 GDP12000 美元的富裕国家历程中，生产要素的差别收益会进一步加剧居民收入的差距，当整个经济体系大部分产出物由少数人占有时，经济不平等将传导到社会领域，动摇社会稳定的基础。如何让更多的公民分享经济发展的成果，夯实社会稳定的经济基础，是经济、社会广泛争议的话题。本书面对当前纷繁复杂的分配乱象和理论困惑，采用"提出问题—分析问题—解决问题"的规范性研究范式，从财产性收入视角，结合财产、财产性收入及其不平等的现状与其变化趋势，梳理影响我国居民财产性收入不平等的主要因素，剖析财产性收入不平等的形成机理，并结合平等与效率相均衡的观点，评价我国财产性收入差距是否具备合意性，在多大程度上具备合意性，不合意性的根源在何处，最终提出未来我国居民财产性收入数量促增和不平等促减的政策建议。本研究的基本思路如图 1–1 所示。

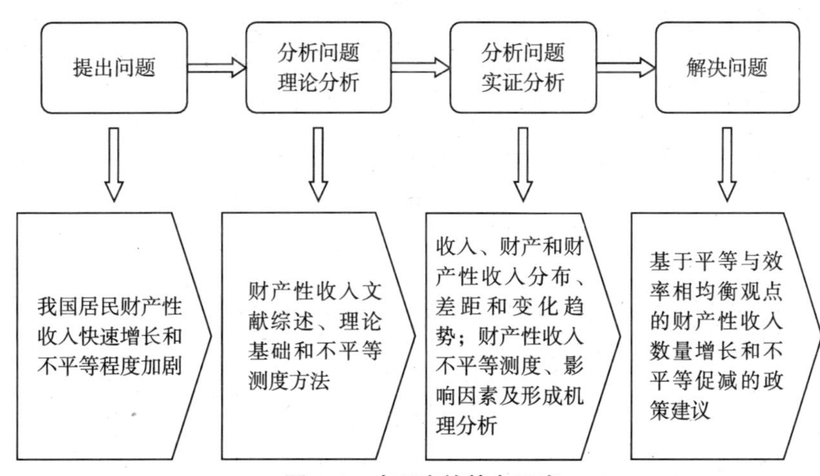

图 1–1 本研究的基本思路

二、研究内容

收入分配理论一直是经济学家关注的研究焦点，我国的收入分配平等问题也是政府、理论界和公众关心的热点议题，改革开放之前中国处于绝对平均主义的收入分配格局，平等优先与效率低下并存，较低的基尼系数与农业文明主导的低水平经济生产率伴生，随着我国以经济体制变革为抓手推动经济增长，我国居民的总体、农村和城镇基尼系数呈现大幅上升趋势，收入不平等出现持续扩大化态势。从已有的我国收入分配领域研究的内容看，学者们主要关注总收入不平等研究，2007 年以后财产性收入不平等研究才逐步成为研究热点，依然存在一些理论与实践问题需要继续深入分析与探讨。

我国国情与西方发达国家存在显著差异，在财产性收入不平等研究中，研究既要借鉴西方理论和经验，也要结合我国实际国情，精确分析我国居民财产性收入的状况与变化趋势，科学测度我国居民财产性收入不平等程度，剖析财产性收入不平等的形成机理，才能全面把握财产性收入不平等的现状、成因和形成机理，以及财产性收入对总收入不平等的影响力，最终提出合意性的政策建议。

本书围绕着财产性收入不平等问题，将平等与效率相均衡的观点贯穿于全文章节，坚持既不否定效率对财产性收入数量的促增作用，也不摒弃实质平等对于经济社会稳定的意义，把平等与效率相均衡考虑，思考如何在经济增长中实现财产性收入分配公平，需要指出的是本书所追求的平等不是绝对平均主义，绝对平均主义会伤害到经济发展的活力，最终结果是整个社会陷入经济滞胀或衰退的境地，这不是政府、社会和公民所希望得到的经济平等，我们需要把起点平等、机会平等和结果平等统筹考虑，并不把富裕打入到万劫不复的地狱，横加责备，抹杀个人通过努力奋斗所获得的财富占优地位，也不对当前财产性收入不平等现象，尤其是人口比例接近 20%的低收入组群居民的贫困化现象，采取漠视态度，本书希望通过实证研究，找到问题的症结，采取合意性的措施，提升低收入组群的财产性收入水平，改善他们的收入分配状况，舒缓我国居民财产性收入不平等的程度。

综上所述，本书以平等与效率相均衡的观点作为内在逻辑连接点，在文献综述的基础上，对收入、财产、财产性收入现状和变化趋势进行统计分析，采用变异系数和基尼系数等指标测度财产性收入不平等程度，分析财产性收入不平等对总收入不平等的解释力度，并进一步解构不同类型的财产性收入对居民财产性收入的贡献度，梳理财产性收入不平等的影响因素，解析财产性收入不平等的形成机理，提出促增财产性收入数量增长和促减财产性收入不平等的政策建议。

全文共分八章，各章具体的研究内容概述如下：

第一章是导论。本章基于当前我国愈演愈烈的收入分配不公现象，从财产性收入视角出发，以平等与效率相均衡观为出发点，明确了我国财产性收入不平等研究的科学意义，指出了理想中的财产性收入平等应该是绝对均等，现实中应该是具有经济效率条件下的条件均等，也即保持一定适宜度的不平等，这是国情和经济发展规律下的客观选择。本章也对研究的思路、内容、方法和创新点做了说明。

第二章是财产性收入及其不平等研究的文献综述。文献综述分为财产性收入思想的理论溯源和国内外已有研究进展两部分。一方面财产性收入思想随着经济学的发展而拓展与丰富，为此，本章梳理了经济学发展历史长河中不同经济学流派的财产性收入思想；另一方面本章回顾了国内外财产性收入及其不平等的研究成果。本章基于文献综述的基础，结合我国经济、社会发展特点，提出本书的聚焦点，明确研究的重点和方向。

第三章是财产性收入及其不平等研究的理论基础。本章所涉及的理论基础是指具体研究中需要厘清的基本概念和概念间的逻辑关系，以及不同测度指标和模型的评价与选择。首先，本章厘清了收入、财产和财产性收入的概念与内涵，指出它们的内在逻辑关系，即在其他条件确定下，收入决定财产、财产决定财产性收入，该逻辑关系贯穿全文；其次，本章辨析了公平、平等与效率的关系，明确了公平是主观的价值判断，具有历史局限性，平等是基于事实测度下的均等与同一，是最高意义上的公平，公平不一定就能实现平等，而平等一定可以实现公平，同时基于公平与平等概念的辨析，本章分析了平等和效率关系，指出有效率的适度不平等的财产性收入分配机制是我国经济和社会的现实抉择。

第四章是我国居民收入、财产和财产性收入概况。本章采用描述性统计分析和相关性分析方法，选择百分比、极值差、倍数、标准差、相关系数等指标，对收入、财产和财产性收入的现状和变化趋势展开分析。收入分析采用了全国数据和八大经济区两大类数据，通过两组数据研究得到相对稳健的结论，研究表明劳动者报酬受到企业和政府部门的冲击，企业是主因，政府是次因；财产分布分析采用全国的城乡两维数据，研究揭示城乡居民财产分布的类型偏少，绝大多数财产分布在房地产和储蓄类型上，且城乡间财产分布差距巨大；财产性收入分析采用全国和八大经济区两大类数据，并分成城乡两大维度，研究表明我国财产性收入呈现“总量低、增速快、差距大”的特征，研究还得到市场化程度与财产性收入具有高度相关性和穷人的财产性收入处于持续恶化等结论。

第五章是我国居民财产性收入不平等的测度与分解。本章采用变异系数和基尼系数等指标，按收入分组和按地区分组的两个维度，测度了我国居民财产性收入的不平等程度，并依据基尼系数城乡间的分解模型，测度了全国财产性收入不平等程度，研究表明财产性收入不平等程度高和呈现持续扩大化态势，无论是按收入分组还是按地区分组数据的测度结果均显示贫富鸿沟巨大，富人恒富现象得到固化，研究还得到地区差别也是财产性收入不平等的重要原因之一。

第六章是我国居民财产性收入不平等影响和决定因素分析。本章梳理了影响财产性收入不平等的主要因素。本章分别从收入视角、财产性收入来源构成分项视角和个人约束视角，运用相关分析、不平等测度指标及其分解方法和定性分析等方法，萃取了财产性收入不平等的主要影响和决定因素。研究指出了宏观层面的决定因素是劳动者报酬在国民收入初次分配中占比，税收和民生政策也具有重大影响力，中观层面的决定因素是金融、房地产等行业政策，微观层面则是财富代际转移和人力资本投资两大关键因素。

第七章是我国财产性收入不平等的形成机理。本章依据上述六章的研究成果，论证了各影响因素对财产性收入不平等的作用机理和路径，构建起合乎逻辑的机理形成框架图。

第八章是研究结论和政策建议。本章包括全文的研究结论和政策建议两大部分。研究结论总结了各章取得的研究成果，从总体层面上萃取本文的最终研究结论，其中最为根本性的结论是在经济发展中解决财产性收入不平等问题；政策建议是基于研究结论，拟定促增居民财产性收入和促减其不平等的具体措施，其中促增居民财产性收入的对象是全体居民，以提升全体居民的财产性收入水平为目的，然而，促增并不一定能实现有效率的适宜性财产性收入不平等程度，还需有具体措施促减财产性收入不平等，本研究分别从税收、民生、教育、金融、地产、人事等政策角度，提出一些具有现实意义的促减财产性收入不平等的政策建议。

第四节 研究方法和创新点

一、研究方法

本书以经济学的分配理论为基础，以平等与效率相均衡观为出发点，秉承现代经济学的分析方法与工具，从定量与定性两个角度进行分析。

（1）比较分析法。比较分析法是把两个具有同一属性的事物进行比较，以鉴别两者差异的本质和规律。在刻度上，本书比较分析法包含绝对值比较分析和相对值比较分析两大类；在对象上，本书比较分析法包含城乡间差距的比较分析、区域间差距的比较分析、收入和财产性收入的来源构成分项间差距的比较分析和不同组群间差距的比较分析等。

（2）经济计量分析法。经济计量分析是通过数学的刻画，科学严谨地揭示社会现象的事实、内在联系和变化趋势。不同学科经济计量分析选用的模型和指标是有差别的，本书秉承分配理论的研究范式，采用极值差、标准差、变异系数、相关系数和基尼系数为基本测度指标，选用国内外研究中已经形成的成熟模型进行测度，并采用长周期和最新的数据进行实证分析，提高经济计量研究结果的稳健性。

（3）定性分析法。定性分析法是一种价值判断，是基于定量分析的基础，经过思维加工，运用归纳和演绎方法，由表及里地分析事物的本质和内在规律，从而厘清事物具有争议性的问题，还事物本身面貌。本书主要树立了有效率的适宜度不平等财产性收入公平性分配机制是现实选择的观点，也即统筹考虑财富的促增和穷人福利改进问题，并以此制定公平的财产性收入促增和分配政策。

二、研究创新点

本书的研究创新点如下：

（1）构建起我国居民财产性收入不平等的统一分析框架。

既有的研究范围局限于在再分配领域，学者们仅考察了再分配领域中居民如何通过让渡财产权利而获得的财产性收入和由此形成的财产性收入差距，剖析财产性收入不平等的形成原因。再分配中财产性收入不平等成因是财产性收入来源形式所产生，从财产性收入本质属性看，财产性收入是居民让渡其拥有的财产所有权，这部分财产被投入到再生产过程中形成增值后，所获得的要素使用者支付给要素所有者的报酬，再生产过程中要素的边际生产力也就决定了居民让渡要素财产权利后所获得的收益水平，由此可见，财产性收入的本质属性是再生产过程中新增价值的一部分，居民财产性收入与经济效率联系在一起，进一步而言，财产权利的客体是财产，而财产水平高低受制于居民收入水平高低，也即初次分配中劳动者报酬水平决定财产积累水平，进而决定了居民财产性收入水平。综上所述，既有研究聚焦在再分配领域，缺乏系统的、统一的财产性收入及其不平等的分析思路，本书认为仅从再分配领域探寻财产性收入不平等的成因是不完备的，研究视野必须延伸到初次分配领域，延伸到生产领域，以系统的有机观点全面分析财产性收入不平等的成因，沿着“收入—财产—财产性收入”的分析脉络，系统考察财产性收入不平等的成因。

（2）首次勾勒出财产性收入不平等形成机理的概念分析框架。

从国内已有研究成果看，学者们往往选择金融、税收、房地产、人力资本投资和财富代际转移等某一（或者几个）影响因素，分析其对财产性收入不平等的作用机理，已有研究没有把多因素综合起来考虑，缺乏系统有机的考虑，所得到的结论是局部的。本书综合考虑多因素对财产性收入不平等的影响，指明了不同阶段影响财产性收入不平等的决定因素，以及解析了其对财产性收入不平等的作用路径和机理，勾勒出财产性收入不平等的形成机理全景图。

（3）从穷人视角论证了财产性收入数量增长对财产性收入不平等收敛的意义。

既有的研究测度了财产性收入不平等程度，得出了财产性收入呈现严重的两极分化趋势，提出了一些促减财产性收入不平等的政策建议。综观学者们提出的建议，建议更偏好于非穷人的财产性收入促增，忽视了低收入组群的财产性收入提升路径研究，虽然中等收入组群财产性收入提升也能降低财产性收入基尼系数，但是我国依然存在的1.28亿穷人利益并未因此得到根本性改善。本书从穷人视角出发，提出一些针对穷人财产性收入促增的政策建议，并认为通过大幅提升穷人的财产性收入，以及有利于穷人的财产性收入不平等促减措施的实施，可以降低财产性收入不平等程度，收敛贫富极差值扩大的鸿沟，并为我国社会稳定奠定坚实的基础。

（4）从经济、社会双重视角提出财产性收入不平等解决之道。

财产性收入不平等既是一个涉及面很广的经济问题，也是一个敏感度很高的政治和社会领域问题。随着我国经济的发展，公民的民主意识已经得到加强，公民对财产性收入问题的审视从物与物的关系转向人与人的关系的争议中，在民主意识催化下，财产性收入不平等已经从一个错综复杂的经济问题，转变为经济问题和社会问题交织在一起的棘手问题，仅从经济视角拟定的解决之道难以全面解决财产性收入不平等问题，视野必须扩展到社会领域，权衡经济平等和社会平等的关系。本书以此为突破口，提出“经济有发展、社会有稳定”的财产性收入不平等的基本解决路径，拟定既考虑社会正义呼声，又能促进经济稳定增长的政策组合。

第二章　财产性收入及其不平等研究的文献综述

财产性收入不平等研究是收入不平等研究的具体深化和延伸。伴随着我国持续深化改革开放，收入来源渠道与分配格局发生了翻天覆地的变化，从 1978 年改革之前的绝对平均主义分配格局转变为 1978 年后的按生产要素边际贡献力为标准的分配格局，居民的财产得到快速积累且分布差距持续扩大，与其对应的居民财产性收入开始分化，逐步拉开差距，财产性收入不平等程度持续加重，李实等学者就指出中国城镇居民的财产性分配差距超过了收入分配差距，而且从长期趋势上可能会出现加速扩大的势头[11]。由此可见，财产性收入作为未来我国居民收入的最主要来源构成之一，持续扩大的财产性收入不平等将恶化我国居民贫富差距现状，财富趋向于聚集在少数富人手中，长久以往，更多的公民将沦落为社会边缘化阶层，生存难以为继，这种情况就可能引起内乱。① 因此，财产性收入分配公平与否不仅仅关系到经济增长，也关系到社会的稳定。

财产性收入不平等研究的范畴包括财产性收入差距、不平等程度和不平等成因等研究，而财产性收入差距和不平等程度直接与收入、财产的多寡相关，流量财富与存量财富也就成为财产性收入不平等研究的重点考察范畴之一。赵人伟认为“收入和财产之间存在着互动的关系：过去的流量必然影响当今的存量；而当今的存量又必然影响今后的流量”[12]，可见，收入与财产是居民财富的两种存在形态，通过相互反馈和促进机制，共同推升居民财富的不断增加，居民财产性收入随着居民财产的不断积累，在数量上也将不断提升。

---

① 配第的《赋税论》第二章“论各种公共经费增加和加重的原因”的第 14 条：“国家的财富集中于少数人之手，同时又没有办法可以保证所有人民不至于沦为乞丐、盗窃或者受雇为士兵，这种情况也是引起内乱的原因。”和“此外，一方面允许某些人穷奢极侈，另一方面又任凭其他许多人饥饿致死，这也是内乱发生的原因。”

一般而言，经济增长推动了国民收入的增长，收入增长提升了财产积累水平，假设居民是节俭的，累积起来的财产被持续投入到经济运行体系中，则居民将因此获得更多财产性收入，同时，假设居民间边际消费率保持相对一致和个人财产运营能力无差异的情况下，居民财产性收入的多少与投入到生产过程中的财产多寡直接挂钩，即居民财产分布差距决定居民的财产性收入差距。继续往前溯源，居民收入水平又受制于初次分配中功能性分配，劳动在国民收入中所占的份额决定居民收入水平。这种情况说明财产性收入及其不平等研究存在两个基点：①收入决定财产，经济学历史长河中不同收入分配理论约束着各生产要素的收益，居民的收入水平也因此产生差异，因此洞察不同收入分配理论有助于明晰财产分布的差异根源，也即澄清了财产性收入差距形成的根源。②财产作为财富的主要形式，[①] 其所形成的收益——财产性收入——对收入分配具有重大影响力，而影响财产性收入不平等的因素既有分配理论涉及的生产要素边际贡献力的差异，也有非要素方面的因素，涉及社会公平和正义主张下的平等问题，也即需要在平等与效率间进行艰难的抉择。本章基于这一逻辑判断，首先从经济学发展脉络中溯源财产性收入思想，其次对国内外开展的财产性收入研究进行综述，最后结合平等与效率相均衡的观点提出明确的研究方向。

第一节 财产性收入思想的理论溯源

财产和财产性收入等问题的研究是人类社会的永恒主题，在不同的经济社会发展阶段，该主题的侧重点略有差异。如何处理好贫穷与富裕关系问题，如何处理好财富增进过程均等化问题，一直困扰着古往今来的思想家、经济学家、社会学家和国家事务管理者。早在先秦时期诸子就对财产及财产性收入提出各自的真知灼见，从周王朝把财富归结于土地到管子“相地而衰征”，晏子“权有无、均贫富”，孔子“不患寡而患不均，不患贫而患不安”，墨子“有财相分”和“下强

① 阿瑟·奥肯认为“收入和财富，是人们经济地位登记簿上的两项比赛分数……当包括资产收入时，收入分配便反映了拥有的财富”。阿瑟·奥肯：《平等与效率》，华夏出版社 1987 年版，第 59 页。

从事，则财用足矣”，老子“损有余而补不足”，孟子“民之为道也，有恒产者有恒心，无恒产者无恒心，苟无恒产，放辟邪移，无不为已”，管子“贫富无度则失”和“论功计劳”，荀子“制礼义以分之”和“维齐非齐”，韩非子的承认不平等下的以功行赏等光辉思想[13]，先秦诸子的分配思想在早期认为财富来源于自然——土地，到后期逐步纳劳动于财富来源的范畴，充分阐述了财产的来源，而在财富分配中，孔子、墨子、老子、孟子认为“均”的程度界定有助于社会稳定，偏重于公平问题，而后期的荀子和韩非子则正视“不均”的事实，强调效率优先。西方关于财产、财产性收入的研究可追溯到古希腊时期，代表人物是苏格拉底弟子色诺芬，他根据从苏格拉底听到的一些经济思想，加上其管理奴隶田庄的经验，撰写了一部反映奴隶主经济问题的力作《经济论》，书中涉及财富定义、财产管理和财产来源的一些描述，色诺芬写道“一个人所有的一切东西都是他的财产的一部分”[14]，他进一步说明拥有的不一定就是财产，还要看这类物品能否给拥有者带来利益，如土地不能让人们维系生存，那么连其极力推崇的土地也不属于财产，因此他得到财富的定义为：“凡是有利的东西都是财富，而有害的东西就不是财富。”[15] 也即财富是人们可以从中得到利益的东西，包括有形和无形的一切，关于自由人①的财产管理，也即财富增加的问题，色诺芬认为是知识、资力和节俭、勤勉带来财产的增加，他写道“他们可以凭这种知识和资力增加他们的财产”[16]，“这样，一个人收入虽少，只要省吃俭用，我认为他在收入多的情况下就能够很容易地得到大的盈余”[17]，“农人懂得种地或不懂种地，并不是这一些人富足而那一些人穷困的原因”，“某人从田地里得不到麦子，是因为他怕麻烦，不肯去种地施肥，或者某人得不到酒，是因为他怕麻烦……”[18] 由此可见，色诺芬界定的财富观认为知识与才干是财产管理的一门学问，但是还需要节俭、勤勉的奋斗才能实现财产的增加，懈怠与懒惰只会比知识的缺乏给财产带来更大的损害，色诺芬受到时代的局限和社会制度的制约，把非自由的奴隶与劳动割裂是必然的和不合理的，但是其基于自然经济的财产管理思想对今后的分配理论发展起到深远影响。时隔 100 年，同样为奴隶主经济服务的圣贤亚里士多德也研究了家庭如何致富的经济学。

① 色诺芬的政治立场是贵族奴隶主的立场，其《经济论》是为奴隶主经济服务，他在书中明确指出不讨论奴隶问题，也即其理论所指向的仅仅是有别于奴隶的自由人，包括奴隶主。因此在其全文中，把劳动与奴隶割裂开，其所指的勤勉和努力不包括奴隶的劳动付出。

经济学经过奴隶社会、封建社会漫长的启蒙阶段，在西方 17~18 世纪，“自由、平等、博爱”思想开创了资本主义社会制度的诞生，掀开人类社会进步的伟大时代，经济学及与之密切关联的财富分配注定成为这个时代的社会科学研究的皇冠，[①] 并一直延续至今，财产性收入的思想也随着经济学的发展轨迹而不断拓展。

一、威廉·配第的财产性收入思想

威廉·配第身处 16~17 世纪西欧封建君主制向资本主义制度转换的时代，商品经济逐步形成，财富由以不动产为基础的形态向以流动资产为主的形态转变，这种新奇性变异带来新的经济社会问题。威廉·配第针对英国及爱尔兰的财政经济政策失灵带来的民穷财匮现象，从赋税角度，阐明了财富的来源、判别标准及相应的分配调节措施，并运用一些统计数据等事实进行分析。马克思对配第的经济思想给出高度评价，推崇配第为“近代经济学的建设者”和“是最有天才最具有创见的经济学研究者之一”。[②]

威廉·配第在《赋税论》中没有明确地给出财产或财富的定义，但他大致给出了其范畴：“即对人们财产——不动产与动产，官职、资格以及无形的财产——征收某一确定的部分”，[③] 以及“财富有两种，一种是实际的，另一种是潜在的。一个人是不是真正实际上富有，要看他在吃、喝、穿、戴方面，或在其他方面实际得到的享受如何”，[④] 可见，配第的财产观突破自然资源的唯一约束，他认为除了土地以外，还存在其他的财产形式，这一论断符合商品经济的发展要求，而且他对于财产价值的判断突破了货币的约束，采用看似享乐主义的实际效用标准，虽然这仅仅是个萌芽，他写道“如果我们考虑到本国所有财富……中间仅有百分之一为铸币”，[⑤] 货币仅仅被视为便利的交换工具。关于财富的来源，他

---

① 蒙克莱田（1575~1622）于 1615 年发表《献给国王和王后的政治经济学》，经济学至此有了正式的名称，成为经济学史上最有影响力的事件，蒙克莱田也因此名垂青史。《经济学 300 年》，何正斌译，湖南科学技术出版社 2010 年 10 月第 1 版，第 3 页。

② 马克思：《剩余价值学说史》第一卷，三联书店 1951 年版，第 3 页。

③ 威廉·配第：《赋税论·献给英明的人士·货币略论》，陈冬野等译，商务印书馆 1963 年 3 月第 1 版，第 89 页。

④ 威廉·配第：《赋税论·献给英明的人士·货币略论》，陈冬野等译，商务印书馆 1963 年 3 月第 1 版，第 96~97 页。

⑤ 威廉·配第：《赋税论·献给英明的人士·货币略论》，陈冬野等译，商务印书馆 1963 年 3 月第 1 版，第 31 页。

认为财富的源泉最终归结于土地和劳动，“土地为财富之母，而劳动则为财富之父和能动要素”[19] 是配第的传世名言，由此，劳动从封建君主制的枷锁中释放出来，产出物价值由土地和劳动共同产生，而非仅仅是土地一个要素，他进一步提出产出物的价值体现在它里面的劳动量的命题，这一划时代的洞见确认了劳动能够在资本主义时代参与产出的分配，也就为个体初始的财产累积提供了可能，由于劳动参与产出的分配，他认为贫民只要勤奋和努力，就应该得到丰衣足食，在分配公平上配第则认为应该采用财富的比例而不是数量来计算贫穷和富裕的问题，但他未对此做进一步分析。配第的财富观和财产性分配思想归属于自然财富观，土地依然是他考虑的核心要点，只是他承认了劳动的价值，这符合当时资本主义发展初期对劳动力迫切渴求的现状，劳动一旦参与产出的分配，就将改变财富存量的格局，也必将改变流量的变化，最终形成有差异化的财产分布（贫与富的计算）和财产性收入的差距。

二、亚当·斯密的财产性收入思想

配第主要论述了土地和劳动是财富的来源，并形成财货价值的判断标准是它自身隐含的劳动量决定的论断，这一思想被另一位伟大的经济学家——亚当·斯密进一步弘扬，形成划时代的古典经济学代表力作——《国富论》。

综观亚当·斯密的财产性收入分配思想，劳动创造财富是其思想的核心，他认为“国民财富就是本国劳动的直接产物，或是用这类产物从外国购进来的物品”[20]，回答了财富的性质与财富的来源问题，同时，他也认为财富不是积累的金银的多寡，而是可供消费的货物的多少，由此斯密认为劳动不仅创造了财富，而且创造了价值，并且“劳动是衡量一切商品交换价值的真实尺度”[21]，具体到个人财产的界定问题，他认为“财产的大小，与他所能购买或所能支配的他人劳动量或他人劳动产出物数量的大小恰成比例”[22]，国民财富增进需要增加生产性劳动的数量和增进劳动生产效率，由此分工成为斯密极力推崇的财富增进路径。在具体分配中，斯密认为随着社会的发展，劳动所产出的全部产出物就不全被劳动者占有，劳动者必须和资本拥有者与土地所有者共享全部产出物，这就形成斯密双重劳动价值论，既承认劳动创造财富或价值，又认同三种收入构成价值的理论，“不只有劳动才创造价值，资本和土地同样能够创造价值”[23] 的思想是斯密敏锐察觉到土地、资本推动经济增长的重要意义所得到的现实结论，至此，斯密认为工人、资本家和地主获得三种收入：工人的工资收入、资本家的利润收入和地主的地租收入，三大收入构成产出物价值的全部，斯密认为，“工资、利润和地租是一切收入和一切可交换价值的三个根本源泉”[24]，工资理论、利润理论和地租理论构建起斯密的分配理论。在产出物的初次分配中，斯密的工资理论把工人的实际工资决定界定为由劳资双方签订的契约来决定，而签约确定工资的基础是工资能否维系工人及其延续后代所必需的生活资料的价值；利润理论存在悖论现象，一方面斯密认为利润是工人创造出的产出物价值的一部分，另一方面他又认为利润是生产过程投入资本的自然报酬[25]，是资本稀缺性所决定的，也是资本所有者应该获得的其耗费生活资料的补偿；地租理论上斯密认为因土地的有限性和自然规律，地租能不能实现取决于依附土地创造出的产出物有没有超额利润，也即超过工资、各类垫付的资本和一般利润的价值，这就构成土地的地租是产出物价值构成分项的理论依据，斯密也因此把地租定义为垄断价格和超额利润。

斯密的财产性分配理论一方面定义财富是由劳动决定的，另一方面又承认土地和资本因自然因素而参与分配的合法性。其要素分配理论的启蒙思想虽然把产出物价值切成三块，形成三种收入，但是其并未解释三种收入分配比例的合理性，也就无法解决收入分配的经济平等问题，而国民拥有三类要素的差异也最终会导致其财产性收入的差距，形成不同的财产分布。换言之，勤劳和个人努力工作未必就能改善自身的财富地位，如果工人的工资仅仅是满足其个人的生存所需，那么其永远无法增进财产，①而财产占有的差异就会形成不平等状态。斯密也认同“有大财产的所在，就有大不平等的所在”[26]，但是斯密仅仅从保护私有财产权角度思考该问题，并未就其财产性收入分配的正义问题进行深入分析。

三、大卫·李嘉图的财产性收入思想

大卫·李嘉图的财产性分配理论继承了斯密的思想，与斯密一样，大卫·李嘉图身处新经济体系和政治力量与旧经济体系和政治力量殊死搏斗的时期，其经济学说是代表产业资产阶级的利益，证明资本主义比封建主义更能增进财富，也即

① 斯密认为：资本增加的直接原因，是节俭，不是勤劳。诚然，未有节俭以前，须先有勤劳。节俭所积蓄的物，都是由勤劳得来。但是若只有勤劳，无节俭，有所得而无所储，资本绝不能加大。

财富源自劳动，他认为“我们的肉体机能和精神机能是我们唯一的原始财富，所以这些机能的运用（某种劳动）是我们唯一原始的富源。所谓财富，无论是最必需的东西还是只是悦人心目的东西，都永远是这样运用机能所创造出来的。这是肯定不移的事情。同样肯定的是，这一切东西都不过代表那种创造它们的劳动；如果它们有一种价值，甚至两种不同的价值，那也是只能由创造它们的劳动的价值中得来的”[27]。李嘉图分配思想与斯密等的显著区别在于他把分配问题当作经济学的主要问题来分析，同时他在分配理论中坚持和发扬了斯密等的思想，认为各种所得的唯一来源是劳动者在生产中所创造出的价值，尽管产出物的价值可以分解为工资、地租和利润三大部分，但这种分类并不能否定生产中消耗的劳动量决定产出物价值的认识，他把价值与财富区分开，不赞同三种收入构成价值的说法，李嘉图写道“因此，价值与财富在本质上是不同的，因为价值不取决于数量多寡，而取决于生产的困难或便利”，正如配第的实际财富和斯密关于贫富取决于个体对物品的享受程度等论断，大卫·李嘉图采用使用价值与交换价值把价值与财富进一步厘清，区分了劳动量与劳动价值的关系，为其分配理论奠定了劳动价值决定论的理论基础，同时也厘清了财产性收入分配的基本分配法则。

李嘉图在其价值论的基础上提出“确认支配这种分配的法则，乃是政治经济学的主要问题”的观点，提出工资、利润与地租的分配法则。在工资理论上，李嘉图提出生存工资思想，他首先界定了工资是劳动创造出的价值的构成分项，是工人的劳动所得，而劳动的交换价格区分为自然价格和市场价格，其中自然价格是指维系自身和人的再生产所必需的生活资料价值总和，在经济自由的条件下，劳动按市场价格签订契约，可能与自然价格短期不一致，但随着经济、社会、技术的发展，以及人口增加对供求关系的冲击，自然价格呈逐步上升趋势，市场价格相对波动，从长期来看，两者的差异将收敛，最终保持一致，因此劳动的价格从长期角度看是维系生存的工资，即生存工资；在利润理论上，李嘉图认为利润是商品价值中扣除工资后的剩余，同时李嘉图依据级差地租理论，认为经济自由下充分竞争使得资本经营任何一块土地的资本回报率最终趋同，因此利润等于耕种零地租的土地时资本所获得的报酬，并且该报酬呈递减的趋势；在地租理论上，李嘉图提出级差地租的概念，认为地租是“使用土地的原有和不可摧毁的生产力而付给地主的那一部分土地产品”[28]，该报酬不需要地主付出任何努力，同时，他认为地租也是从利润中派生出来的一种剩余价值形式，依附资本而获利，具体而言是商品价值扣除工资和利润的剩余，由此，地租和利润分享了由劳动创造出的财富。

大卫·李嘉图分配理论不仅说明了三种收入是如何分配商品价值的，也进一步分析了三种收入背后代表的三大阶级的对立关系，初步揭示不同要素和阶层财产性收入差异的根源所在，李嘉图坚定地站在新兴资产阶级立场，认为工资与利润、地租与利润之间是互相对立的，即工资增加，利润就会减少，地租提高会影响到货币工资的增长，对利润形成伤害，他通过生存工资的界定，设置了生产成本上升的门禁，确保资本的利润空间，表现出对劳动者的无情一面，由此，劳动者的生活长期处于绝对抑或相对贫困的状况，分配的不公平由此体现，而大卫·李嘉图认为这是社会进步所不能避免的，在李嘉图分配法则中，劳动者是无缘于其他财产性收入的获得机会，因为“租金常常是属于那些多年辛勤劳动之后赚得收入，并用他们的财产来购买土地或房屋的人”，劳动者收入仅仅维系生存所需，就不会有积蓄，从而无法形成动产与不动产，获得其他财产性收入。他同时针对土地的有限性，提出自由贸易政策来限制租金占价值的份额[29]，维护利润的空间。因此，大卫·李嘉图在分配理论上承认价值源自劳动，在分配比率上偏向资本，而且对劳动者的贫困漠不关心，推崇资本主义分配方式是永恒的，也就难以揭示不同类型的财产在分配上不平等的本质与根源。

四、约翰·贝茨·克拉克的财产性收入思想

古典经济学分配理论建立在劳动价值论基础上，研究工资、利息、利润和地租参与产出物分配的形式，探讨了各种收入的来源。在工资、利息、利润和地租的数量计量上，除工资有比较明确的看法外，其他的都是一些主观的价值判断，各种收入所占的份额也就难以明确起来。

1870 年兴起的边际主义革命，创立起以效用为基础的价值理论，形成新古典经济学派，该学派赞同萨伊提出的生产创造效用而非物质的观点，认为劳动、资本和土地共同创造了商品价值，即各种形态的财产要素在生产中均产出产品，因此各财产要素依据各自所提供的生产性服务索取相应的报酬，形成按贡献分配的思想基础。维塞尔在《自然价值》中提出了以边际效用价值论为基础的收入分配的边际定律，为测量生产中各要素的贡献奠定了实质性基础[30]，由此按贡献

重构分配的观点贯穿于新古典经济学派的经济思想中，各财产性要素参与商品价值分割的具体份额在计量上得到解决；庞巴维克提出“迂回生产”的理论，用时间贴水来解决利息计量问题；马歇尔则用均衡价格理论切分国民收入在劳动、土地、资本和工业组织间的份额。无论是维塞尔、庞巴维克还是马歇尔均推动了新古典经济学的财产性分配理论往前发展，但在计量上要素与商品分配额度的确定依然存在某些还未克服的问题，计量方法也未被大众广泛接受。

被熊彼特誉为独立研究边际分析原理的最后一位学者的约翰·贝茨·克拉克虽然在经济学上并无显著的建设，但是他在《财富的分配》一书提出边际生产力和动态与静态分析方法的观点，在经济学的财产性分配理论上做出卓越的贡献。

综观克拉克的财产性分配思想，他秉承了边际主义其他学者提出的生产创造效用，效用是商品价值基础的观点，并依据资本生产率、生产力和效用递减规律的理论，提出了最后生产力学说，科学测量和解决了各财产要素在产出物生产和形成中的贡献程度的难题，解决了国民财富（收入）如何在各财产要素间分配的问题，破解了所谓的“收入分配之谜”。

按克拉克的最后生产力理论，自然规律决定了收入分配，克拉克写道“如果工资、利息、利润本身都是依据一个公正的原则来决定，那么这些协作从事生产的各个阶级，也就没有什么可以互相埋怨的了”[31]，其中公正的原则是指在静态条件下的各财产要素自身的边际生产力。克拉克根据边际递减规律，提出最后生产力学说，认为工资等于最后单位投入劳动的产出物产出量，利息等于最后单位投入资本的产出物产出量，地租作为利息的一种形式加以考察，劳动、资本与土地就此得到自身创造出的产出物，克拉克的最后生产力理论精确地计量了共同产出物在不同生产要素间的分配份额（见图 2-1）。

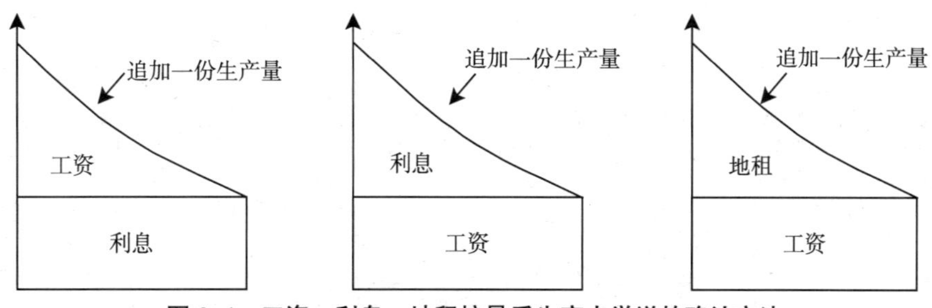

图 2-1 工资、利息、地租按最后生产力学说的确认方法

克拉克的财产性分配理论说明了供给的多寡决定工资和利息水平，及工资水平取决于劳动人口的多寡，而劳动人口的多寡是与资本土地数量对比的相对结果。因此，克拉克反对工资的提高，也就限制了国民通过勤劳获得更多的产出物，国民难以在扣除必要的生存需要的支出后，通过把可能剩余的收入转化成资本或者土地资产等形式，在新一轮再生产过程中增进个人财产性收入，也正因为如此，经济的不平等将存续于自由经济体系内，因而边际生产力学说只是保证了分配结果的公平，难以实现真正意义上的经济平等。

五、凯恩斯主义的财产性收入思想

（一）凯恩斯的财产性收入思想

关于财产性收入分配的问题，凯恩斯在其《通论》中并未系统构建和论述其价值论和分配论，[①] 他通过建立有效需求学说，解释现实世界中经济系统的长期运行规律。凯恩斯认为古典经济学[②] 理论假设是一种特例，是各种可能均衡点的极限，以此解释现实经济，会误导现实经济体的运行，甚至形成灾害。

凯恩斯认为充分就业是一种均衡极限的特例，现实情况是有效需求[③] 不足成为常态，此时，该均衡下的就业水平是没有理由到达充分就业的。凯恩斯进一步认为有效需求取决于消费倾向和新投资量，D 可以分解成 D_1 和 D_2，D_1 为消费量，D_2 为投资量，当消费倾向确定时，就业量决定收入，收入决定消费，也就确定了 D_1，就业量增加时，消费量也增加，但是小于 D 的增加量，此时出现了企业主的预期收益 Z 和 D_1 间存在差距，如果消费倾向不变，则只有增加 $D_2 = \Phi(N) - x(N)$，[④] 弥补其缺口，也即当有效需求 D 不足时，就业量就会在没有达到充分就业水平上止步，而就业量决定收入和消费，最终对经济体系的稳定发展产生损害。

---

① 何正斌认为《通论》以有效需求为核心，很少谈及收入分配问题，更没有系统的分配理论，以及凯恩斯所创立的所谓新经济学体系居然根本不提价值论。何正斌：《经济学 300 年》（下），湖南科学技术出版社 2010 年第 3 版，第 29 页。

② “古典经济学家”是马克思创造的名词，代表人物包括李嘉图、詹姆斯、穆勒和他们的前辈们。凯恩斯：《就业、利息和货币通论》，陕西人民出版社 2011 年第 1 版，第 2 页。

③ 凯恩斯在《通论》第三章专门论述了有效需求理论。设 Z 为总供给价格，D 为企业主的预期收益，N 为雇用人数，则 $Z = \Phi(N)$，$D = f(N)$，当 $Z = D$ 时，N 代表的就业水平就确定了，这时对应的 D 值称有效需求。

④ 设 $D_1 = x(N)$。

凯恩斯运用有效需求理论论证了经济体系是如何达到稳定均衡的状态，把国家从守夜者变为调节者，强调国家干预的意义，该理论显然与秉承经济自由思想的古典经济学家理论是背道而驰的，但是凯恩斯的经济思想在经济学史上具有举足轻重的意义，其财产性收入思想隐含在有效需求理论中，凯恩斯认为解决有效需求不足只能是提高消费率或者促进新增投资量，也即刺激消费和降低利息率，这在一定程度上解决了富裕中的贫穷的现象。① 由此可见，凯恩斯虽然没有直接给出其分配理论，但是从有效需求理论的推导过程，间接地指出财富在富人与穷人间分配将直接影响消费，进而间接影响投资，最终影响到经济体系的稳定均衡状态。

凯恩斯对于公平分配问题，也有自己的主观判断，在通论的最后一章“社会哲学”中，他认为分配的公平与否对有效需求会产生影响，他写道“在我们生活于其中的经济社会的突出缺点是：第一，未能提供充分就业；第二，财富和收入分配的专横和欠公平”和“就我而言，我相信有社会的和心理的理由为收入和财富的不均等辩护。但是，像今天存在的如此巨大的不均等，就无法辩护了”[32]。对于如何削减不平等现象，他认为开征遗产税和确定合意性的利息率是有效手段。

关于分配份额问题，凯恩斯学派的主要拥护者罗宾逊也认为：消费品与投资品之间的比例决定了工资性收入和利润性收入之间的比例，投资率越高，利润占国民收入的比例越大，工资性收入所占比例就越小[33]。

（二）新剑桥学派的财产性收入思想

现代凯恩斯主义分成萨缪尔森的新古典综合派和新剑桥学派，其中新剑桥学派作为凯恩斯主义的坚定支持者，贯彻和拓展了凯恩斯思想。收入分配理论是新剑桥学派的核心内容，新剑桥学派和凯恩斯一样反对用边际生产力来建立分配理论，主张回到古典经济学时代的分配理论，认为国民收入由工资和利润两部分组成，且呈负相关性，即利润上升了工资必然减少，反之亦然，同时认为资本家因

---

① 凯恩斯在《通论》中写道：社会越富，其实际产量和可能产量之间的差距越大，经济制度的缺点越明显和令人难以容忍。一个贫穷社会倾向于以它的大部分产品用于消费，因而很小的投资量即可达到充分就业。反之，在一个富裕的社会里，如果其富裕成员的储蓄倾向与贫穷成员的就业不相矛盾，就需要有更多的投资机会。如果一个潜在富裕社会中，投资引诱较弱，那么，尽管存在潜在的财富，有效需求原理的作用将迫使该社会减少它的实际产量，直到不管其潜在财富如何，该社会都会穷到如此地步，以至于其产量超过消费的剩余部分会减少到正好与其微弱的投资引诱相适应。凯恩斯：《就业、利息和货币通论》，陕西人民出版社 2011 年第 1 版，第 18 页。

其财产的所有权而获得非劳动收入（利润），工人凭劳动获得工资，两者之间分配是不公平的。随着经济增长，利润占国民收入的份额将上升，工资反之，分配制度的不公平将越发明显，在资本家得到越多而工人得到越少的情况下，G = s/C（G：经济增长率；s：储蓄率；C：常数）等式所描述的经济增长将不可持续，因为这是基于收入分配不平等的经济增长。为此，新剑桥学派把调节收入分配作为研究经济增长的核心问题，提出税收手段（包括累进的所得税、财产税、遗产税等）、低收入者补贴、提高失业者技能和降低资本集中度等调节分配的政策，改善收入分配不平等，促进经济增长。新剑桥学派的财产性收入思想不仅分析了不同财产要素分配不平等的现象与趋势，同时明确指出历史形成的财产占有制度也是分配不平等的原因之一[34]。

六、福利经济学的财产性收入思想

福利思想亘古已有，柏拉图在《理想国》中提出了一个全社会幸福的构想：按等级实行不同的财产制度，取消以私欲为核心的家庭形式，实现共妻和子女公养制度。亚里士多德也认为一个社会应该是让人们分享优良的生活。随后的空想社会主义进一步践行全民幸福的实践，资本主义完胜封建君主制以后，经济学更关注国家财富的性质与来源，关注各财产要素参与价值分配的份额计量与分配比例，社会福利问题并没有引起注意。随着资本主义社会由自由竞争转向垄断，社会分配不公平导致富裕中的贫困与绝对贫困现象凸显，“经济发展的含义也从单纯人均国民收入水平的提高转向把收入增长、收入均等……和劳动就业等一系列问题结合起来考虑，认为如果把人均国民收入的增长建立在贫困、失业和资源破坏的基础上，则不能称为经济有所发展”[35]。

自 1958 年菲利普斯给出洛伦茨曲线和帕累托提出最优理论，经济学从福利主义视角重新审视公平分配问题，而不仅仅关注于财产要素参与分配的形式、财产性收入的来源与份额计量的问题，由此开创了福利经济学的财产性收入思想[36]。福利经济学分成新旧两派，它们均试图证明国家能以国家干预的手段调节价格，用看得见的手实现资源的有效配置[37]，即实现社会福利最大化。在这一假设前提下，两派关于财产性收入及分配的思想是有差别的。

庇古为代表的旧福利经济学派以效用为基础分析社会福利增进的基础，推崇分配均等化的理念。该学派认为福利是产出物满足个人需要和欲望的效用度量或

者是由此产生的某种幸福感的心理衡量，并且能够通过计量进行确认，整个社会公民的福利总和就是社会福利。要让社会福利最大化，庇古认为从福利的经济层面来看，福利的高低取决于国民收入的总量，国民收入总量越大，福利就越大。但是这并不意味着社会福利会最大化，他认为在非经济层面，存在着同一产出物对于不同人的效用是不一样的，诸如食物对绝对贫困者的效用远远大于富裕者，因此要重新考虑分配的问题，使得社会福利最大化。庇古进一步指出按边际效用原理，分配的均等比按贡献分配对社会福利增进更为重要，而要实现这一点，国家以政策进行调节是先决条件，其中财税政策是主要调节手段。庇古的分配思想折射出来的财产性收入思想为社会大同理论，他可以消除因经济增长形成的两极分化所带来的社会极端不稳问题。但是正如他所说的，福利的经济基础是国民收入，而极端福利主义思想有损生产力效率，导致投资引诱将被削弱，造成因有效需求不足带来的经济收缩，福利的经济基础就会动摇，社会福利最大化将难以实现，而懒惰情绪将在国家间蔓延，在贫困未能解决的基础上，国家将背负巨大的财政赤字包袱，经济将由此走向崩溃的边缘。

新福利经济学不赞同庇古为代表的旧福利经济学观点，认为资源配置效率才是社会福利最大化的条件[38]。并基于帕累托最优理论，提出在资源配置达到最优时的状态下，经济效率会最优，经济体系将实现最大的和可能的产出水平，这时福利也就最大化。显然地，效率优先的观点对于国民收入总量提升上具有显著的促进作用，但是它并不能消除分配不平等现象，为此卡尔多提出了修正的帕累托理论，也即“补偿原则”，弥补效率优先在分配上的缺陷。由此可见，新福利经济学的效率优先观点有助于推升经济产出达到潜在产量，也就实现充分就业水平，提升劳动者报酬的总体水平，对于出现的分配不公现象，新福利经济学采用补偿原则进行再分配，矫正初次分配出现的收入差距，推升全社会的福利水平。但是这种以市场价格变动为基础的虚拟补偿原则，很难变成现实的补偿，因此它对于社会分配公平来说意义不大。后来希克斯提出“长期自然的补偿原则”，虽具有一定的现实意义，但是也受制于多种不确定性因素约束，实现难度大。由此可见，新福利经济学主要观点是财产要素的初次分配取决于效率和要素分配的公平与否通过不确定的补偿原则来实现，体现了平等与效率统筹考虑的思想，具有积极的现实意义，但是其再分配的措施实现难度大，需要进一步改进。

第二节　国内外财产性收入及其不平等研究的进展

财产性收入及其不平等研究是收入分配理论的深化，该研究秉承“收入—财产—财产性收入”的研究线索，分析财产性收入来源、差距、不平等程度和不平等成因。一般而言，居民的财产源自初次分配中劳动者报酬，在不考虑财富代际转移问题的前提下，财产的多寡取决于国民收入在不同财产要素间的分配份额和居民的收入水平，居民间财产分布也因此存在差异。同时，收入与财产存在相互反馈机制，如果财产不被窖藏，可用于消费和投资，消费性财产和生产性财产均对经济体系的产出具有贡献。在生产效率既定的条件下，两者从供需两端共同决定了经济体系的均衡点，也即决定了一定时点上国民收入总量，而居民因让渡生产性财产权利而获得的收益就是居民的财产性收入。由此，居民财产水平和分布差距、财产性收入水平及其不平等程度在不断循环的经济运行体系中得到确认和固化。基于上述考虑，研究财产性收入有三个视角：①初次分配中各要素的分配份额直接决定居民的收入水平，也就决定了居民财产积累水平和财产分布差距。②生产性财产是居民获得财产性收入的直接源头，在初次分配制度既定条件下，居民生产性财产的积累依靠自身的节俭和勤奋，全社会有没有一套制度安排，鼓励个人通过勤奋增加其财产，改善居民财产分布状态，是居民能否获得财产性收入及舒缓居民间财产性收入不平等的关键所在，因此研究需从起点均等、机会均等和结果均等三大视角分析财产性收入不平等原因，拟定恰当的调控政策。③研究需要从平等与效率相均衡的角度，思考财产性收入数量增长和不平等成因等问题，尤其考虑财产性要素[①]匮乏的低收入组群的财产性收入增进的问题。国内外学者对三大视角均有相关研究，第一个视角已经由隐含于经济学的分配理论所给

① 这里的财产性要素不仅仅包括土地、资本和能提供的生产性劳动，还包括劳动的质量，也即知识要素。一般来说，多数低收入组群的居民受多因素制约，在知识储备上存在障碍或门槛，以至于他一生中运用仅有财产，假设在初次分配时其收入抵扣生存开支后有剩余，增值其财产的可能性降低。学者们一般认为75%~90%的智力迟钝者的病因不是基因缺陷或者大脑外伤，而是社会经济因素，因此贫困远远不只是一种人道主义或社会公平问题，贫困是对国家的一种消耗，是一种人类资源的损失。

出解释；第二个问题也有部分答案，也即资本源自资本家的节俭和勤奋，那么劳动者能不能成为“资本家”，换言之，劳动者是否可以用收入扣除生存费用后的剩余形成资本与土地,① 并投入经济体系循环中，获得财产要素的收入，而不仅仅是劳动形成的单一要素收入[39]，西方各流派对资本来源进行充分阐释，同时界定劳动者获得工资收入，对于劳动者能不能成为“资本家”，没有给出直接正面的回答，显然地，如果劳动者资本化收益的合法性无法得到确认，总收入水平得不到增长，则其财产性收入无从谈起，其实按法不禁止皆可为的思想，西方经济学把劳动者成为“资本家”作为隐含的前提，也即承认个人可以如资本家一样通过节俭和勤奋获得更多的收入，以公有制为基础的经济学学派则保留相反的看法，因此，我国对财产性收入长期持有戒备心理，2007 年后我国终于突破思想的禁锢，明确承认公有制基础下的居民财产性收入的合法性，从此个人可以通过勤奋获取前程，提升财产性收入数量增长；第三个问题在现代经济学中有所体现，福利经济学、发展经济学、新自由主义学派均对此有涉及，庇古、罗尔斯、米尔斯、库兹涅茨、布坎南、哈耶克等对经济不平等做了专门研究，但主要涉及居民总收入分配不平等问题，缺乏对财产性收入的深入研究。

国内外学者在吸取经济学不同流派的分配理论精髓的基础上，选择上述三个视角的某一方面，对财产性收入及其不平等问题展开具体研究，积累了诸多研究成果。

一、国外财产性收入研究进展

国外以财产性收入作为研究主题的时间可以追溯到 19 世纪末 20 世纪初，当时 George Ramsay（1836）、John Bates Clark（1899）就涉足财产性收入专题研究，1925 年 Maurice Leven 对财产性收入来源做了深入研究[40]。随后诸多学者在财产性收入分配差距、财产性收入不平等、财产性收入分配影响因素、财产性收入对经济社会的影响和财产性收入分配的社会政策取向等多个方面展开研究，试图为反贫困、伸张经济正义和谋划人类福祉寻找某种合意性的社会经济政策。

（一）财产性收入分配差距

初次分配中财产要素的分配份额决定居民收入水平，进而决定其拥有财产的

① 这里的土地泛指一切具有地租效应的财产。

数量。古典与新古典经济学对生产性要素（财产要素）参与分配的合法性以及国民收入在各要素间的切割比率做出规范性分析和精确的计量，但是对要素间横向分配公平性问题，缺乏系统性的分析。1955 年 Kuznets 发表《经济增长与收入不平等》一文，掀开了生产要素收入分配不平等研究大幕，Kuznets 运用了 1875~1950 年少量可获得的数据解释了前工业化向工业化转变的经济增长阶段，生产要素间的收入分配不平等会随着经济增长而快速恶化，经济发展进入到后工业化时期，生产要素收入分配不平等会随着经济增长而逐步收敛，体现为“先恶化，后收敛”的现象[41][42]。Lewis（1954，1972）提出两部门经济理论，认为因传统的农业部门和现代非农业部门的生产力的差异，随着工业化和城镇化的推进，劳动力在两个部门间流动，导致劳动者的收入水平的差异，当且仅当刘易斯拐点出现后，收入不平等现象开始收敛[43][44]。Kuznets 和 Lewis 把研究视角从功能性分配转向规模性分配，解释了居民财产形成差异的原因。随后一些学者继续沿着两位学者的研究思路，采用不同样本进行验证，得到诸多有益的实证结论。这一领域研究从财产性收入源头解析了财产性收入差距存在的因由。

（二）财产性收入不平等研究

经历 20 世纪 30 年代经济大萧条和第二次世界大战，贫困一直以来困扰着欧美国家。Robert（1904）以美国为例，在《贫困》一书中指出大约有 1/8 的美国民众陷于贫困，人数约 1000 万人[45]，1909 年的“匹兹堡调查”则罗列了更为详细的研究贫困数据[46]，Michael（1962）在《另一个美国》一书中认为当时的美国有 4000 万~5000 万名贫困者[47]。发生贫困的直接原因是收入匮乏，以至于难以维系公民的生存需要，而贫困现象的本质就是经济不平等，是社会中最低收入的一组人与其他人之间的不平等[48]。消除贫困（经济不平等）的措施除了提高劳动者的劳动要素收入外，谢若登认为“不应忽视资产收入逐步增加的重要性”[49]，他提倡通过资产的长期积累与财产权利的赋予来彻底解决贫困问题。对于财产性收入不平等的成因，一些西方学者从起点平等出发指出个人初始财产的差别引致财产性收入不平等（Friedman，1962；Banerjee 等，1993；Galor 和 Zeira，1993）[50][51][52]，萨缪尔森则把财富的继承界定为收入方面最大的不平等。也有一部分学者认为随着经济发展，穷人劳动收入扣除生存支出后仍有剩余时，穷人通过一定时期积累，使得自身具备跨越金融门槛的能力，从而获得金融支持，享受财产性收入（Galor 和 Tsiddon，1997；Townsend，2003）[53][54]；另一

部分学者则认为穷人受到富人的财富效应激励，通过个人的勤奋改变现状，增加收入，积累财产，获得除劳动收入外的其他财产性收入。

（三）财产性收入影响因素研究

从根源上看，收入对财产性收入具有决定性作用。除收入之外，国外学者认为影响财产性收入的主要因素还有金融发展、人力资本和财富代际转移等，其中财富代际转移更多的是放在起点不平等角度分析。

关于金融发展对财产性收入影响的研究，国外的研究聚焦在金融进展对收入产生影响方面，并在延后的生产阶段影响居民的财产性收入水平。该研究存在两种截然不同的观点：①金融发展对收入不平等具有收敛效应，该观点认为信贷约束是造成穷人无缘拥有财产性收入的主要障碍，放宽的信贷约束可降低穷人获得金融支持的门槛，使得穷人可以通过负债形式获得生产性财产，[①] 穷人因此获得财产性收入，通过不断的良性循环，最终实现财产性收入不平等的收敛效应。[②] ②金融发展扩大了收入不平等效应，该假说认为金融发展虽然有利于资本形成，但是富人具有获得资金的优势地位，穷人并不能获得金融发展的实惠，其结果是扩大了财产性收入差距[55]。Greenwood 和 Jovanovic（1990）则综合了上述两种观点，形成第三种假设，他们把金融发展对收入不平等影响纳入到经济增长中考虑，提出“倒 U 型假说”[56]，认为在工业化初期和中期阶段金融发展强化了富人获得财产性收入的优势地位，也即“马太效应”，富人增收，穷人受损，财产性收入差距加大，到了后工业化阶段，金融发展将改变该不平等现象，因此金融发展与收入分配呈非线性关系。Asli Demirgüc-Kunt 和 Ross Levine（2009）也对金融与不平等做了专门的文献综述，发现金融发展最终可以收敛不平等现象[57]。Abhion 和 Bolton（1997）则认为穷人将依据借款成本（利率水平）考虑是否负债经营，由于经济发展初期的利率水平高，穷人只能从事不需要资本的低生产力的活动，居民间收入差距扩大，随着经济发展，金融约束放宽后，利率下降，穷人有意愿借款从事需要资本的高生产力活动，因此穷人获得财产性收入，收入水平提高，持续地进行后，不平等将被收敛。[58] Chakraborty 和 Ray（2007）也认为在经济发展初期，整个社会经济落后，只有一部分人可获得信贷支持，金融约束

① 本书假设穷人获得信贷支持后，所得到的贷款用于生产领域，而非用于个人消费支出。

② Oded Galor and Joseph Zeira，“Income Distribution and Macroeconomics”，Review of Economic Studies，1993（60）：35-52.

使得居民间的收入差距扩大化，经济发展以后，金融约束放宽，将会有更多的人跨入金融门槛，此时金融发展有利于收敛不平等趋势[59]。世界银行经济学家Demirgüc 等在 2008 年提出金融宽化和普惠金融理念，通过降低金融门槛让不同阶层的人民享受金融服务，从而缩减居民的财产性收入差距。

人力资本影响居民的财富营运能力和收入起点。居民初期的财产积累建立在劳动收入基础上，更高的教育程度和其他人力资本投入将会使居民获得更多的资本收益和收入机会，进而促增居民的财产性收入。一般而言，个人初始人力资本投入需要依靠家庭进行投资。[①] Becker 和 Tomes（1979）运用动态投资模型研究代际收入流动性问题，他们发现父辈与子辈收入存在两种必然联系：①父母对小孩的人力资本投资。②子辈从父辈继承的先天特性。[60] Becker 和 Tomes 把这些归纳为禀赋，并与运气等一起界定为能力概念，认为其对子代的收入产生影响，也就是说能力越高的小孩今后的收入水平高的概率越大。无论哪种观点，学者们就人力资本对个人收入，乃至财产性收入的影响已经达成共识。父辈对子辈的人力资本投资主要是教育，子辈的教育程度高低也就决定了他们的财富营运能力的水平和起点收入水平，而一些诸如数学、计算机、工程、医学、生命科学的人员短缺更是调高了从业人员的收入水平[61]。Polachek（1975）研究认为教育水平低的人在生命周期不同阶段的收入变化远远小于教育水平较高的人[62]。

（四）财产性收入对经济、社会的影响研究

财产性收入对经济增长的影响研究已取得比较一致的结论，多数学者认为财产性收入不平等将损害经济的稳定性。Todaro（1997）研究认为不平等造成财富聚集于少数富人，富人倾向大量消费非生产性产品而不利于生产性投资的增长，投资收缩最终会损害经济的稳定，[63] Persson 和 Tabellini（1994）、Deininger 和 Olinto（2000）所得到的结论是财产收入不平等与经济增长具有负相关性[64][65]。也有一些学者持不同看法，Galor 和 Moav（2001）认为后工业化时代因财产不平等形成财富聚集效应的高储蓄率效应将弱化[66]，经济因此而减速。Partridge（1997）、Barro（2000）则认为财产性收入不平等与长期经济增长并不存在相关

---

① 家庭作为社会的基本单元，对其成员负责，社会仅仅给予基本托底保障，因此个人成长过程的人力资本投资成本的大多数是由家庭承担的，孤儿等由社会共养的特例除外。

性。[①] 由此可见，在中短期来看，财产性收入不平等对经济稳定有明确的影响，而长期视角受经济发展自身对不平等收敛效应的影响，财产性收入不平等和经济稳定增长可能存在不相关性。[②]

随着经济增长，财富的积累速度和总量都大幅提高，财产性收入不平等对总收入不平等的解释力度加强，财产性收入不平等的加剧意味着总收入不平等加剧，由此，财产性收入通过总收入对社会稳定形成冲击和影响。具体而言，主要影响表现为出生率、犯罪率和社会冲突等三个方面。在出生率上，学者们认为收入分配的恶化将导致出生率上升，也即穷人倾向于保持较高的出生率，该现象进一步加剧代际人力资本质量下降，损害社会生产力；在犯罪率上，学者们指出高度的收入不平等与犯罪率显著相关，且该犯罪动因会在边缘组群中形成示范效应，对社会稳定产生巨大影响；在社会冲突上，学者们指出财产性收入不平等带来的社会冲突是影响社会稳定的最坏情况，收入不平等带来阶层的两极分化，对立阶层的关系高度紧张，均具有广泛的群众基础，无论是富裕阶层还是贫困阶层都有意愿采取极端手段剥夺对方的财产，社会混乱将由此产生。配第对此有所论断，[③] Alesina 和 Perotti（1996）的实证研究也为此提供了证据[67]。由此可见，财产性收入达到极端不平等时，因其对总收入的集中率和贡献度的持续提升，社会各阶层所面临的财产性收入不平等问题已经不是一个经济正义问题，而是一个社会正义问题。

（五）财产性收入分配的社会政策取向

一个富裕的国家，应该是鼓励和帮助穷人进行财产积累以消除贫困，但是从欧美反贫困的政策效果看，转移支付和经济增长都不足以削减政策实施之前的贫困[68]。西方学者面对现实的困惑，在社会经济政策导向层面展开广泛的争论，随着争论的持续与深入，穷人拥有财产的观点逐步浮现，并据此讨论改善穷人资产现状的社会经济政策抉择。大体上看，欧美国家的财产性收入调节的社会经济政策分成保守右派、自由中间派和激进“左”派等三种意识形态。

---

① 潘士远：《金融发展、收入分配与经济增长：文献综述》，《浙江社会科学》2009 年第 12 期，第 105 页。

② 按 Kuznets 和 Lewis 等学者的观点，当经济增长完成工业化向向后工业化转换后，经济不平等随着经济发展而收敛，而这恰恰是当前发达国家福利社会政策的实践，因此从一个比较长的时间跨度上看，应该存在两者间不具相关性，但应该不具有因果关系。

③ 威廉·配第：《赋税论·献给英明的人士·货币略论》，陈冬野等译，商务印书馆 1963 年第 1 版。

1. 保守右派的财产性收入调节的社会经济政策取向

保守右派在反贫困，也即调节不平等的立场上，倾向于用强制劳动代替转移支付方式改善最低收入人群的收入状况，倡导自立自主的价值取向，认为贫困是自然现象，人类对其同情是一种误导。Herbert Spencer（1850）认为，“在物质世界的自然秩序下正在持续排泄其不健康的、低能的、迟钝的、优柔的、不诚实的成员……通过源源不断的供给而大力鼓励繁殖没有头脑和没有能力的人……阻碍了胜任者和节俭者的繁殖，从此，在这些愚俗短见的人消除周围确实有积极作用之贫困的热望下，却遗传给子孙后代无穷无尽的灾祸”[69]。斯宾塞的思想是一种极端化的观点，达尔文就认为这种灭绝行为看似合理，但如果不对人类行为加以限制，只是对自我利益的计算和对当前某些满意与未来产生的痛苦之间的权衡，将付出更大的代价。但是斯宾塞思想对保守右派的财产性收入调节的社会经济政策抉择上产生深远影响，右派对通过社会救助等再分配方法改善收入不平等的方法持批评意见，认为强制性劳动才是解决问题的路径。Laerence Mead（1989）写道“在边缘领域，就业机会对愿意工作的人是存在的，就业是脱离贫困的最可靠方法”[70]。右派还为此界定了代际贫困的“贫困文化”① 理论。由此可见，保守右派的社会经济政策偏向于激励工作，几乎忽视资产积累的政策导向，也就否定了穷人拥有财产的可能性，更谈不上穷人通过财产性收入改善经济社会地位的可能性。贯彻保守右派思想的供给学派提出应该将钱转移给富人，这样做有利于经济增长，从而有利于帮助穷人，穷人的财产积累与投资收入机会就此被否决，资产被赋予了非穷人。

2. 自由中间派的财产性收入调节的社会经济政策取向

自由中间派对保守右派的财产性收入的调节思想持否定态度，虽然他们也承认不平等的合法性，以及社会的分层现象，赞同经济自由思想，但是他们认为不平等可以且应该通过人类社会某一力量的干预，消除某些严重的不平等现象，也即承认且推崇国家干预的作用，把某种计划与市场结合起来考虑分配不平等问题，补偿结果不平等和促进平等机会是自由中立学派解决问题的两大支柱性措施。补偿结果不平等的政策方法是收入转支，Ellwood 在 1988 年建议应当通过退

① 贫困文化指代代相传，没有远大价值理想的一种状态，也即代代贫困的现象。Edward，Banfield，“The Unheavenly City Revisited”，Boston：Little，Brown，1974：55-57.

税、工资补贴、提高最低工资等手段实现收入转支，这样做的好处是穷人获得更多的收入，穷人将有更高的消费水平，其处境将改善。显然地，工作报酬是自由中间派消除贫困与不平等的主要措施，其与保守右派激励的工作做法是相似的，区别在于自由中间派摒弃了右派自然法则的极端思想。自由中间派的工作取向政策主张承认社会相互作用的现实，只有社会不同阶层都获得托底的保障，整个社会的船才能持续航行，因此他们断然拒绝按自然规律采取的灭绝行为思想。

在工作取向和收入转支的政策取向过程中，自由中间派也注意到市场存在阻碍穷人参与的某些因素，导致穷人失去参与市场的机会，Wilson（1987）的研究得到结论：美国20世纪70年代城市中心区社会问题加剧的主要原因一直在于国家经济的变化，使城市穷人远离了良好的就业机会[71]，在市场参与的机会问题上，自由中间派承认制度对各种机会的限制导致贫困的结果。

总之，自由中间派解决贫穷与不平等的主要政策措施是激励工作，他们也试图使用国家干预的福利政策消除极端不平等，建议采用更多的收入转支、更多的房租补贴、更多的食品券等手段消除贫困，恰恰忽视了资产问题，自由中间派也难以从根本上改变穷人的收入水平，也即他们承认的“贫困情境”①问题。因此，自由中间派仅仅关心福利政策对收入的影响，而完全忽视资产对收入的影响。

3. 激进“左”派的财产性收入调节的社会经济政策取向

激进的“左”派认为资产（资本）应由社会掌控，而非私人控制，马克思认为“资本来到世间，从头到脚。每个毛孔都滴着血和肮脏的东西”，他认为资本（财产）的积累是以剥削为前提的，包含了固有的不平等，只有国家控制资本，也即实行公有制，人民群众共享资本的获利，才能彻底消除因资本产生的不平等现象。源自马克思思想的激进“左”派认为穷人除非以某种形式从富人处夺取财产，否则无法拥有财产，也就不存在发展和保持财产的问题。因此激进的“左”派也同样忽视了穷人的财产积累，仅仅注重以国家为代表的统治阶级的资本积累。

综观三大流派的财产性收入调节政策，均忽视了最低收入组群，也即穷人对财产拥有、保持与发展的问题，穷人财产性收入的缺失使得收入分配成为经济、社会、政治中非常复杂与棘手的难题，“综观整个政治领域和几乎所有学术研究，缺乏对穷人私有资产的重视，这一直是福利改革争论中的一个很大失误”[72]。

① 贫困所带来的局限造成了失败行为。

二、国内财产性收入研究进展

国内财产性收入研究最早见诸李家勇（1988）的《财产收入的性质和功能》一文，该文明确提出“财产性收入”的概念。本研究基于CNKI系统，以“财产性收入”为关键词精确匹配检索，结果显示2000年前仅有2篇文章以财产性收入为主题的研究，2000~2006年为16篇，主要是以日报文章为主。中国共产党十七大报告提出增加财产性收入以后，财产性收入的研究热度开始升温，2007年为236篇，且2007~2013年年均为149篇，自此国内学者开始探索财产性收入促增和不平等促减的专题研究，学者们从不同的视角、方法和侧重点研究了财产性收入内涵、财产性收入不平等的成因和发展趋势。多数学者侧重于主观价值判断，指出了未来财产性收入占总收入的比重将会越来越大，对贫富鸿沟扩大的影响也会越来越大，少数学者运用了短周期数据或区域性数据进行实证分析，以验证主观价值判断的真实性。现将国内学者主要成果归纳如下：

（一）财产性收入的理论基础研究

自中国共产党十七大提出“创造条件让更多群众拥有财产性收入”，国内学者围绕财产性收入的展开分析，溯源学者早期研究，周彦文和陈莉霞（1998）对财产性收入概念、性质和功能进行界定，界定财产性收入是对“财产的直接经营或让渡财产的所有权、使用权而获得的经济利益……财产性收入的性质从根本上说，取决于财产所有权的性质”[73]。随后李实（2005）、布尔什维克（2007）、石磊和张翼（2010）、唐雪梅（2010）等学者对财产性收入的概念和构成做了充分的论证，一致认同财产性收入是居民让渡和出售财产所有权而获得的回报，但是屏蔽了劳动力本身作为财产要素构成分项，也即劳动力参与生产过程的回报不是财产性收入，同时受到数据来源影响，各位学者对财产性收入的具体构成存在一定争议，多数学者基本认同国家统计局公布的财产性收入分类，部分学者在此基础上做了一些细微的调整，如李实教授增加了虚拟租金的项目。另一些学者基于我国的社会政治体制，从所有制角度探析我国居民财产性收入的合法性，李家勇（1988）认为社会主义制度下，“生产资料所有权与劳动力所有权之间还存在深刻的利益矛盾……在这种矛盾尚存的条件下消灭财产收入，那就要以社会经济的停滞和生产资源的严重浪费为代价”[74]，其研究回答了社会主义初级阶段财产性收入存在的现实意义和事实；康渝生（2008）通过论证基于所有制的基础上的私有

财产合法性，演绎出财产性收入的合法性[75]；尹焕三（2008）从提高各生产要素参与经济活动的积极性和社会阶层升级优化角度，提出居民有用财产性收入的客观根由，但是他没有很好解释清楚穷人与非穷人在财产性收入获得上的差异；[76]赵人伟（2008）从资源配置效率角度论证了要素合理定价与财产性收入的关系，指出了财产性收入的必要性[77]；王国平（2009）则认为要升华中国共产党十七大之前关于财产性收入的价值判断标准，指出财产性收入有其合理性一面，需要承认生产要素在价值创造中的贡献，也即只要能剥离剥削的成分，剩余的财产性收入是合理的，体现了要素的贡献率[78]；杨永华（2010）认为只要生产资料坚持公有制度，分配中可以吸收资本主义的分配形式，该措施不会改变社会的本质属性，反而可以推进要素的生产力提升[79]；王婷（2012）以马克思主义经济学为出发点，提出居民间生产资料占有的区别是带来财产性收入差距的原因[80]。财产性收入的理论基础主要涉及界定财产性收入的定义、内涵，以及探究财产性收入的合乎我国社会制度的理论依据，学者们对财产性收入概念界定基本保持一致性看法，仅对于财产性收入构成项目存在一些争议，在理论依据的分析中，学者们用历史的观点剖析了社会主义初级阶段存在财产性收入的合理性，指出了我国特定历史发展阶段居民存在财产性收入不违背我国现行的社会制度规范。

（二）财产性收入及其不平等对经济、社会层面的影响研究

一部分学者专注于财产性收入及其不平等对社会层面的影响研究。李卫东（1993）认为财产性收入和劳动所得是收入的两大构成，其中财产性收入差距远大于劳动收入的差距，他写道："在现实社会中，程度不同地存在权钱交易，用钱可以获得声望，客观上加深了收入因素对社会分化的影响"[81]；唐雪梅和赖胜强（2013）则认为财产性收入流动性差，更容易固化社会阶层，加上因财富代际转移形成的初始财产分布差异，因此，财产性收入不平等是社会不稳定的一个根源[82]；莫凡和谭培文（2013）则坚持"以财产性收入的增长推进社会公平正义"的观点[83]，其忽视了增长与平等是两个概念。另一部分学者则关注财产性收入对经济层面的影响研究，刘凤根（2008）认为居民的财产性收入主要是股票投资收益，"并通过股市财富效益影响消费和经济增长"[84]，他同时认为因地区差异和收入组群差异的存在，多数居民的财产性收入的总量偏低，股票市场的发展受到抑制，经济增长受到影响，虽然该观点的前提是不完备的，但是该观点说明了财产性收入及其不平等会对经济增长具有影响；刘江会和唐东波（2010）指出城乡财产性收入差距、市场化程度与经济增长存在长期的协整关系，且城乡财产性收入差距扩大对经济增长形成短期的冲击[85]。虽然学者们的成果给本书提供了明确的思路，但是无论在社会层面，还是经济层面，实证研究相对单薄，缺乏长周期数据进行研究，地理区位划分只是采用城乡、东中西两大类，因此，这些研究结论的稳健性尚需进一步验证。

（三）财产性收入的影响因素研究

多数学者从经济发展与市场化程度、宏观政策、市场分割、法律保障、行业政策和居民财产分布等角度做出了评价，学者们比较一致性地认同经济发展是制约财产性收入的首要因素。在经济发展方面，刘江会和唐东波（2010）运用1997~2005年数据进行研究，得出经济持续发展能够收敛财产性收入不平等，市场化程度的提升短期内会促增财产性收入不平等，长期中起到促减财产性收入不平等作用；① 付敏杰（2009）以人均GDP和人均股票总市值、流通市值为变量，通过1995~2007年的观察值得到回归数据，发现人均GDP和财产性收入呈正相关性，且回归方程的参数估计值为1.06，即每增加一个百分点的GDP，财产性收入增加1.06个点，因此他认为“经济持续发展是导致居民财产性收入提高的主要因素”[86]。在宏观政策方面，陈晓枫（2010）从定性分析的角度提出了初次分配制度、土地政策、社保制度、财税制度是影响居民财产性收入及其不平等的主要因素[87]；孟庆荣（2013）以农村居民为研究对象，得到农村土地制度、金融制度和保障制度不健全或缺失是抑制农民财产性收入提升的主因[88]。市场分割一直是收入分配研究的关注点，孙益贤（2008）专门做了市场分割与财产性收入关系的研究，研究指出自然和人为的市场分割必须被消除的结论[89]。李启航和陈国富（2013）基于1997~2009年的面板数据从法律视角得到法律规范行为对城镇居民财产性收入具有显著影响，对农村居民影响不大，该研究视角说明市场行为规范和产权保护对促增城镇居民财产性收入具有重要意义[90]。在行业政策研究中，多数学者重点关注金融和房地产等行业政策对财产性收入及其不平等的影响，董虹运用1992~2009年数据，研究得到金融发展与财产性收入具有长期稳定

① 刘江会、唐东波：《财产性收入差距、市场化程度与经济增长的关系——基于城乡间的比较分析》，《数量经济技术经济研究》2010年第4期，第20~33页。

关系[91]；陈建东等（2009）则认为金融市场“是城镇居民财产性收入的另一主要来源”[92]；刘湘勤和闫恺媛（2012）用1993~2010年的数据分析了资产价格波动对居民财产性收入的影响，数据显示它们之间呈正相关性，研究得到金融和地产制度是约束居民财产性收入主因的结论[93]。李实等学者则从财产分布视角研究了财产分布差异对收入的影响；①李爽（2007）则认为财产性收入差距过大的主要问题不是财产性收入增长过快，而是财产分布不合理、差距过大导致的[94]。另外一些学者则从代际收入流动、城市（镇）化角度研究它们对财产性收入及不平等的影响[95][96]。众多学者从不同视角得到财产性收入的影响因素，但是学者们尚未从全局视角出发，综合考虑上述因素对财产性收入的影响，且研究基本采用2010年之前的短周期数据。因此，我国居民财产性收入及其不平等的影响因素依然没有清晰浮现，需要进一步研究和厘清。

（四）财产性收入及其不平等的实证研究

一般来说，财产性收入及其不平等的实证研究涉及财产分布和财产性收入差距两大部分，财产是存量财富，是财产性收入最基础性前置条件，财产分布状况直接关系到居民的财产性收入水平和差异程度，因此在财产性收入及其不平等实证研究中，学者们均把财产分布纳入研究范畴中。

1. 基于财产分布状况的财产性收入差距研究

该研究视角聚焦于财产分布上，通过财产分布状况来解析居民财产性收入差距的原因。国家统计局城市司等（2009）运用2002~2007年的数据，采用统计分析方法，得到“家庭总量的增长趋势与财产性收入的增长趋势几乎吻合”[97]的结论；赵人伟（2007）研究表明“因财产分布的不平等而引起的收入差距正在发生”；②梁运文、霍震和刘凯（2010）运用奥尔多中心2005年和2007年两年的数据，采用Meng方法和GIC模型进行财产分布和财产性收入关系研究，得到两者存在正相关性结论，研究还得到在持续变化的背景下，高净值家庭财产收入迅速增长，中等净值家庭财产收入不变，低收入家庭则陷入经济恶化的困境等结论[98]；贾康、孟艳（2011）等的研究明确指出收入分配差距必须和财产分布结合起来研

① 李实、魏众、B.古斯塔夫森：《中国城镇居民的财产分布》，《经济研究》2005年第3期，第16~23页。

② 他认为1978年改革以后，因金融和房产分布差异形成的收入不平等现象是当前的主要问题。仅以住房为例，1995年基尼系数为0.286，其中住房补贴基尼系数为0.322，自由住房虚拟租金基尼系数为0.371。赵人伟：《我国居民收入分配和财产分布问题分析》，《当代财经》2007年第7期，第6页。

究，并在实证得到财产分布差异扩大与财产性收入不平等加剧同时发生的结论。①

2. 财产性收入差距的研究

财产性收入差距也反映了财产性收入的不平等程度，平等是在对事实测度的基础上，个体通过主观价值判断得到的结论，因此对事实的测度是判断平等与否的关键所在。国内学者主要从收入来源构成分项、财产性收入来源构成分项和基于地理区位差异等方面进行测度，所使用的数据分成国家统计局数据和研究机构自身收集数据两大类。陈享光和王选华（2009）使用1997~2007年的国家统计局数据，采用回归分析法，研究了收入来源四大构成的关系，得到财产性收入与转移性收入呈高的正相关性、与工资性收入呈弱的正相关性和与经营收入呈弱的负相关性，陈享光和王选华没有进一步测度财产性收入不平等程度[99]；迟巍和蔡许许（2012）使用1988~2009年数据，采用按收入来源分组的基尼系数分解法，测度了四大收入来源的基尼系数，其中财产性收入基尼系数最高，2009年数值为0.725，但是财产性收入基尼系数的历年贡献度并没有呈上升态势，也即得不到该文认为的财产性收入差距对总收入差距的影响迅速扩大的结论②[100]；孟召将（2012）以广州市农民为例，研究发现财产性收入已经成为广州农民的第二大收入来源，以及财产性收入差距持续扩大，进而得到财产性收入差距对农民总收入差距具有显著影响的结论[101]。更多的学者致力于地理区位的财产性收入差距研究，陈建东等通过城镇居民财产性收入分布状况分析，得出我国不同阶层与地区的城镇居民财产性收入存在差距，并由此定性认为财产性收入差距加剧了城镇居民收入的不平等；刘江会等则用泰尔指数测度了东、中、西经济区部分省份的不平等程度，得到三大经济区呈财产性收入不平等呈“倒U型”分布态势，且中部地区财产性收入不平等最高；马明德等（2011）基于2000~2009年数据，运用泰尔指数进行财产性收入不平等测度，分析了城乡间财产性收入不平等状态，研究表明财产性收入扩大城镇和农村的组内收入差距，并且指出因富人财产性收入地位占优，社会阶层持续固化，对社会稳定形成影响，研究还发现城乡组间的财

① 贾康、孟艳：《我国居民财产分布差距扩大的分析与政策建议》，《经济社会体制比较》2011年第4期，第28~34页。

② 该文提供的财产性收入贡献度1988~2009年分别为：0.009、0.008、0.014、0.014、0.020、0.016、0.016、0.018、0.022、0.019、0.017、0.020、0.019、0.017、0.011、0.013、0.013、0.016、0.023、0.031、0.015、0.016。除2006年、2007年数据异常外，应该说处于平稳状态。

产性收入不平等扩大效应微弱，有些年份还存在缩减现象[102]；周衍（2013）则以西部地区为例，采用中经网的2000~2009年数据，研究得到西部地区居民的财产性收入促增空间大、城乡组间不平等程度高和城镇组内财产性收入不平等的贡献度高等结论[103]。关于财产性收入不平等按来源分解的研究，代表人物是李实和周晓蓉等学者，2000年李实利用社会科学院经济所1995年入户调查数据，测度了城镇居民财产性收入不同收入来源的基尼系数，研究表明财产性收入向高收入组群倾斜，且住房和金融是两项最为主要的不平等来源[104]；周晓蓉和杨博（2012）采用2005~2010年数据，估算了财产性收入的八大收入来源的基尼系数、贡献度等指标，研究得到源自金融和房地产领域的利息、股息和红利、其他投资、出租房等财产性收入的基尼系数高，且前三项的贡献度最大[105]。

（五）财产性收入的公平分配制度研究

如何设计一套公平的财产性分配制度，不同学者基于自身研究视角，提出一些积极的看法。周青梅（2008）基于财产性收入差距的现状，认为“扩大财产性收入和保障低收入组群生活应成为政策选择的基本出发点”[106]；蔡亦敏（2009）基于中国收入分配制度的历史变迁，认为当前的分配政策已经调整到“拥有更多财产性收入”的政策导向阶段和“建立以公平发展为导向的科学分配观应成为新一轮收入分配体制改革的基本内容”等观点[107]；黄范章（2011）则认为中国财产性收入分配体制改革的重点是大众化，让全体公民均分享财产性收入，其主要的政策措施是职工持股、公共基金入市、土地使用权入股等，目的是让公民共享财产性收入增长，该主张属于均等化思想范畴[108]。另外一些学者在其研究的结论中也涉及财产性收入促增问题。非常遗憾的是多数研究缺乏实证的支持，仅仅局限于定性分析阶段，因此一些措施针对性尚待验证，同时部分研究视平等为公平，所提出的一些财产性收入促增措施可以实现财产性收入分配的公平性，但是公平不等于平等的实现，财产性收入不平等状况依然无法消除，有时还会因实施了促增措施，财产性收入的不平等程度被扩大。因此，虽然财产性收入平等与财产性收入数量增长有密切关系，但是两者不一定保持同向的变化趋势，两者在研究中既要统筹考虑，也要加以区别对待。

第三节 研究小结

古典与新古典经济学基于生产资料私有制的基础，清晰界定了财产获得收入的合法性，但是忽视了各收入的本质属性，忽视了分配背后的生产关系，生产资料所有制决定了边际收益高的资本、土地等要素所获得的收入份额远远高于边际收益低的劳动力，由此形成生产要素收入差距对家庭间收入差距的贡献度的差异性。遗憾的是学者们更关注资本积累下的财富增值问题，因此，仅仅获得“生存工资”的劳动者被屏蔽在财富增长的大门之外，导致诸如美国等发达国家财产性收入基尼系数依然很高。西方国家通过以税收、转移支付等再分配政策舒缓财产性收入差距，政策可以治表，但是不能治根，这一看似具有合法性的财产性收入形成机制难以破解财产性收入不平等的窘境。尤其对穷人而言，财富的示范效应可以促进穷人为了前程而努力和勤奋，穷人未必因此改变获取财产性收入的劣势地位。究其原因就是财产性收入形成机制，该机制在源头上制约了穷人获取更多收入的概率，在财产性收入形成中也约束了穷人获得财产性收入的可能性，最终居民间财产性收入不平等成为必然的事实。因此，效率优先确实能激活生产要素参与到经济体系中的激情，也必定以牺牲部分组群利益为代价，我们不追求绝对平均主义，而是把视野放到相当长的周期中考虑经济运行效率，也许效率优先将被重新定义，适宜度的不平等将浮现在大众眼前。

国外实证研究也取得很多有益的成果，尤其对人力资本投资的研究，揭示了过程平等的要义。但在过度强调效率的背景下，研究视角转向金融领域和“倒U型假说”，无疑穷人是无力也无能从中改善自身财产性收入的劣势地位。可见国外研究虽然强调穷人权利，但是具体政策依然是偏离其本意的，穷人被隔离在财富大门外，对穷人的偏见恰恰是效率优先思想的表现，财产性收入不平等的促减成为一种空谈，国外发达国家高企的财产性收入基尼系数印证了这一判断。

国内关于财产性收入研究兴起于中共十七大以后，除了秉承国外研究思路外，多数研究停留在意义、作用、功能和内涵上的表层研究，偏重于理论依据的研究。虽然最近几年也有学者从财产分布、财产来源和不平等程度测度等角度进行了研究，取得了一些成果，提出了一些改善财产性收入分配机制的措施，但是研究也存在明显缺陷，学者们看到了财产性收入分配的不公平，也明白财产性收入对未来我国贫富差距改善的重要意义，然而研究与国外一样走进效率优先的“死胡同”，着眼点依然在财产性收入促增上，忽视财产性收入不平等的促减，且未有学者从财产性收入形成的整个过程系统分析不平等的成因，最终舒缓财产性收入不平等的措施显得单薄无力，难以见效。

无论研究是如何分组，关注低收入组群的境况应该是研究财产性收入不平等的核心。在财产性收入不平等研究中，初次分配中劳动者报酬占比和财产性收入形成过程中财产运营能力是两个主要的研究范畴。研究应基于测度财产性收入不平等程度的基础上，从上述两大领域找寻财产性收入不平等的主要成因，兼顾其他调和变量，而这恰恰与低收入组群的境况密切相关。为此本书将以长远的视角看待平等和效率的关系，试图从财产性收入源头和形成过程分析不平等的成因，拟定既有利于财产性收入不平等舒缓，也有利于穷人福利更快改善的政策建议。

第三章　财产性收入及其不平等研究的理论基础

本书基于平等与效率相均衡的观点，分析财产性收入及其不平等问题，在展开具体研究之前，需要界定收入、财产、财产性收入等概念和它们之间的逻辑关系，辨析公平、平等与效率的内在关系，选择适合本书的财产性收入不平等测度指标。

第一节　收入、财产和财产性收入的概念界定

一、收入

一直以来，收入的内涵界定存在不同的视角，经济学家和社会学家对收入的认识也不尽相同。重农主义及以前的先辈们认为财富源自上帝恩赐，是自然所赋予的，把劳动隔离于收入分配范畴；以亚当·斯密为代表的古典经济学家则认为财富源自劳动，并与自然一起创造了财富，也即产出物，产出物在土地、资本、劳动等三大要素间分配，劳动获得参与分配的法定地位；马克思主义经济学以生产资料公有制为基础，论证了收入是剩余价值的一部分，而剩余价值的源泉是劳动，资本等生产要素仅仅是创造价值的必要条件。由此可见，收入来源界定的视角不一样，不同经济学流派对于收入的认识也存在差异。各个经济学派对收入的内涵也基本达成一个共识：收入是经济行为的结果。没有人类的经济行为，上帝

赋予的自然资源也无法形成最终成果。[①] 由此，收入来源界定规范了收入一般性范畴，即收入是经济体系运行的结果，也是生产性要素投入到经济运行体系后所获得的最终产出物，包括弥补消耗和新增价值分配两部分。英国简明牛津字典把收入定义为：收入是指经济领域专门性术语的普通名词，也即从土地、劳动、投资等所获得的回报。

同时，研究收入范畴不仅需要从其性质、来源等视角做出一般性解释，还需要从国家的宏观层面和居民微观层面分别对收入，尤其是对收入构成做进一步剖析，才能全面厘清收入的实质内涵，为后续的研究打下坚实的理论基础。

（一）宏观层面的收入内涵

宏观层面研究收入的内涵，侧重收入的总量分析，以及各要素所占的收入份额确定。居民收入水平取决于整个社会国民收入水平和各生产要素在总收入中的份额，深入理解宏观层面的收入内涵，有助于厘清初次分配对居民总收入的影响，按“收入多，财产多；财产多，收入多”[109] 的观点，财产分布差异在居民初次分配中的成因得到探源，居民财产性收入不平等的根源也得到确认。

宏观层面的收入内涵包括了国民收入及国民收入在要素间的分配比例两部分，一般可以用国民经济账户体系（SNA）和物质产品平衡体系（MPS）两种方法进行衡量。

1. 国民经济账户体系

国民经济账户体系用国内生产总值（GDP）、国民生产总值（GNP）、国内生产净值（NDP）、国民生产净值（NNP）、国民收入（NI）等五个指标进行核算，其中国民收入分成广义和狭义两类，广义的 NI 指一个国家或地区的 GDP 或者 GNP，狭义的 NI 指一个国家或地区在一定时期内以货币计算的用于生产产品或者服务的要素所获得的全部收益，即劳动的工资、资本的利息、土地的租金和利润等，公式表示为：

$$NI = NNP - \text{间接税} = \text{工资} + \text{利息} + \text{地租} + \text{利润} \tag{3.1}$$

上述各部分收入是整个社会投入生产要素所获得的收益总量，反映一定时期

① 虽然自然可以提供无尽的丰富资源，比如提供天然的农产品，但是没有人类的经济行为，没有劳动的投入，天然的农产品也不会自己跑到人类面前，供养人类。因此收入来源包含自然法则，也蕴含人类行为付出后的经济体系最终产出物的增值部分，其中增值部分源自劳动，土地与资本共同参与价值创造，原有价值的弥补则根据要素初始投资估值在最终产出物中得到弥补。

全部生产要素的收入状况，同样也就决定了经济运行体系中个体的收入边界。

2. 物质产品平衡体系

物质产品平衡体系采用社会总产品（社会总产值）和国民收入两大类指标进行核算收入水平，两大指标的核算公式如下：

$$社会总产品 = c + \nu + m \tag{3.2}$$

$$国民收入 = \nu + m \tag{3.3}$$

国民收入是一定时期内社会所有的产出物，包括生产资料和消费资料，是抵减已经投入的生产资料耗费获得的剩余净产品，是一个生产周期中新创造出来的价值，居民收入来源于这部分价值，按马克思主义学派观点，一切价值源自劳动。[①] 因此，新创造价值理应在劳动者间进行分配，形成居民的收入总量，资本、土地等动产与不动产将被排除在经济成果的分配序列外，财产可以积累，且只能在再生产过程中得到消耗的弥补，因此财产价值自始至终保持不变，按主流学者对财产界定的观点，劳动被排除在财产范畴之外，[②] 土地、资本不能获得收益，因此，财产性收入也就无从说起。

现实中的经济现象受到多样化的不确定因素约束，远比理论描述的复杂，且理论也存在历史局限性。我国目前仍处于发展与赶超阶段，要完全实现公有制为基础的社会经济运行模式，当下的外部条件并不具备，也即经济体系新创造的产出物仍无法由劳动独享，不可忽视和否认其他财产性要素对推动经济发展与社会进步的贡献，抑或在承认劳动的价值源泉的基础上，也应承认产出物的产出应该且必须是劳动与其他生产要素结合的共同作用结果。重视生产要素在价值创造中的贡献意味着在未来相当长的一段时间内财产的私有问题[③] 将一直存留在人类社会，人类大同也必须是外部条件具备后才能实现，劳动独享新创造价值的局面才会真正来临。

因此本书把宏观层面的收入界定为一定时期内，一个国家或者地区所有要素投入后所获得报酬的总和，可以表示为整个社会所有参与者在 GDP（或者 GNP）所得到的分配份额的合计，并分解成国家、企业（组织）和个人三大维度。初次

① 这也是古典经济学家一致认同的观点。

② 参见本章关于“财产”界定的论证部分。

③ 在这里，本书把资本、土地，甚至包括劳动均视为财产。财产的私有问题也就是生产资料的私有制问题。

分配中居民所得收入是劳动者报酬，假设劳动者报酬总量在居民间的分配比例保持不变，个人的收入水平就取决于劳动者报酬总量的多寡，由于收入水平决定财产积累，财产性收入直接源自财产运用，因此初次分配的状况将约束未来个人的财产性收入水平。

（二）微观层面的收入内涵

微观层面的收入范畴着眼于家庭间的规模性分配，研究居民间的收入水平和构成等，赵人伟（2007）认为“收入指的是人们（一个人或者家庭）在一定时间内（通常为一年）的全部进账”[110]；陈宗胜（1997）给出的收入概念并不宽泛，仅指向家庭获得的正常收入，排除了财产收入和其他非法与非正常的收入[111]。中国居民收入构成是非常复杂的，不同学者对微观层面的收入界定有不同的看法，尚未形成统一的口径。李实与罗楚亮（2011）针对这一现象，基于国内已有的文献，概括了个人或者家庭收入的三类解释：“一是国家统计局住户调查中的城镇可支配收入或农村纯收入，也即官方收入定义。二是卡恩（Khan）的收入定义，简单来说，该收入定义是在国家统计局收入定义基础上增加三项收入：其一是公有住房的实物性租金补贴，其二是私有住房租金，其三是各种实物收入的市场价值。三是福祉含义的收入定义，它是在卡恩的住户定义上增加了给城乡居民带来实际福祉的社会保障和社会福利的市场价值。”[112] 目前学界普遍采纳国家统计局的收入定义，也即收入按性质分成工资性收入、经营性收入、财产性收入和转移性收入，用以研究居民不同收入来源对个人总收入水平的贡献度，在具体研究中，不同学者也会根据研究主题，进一步细化居民收入的构成。

二、财产

关于财产的界定，经济学与法学存在不同的见解。经济学关于财产的界定起源于色诺芬的论财产管理内容，他把财富等同于财产，认为“财富是一个人能够从中得到利益的东西”,① 也即财产的判断标准是“有用”，如果东西对个人有用，则诸如敌人（仇敌）等有害的东西也是财富，而一些无用的东西，哪怕是金钱，只要个人不懂使用，也不是财富，因为个人无法从中得到利益。该思想符合色诺芬的市民阶层思想，财产（财富）也就被定义为一切有利的东西，并排除一切有

① 色诺芬：《经济论雅典的收入》，张伯健、陆大年译，商务印书馆 1981 版，第 3 页。

害的东西，同时色诺芬的财产观没有具体区分为有形的和无形的，他认为财产还包括知识与资力的人力资本，一个人哪怕当下没有财产，只要掌握一定的家政管理知识，也能成为能干的事业家，从而有机会通过节俭积累财产。色诺芬的财产观与财富观是连接在一起表述的，之间的差异是若现若隐的，并一直影响后期的部分经济学家。约翰·洛克把财产定义为生命、自由和地产[113]，也把财富与财产视为一体讨论，同时把附于财产上的财产权视为财产；威廉·配第则比较明确地把财产①分成不动产、动产、官职、资格和无形的财产等类型，②其中无形资产主要是独占的形式，③同时谈论了一些财产权的处置问题；马克思则意识到财产与财产权的差异，他把劳动力从劳动者中剥离出来，精准地反映了财产与财产权的关系；④亚当·斯密则清楚认识到物质基础与权力运用的不同，界定财产是"他的全部资财于是分成两部分。他希望从中取得收入的部分，成为资本。另一部分，则供目前消费"和"一个国家或一个社会的总资财。即是全体居民的资财……分成留供目前消费的、固定资本和流动资本"。⑤启蒙时期的经济学没有明确区分财产与财产权的关系，而古典经济学已经开始认识到物质基础与财产权利的差异。随着制度经济学兴起，代表人物康芒斯则严格地把财产与财产权区分开，他把财产视为有形的物质，认为财产等于所占有的物质的东西，表示当下的现状，是过去的产物，而财产权则是对物质的处置权力，是一种所有权表现，也是未来可以获利的交易的现在价值，表示未来的产物，属于无形的东西，即未来的机会[114]。现代产权理论清晰界定了财产，认为财产是独立存在于权利之外的物质的东西，而权利是未来性，以无形财产形式扩充了财产的外延，关于财产权的理解，现代产权理论更偏重于财产权对财产性收入的影响分析。

在法律层面上，大陆法与英美法对财产的解释也有区别。李芳（2008）研究认为大陆法系的财产界定既可仅指权利客体的具体物，也可以包括权利本身和客体，而英美法系把财产等同于财产权，而非权利的客体[115]。由此可见法学关于财产界定是宽泛的，财产权和财产可以分开考虑，也可以作为一体处理，或仅仅

---

① 有时也把财富等同于财产。

② 威廉·配第：《赋税论·献给英明的人士·货币略论》，陈冬野等译，商务印书馆 1963 年第 1 版，第 89 页。

③ 所谓独占是指独有的贩卖权，这已经涉及财产权利问题，如法国国王所征收的盐税。

④ 杨波：《产权理论与实务》，知识产权出版社 2007 年版，第 5~6 页。

⑤ 亚当·斯密：《国民财富的性质和原因的研究》，商务印书馆 2005 年版。

把财产权作为财产，如此宽泛的解释无法有效区分权利的内容与客体，不利于民事关系的调解。

我国颁布的《物权法》明确规定财产包括公民的合法收入、房屋、储蓄、生活用品、生产工具、原材料等动产和不动产，财产权利是所有人依法对自己的财产享有的占有、使用、收益和处分的权利。《物权法》的解释与产权理论相一致，在明晰权利客体的基础上，对财产的未来性给予充分承认，也就区别了财产和财产性收入的关系。

在财产性收入及不平等的实证研究中，多数学者也对财产的界定持一致性看法，周彦文等（1998）认为财产指不动产与动产等物质的东西，主要是有形财产，也包括品牌、厂号、商标等无形财产，而财产权利是专指能够为财产拥有者带来利益的经济权利，并通过让渡获得财产性收入；[①] 李实等（2000）则认为按国际惯例公民的财产可以分成房产、生产性资产、耐用消费品、金融资产、债务和其他财产，[②] 2005 年李实等学者进一步认为定义财产应该采用净财产的概念，即由净房产、生产性固定资产、耐用消费品、金融资产、非住房负债和其他资产的净现值构成，[③] 并对各项净资产计算做了充分说明。国内学者在财产界定上基本指向的是财产权的客体，也即物质的东西，所涉及的无形财产也是存量意义上的估值，一般把财产的经济权利直接列入财产范畴。

综上所述，本书依据中国经济发展阶段，结合主流经济学、法学和国内学者的研究成果，把财产定义为财富的存量，是过去产出物在一个时点的累积，即表现为有形物质与无形财产两部分，也把未来权利的现值[④] 列入财产范畴中，但是把未来权利视为或有财产处理，则不是必需的。

三、财产性收入

财产性收入是一个广泛引起争议的经济学普通术语，争端的起因不在于其性

① 周彦文、陈莉霞：《试论财产性收入的概念、性质和功能》，《中南财经大学学报》1998 年第 1 期，第 12~18 页。

② 李实、魏众、B.古斯塔夫森：《中国城镇居民的财产分配》，《经济研究》2000 年第 3 期，第 16~23 页。

③ 李实、魏众、丁赛：《中国居民财产分布不均等及其原因的经验分析》，《经济研究》2005 年第 6 期，第 4~15 页。

④ 未来权利现值是指依附物质财产上的经济权利，在未来市场变现的价值，且为净现值，诸如农村的土地承包权，城镇的住房的未来租金收入等，但在本书中不做定量分析。

质，而在于其构成。多数经济学家倾向于财产性收入是源自财产权利的让渡而获得的收益，而财产权利来源于所有权，即对物的占有，从而因拥有物的法定权利而诞生财产性收入。① 财产性收入的概念更多的争议是关于财产性收入具体分类和边界的界定。周彦文（1998）认为“财产收入是指财产所有者通过对财产的直接经营或者让渡财产的所有权、使用权而获得的经济利益，是财产所有权在经济上的实现”，② 周彦文所界定的财产收入并非是财产性收入概念，他认为财产性收入仅仅是国家统计局公布的具体内容，但是我们应该认识到财产收入概念应更为宽泛，不仅仅是产权范畴的收益，还包括财产自身参与经济体运作所应该获得的回报，也即经营收入，还包括了出售收益，③ 即财产收入包括了财产权利让渡的收益，同时还包括财产自身增值的获利；石磊和张翼（2010）认为财产性收入是土地和资本等可资产化要素的权益收益 [116]，劳动④ 并不作为财产要素获得财产性收入，其所获得的是工资性收入；布尔什维克（2007）同样认为财产性收入是除劳动以外的居民私人财产的增值部分 [117]；周衍（2013）则认为财产性收入是二次分配的范畴 [118]，因此，劳动收入不包含于财产性收入中，劳动收入仅在初次分配中实现，而二次分配中所能获得的财产性收益是附属于物质上的权利让渡所获得的，该观点存在令人质疑的地方，新帕格雷夫经济学大词典同样认为财产性收入是财产权利让渡所得的收益，是金融与非生产性资产让渡获得的回报，排除了居民在初次分配中因运用财产所得的回报；唐雪梅等（2013）研究表明“财产性收入包括让渡使用权和出让财产所用权所获得的利息、租金（包括房屋租金）、专利收入、红利收入、财产增值收入、住房公积金收入等”，⑤ 研究领域也在二次分配领域；联合国统计署 2008 年颁布的“System of National Acounts 计

---

① 巴斯夏认为财产权先于法律，他理解的一般意义上的财产权是土地财产，是上帝旨意，就跟人的存在一样，财产权乃是人性的必然结果，因此他同时认为人生来就是一个所有者。载《财产、法律与政府》2012 年 1 月，第 141~142 页。巴斯夏的观点直接说明了财产权直接源自所有权，并且这种所有权是天生的，而非法律授予，法律是保护财产权的工具，但是他过度强调自然法则，忽视随着技术进步、财产形式变化而带来的财产权来源的变化，也即后天能不能赋予人民财产权的问题。

② 周彦文、陈莉霞：《试论财产性收入的概念、性质和功能》，中南财经大学学报 1998 年第 1 期，第 12~18 页。

③ 出售收益是存量财产通过变现，形成以货币计量的价值，财产存在形式发生改变，但是实质内涵不变，因货币被经济学认为是交换的工具，因此变现价值可以随意转换为其他有用的资产，这样就可以盘活存量财产，当然也包括可能存在的资本利得。

④ 本书所指的劳动是劳动力，且为生产性劳动力。

⑤ 唐雪梅、赖胜强：《财产性收入的社会经济影响及分配优化途径研究》，《管理现代化》2013 年第 1 期，第 28~30 页。

划”界定财产性收入为“财产性收入是所有者把他们所掌握的金融资产和自然资源交给其他机构单位使用时产生的”[119]，财产性收入不包括一次分配中的要素收入，只是二次分配时财产权利让渡的回报。国内学者研究时一般采用国家统计局关于财产性收入的定义，国家统计局界定财产性收入为家庭拥有的动产（如银行存款、有价证券）、不动产（如汽车、土地、收藏品）等所获得的收入，包括财产权利让渡回报和财产营运所带来的红利、财产增值的收益两部分，也即除财产权利所带来的回报外，财产自身增值也被纳入财产性收入范畴，但是也不包括一次分配中的要素收入，劳动收入同样被排除。由于联合国统计署和中国国家统计局解释具有权威性，以及其数据将作为研究的基础材料，特列出两者的财产性收入具体分类，并和居民实际可能的财产性收入做比较（见表 3–1）。

表 3–1　居民实际可能获得的、SNA 和中国国家统计局的财产性收入具体分类

居民财产种类	居民实际可能获得的财产收入	SNA（2008）	中国国家统计局
通货和不计息存款	物价和汇率变动引致其价值变动	—	—
存款、债务证券、贷款、其他应收/应付账款	价值变动、利息	利息	利息
权益和投资基金股票	产权价值变动、利润总额	股息红利、准法人企业收入的提款、国外直接投资的再投资收益	股息红利、投资各种经营活动（不参与经营）所获得的利润
保险专门准备金	投资性保险收入	保险投保人的投资收入、为养恤金支付的投资收入	储蓄性保险收益
金融衍生工具和雇员股票期权	价值变动	—	—
自然资产	价值变动、地租或自用虚拟地租	地租	具体项目未列
住房	价值变动、租金或自住虚拟租金	—	出租房屋净收入
生产资料	生产资料价值变动、租金	—	—
存货、耐用消费品	价值变动	—	—
车辆	价值变动、租金或自用虚拟租金	—	租金
珍贵物品	价值变动	—	转让溢价收入
非住房建筑和其他土地定着物	价值变动、租金或自用虚拟租金	—	—
培育生物资源	利润收入	—	—
知识产权	无形资产使用费、转让收益	—	出让知识产权净收入
商誉、营销资产	无形资产使用费、转让收益	—	—
综合性	—	—	财产转让溢价收入

资料来源：李济广：《居民财产性收入的范围、统计及其对个人收入的影响》，《中国地质大学学报》（社会科学版）2010 年第 11 期，第 106~112 页。

表 3-1 清晰地显示出财产性收入在国际和国内两大权威机构中均指向财产权利，而非生产过程中的要素分配，同时 SNA 排除了在再分配领域中的财产自身增值部分，而国家统计局则纳入该部分的项目，而劳动在初次分配中的收入列入工资性收入项目。

由此可见，国内外关于财产性收入概念界定均从财产权利出发，但是关于财产性收入本质属性和范围存在一定分歧，表现为三个方面：①初次分配中劳动者报酬能不能作为财产性收入，早期经济学的财产思想认为财产（财富）是上帝恩赐的，人天生就拥有财产，财产仅仅指向土地等自然资源，劳动被排除在外。但是随着人类社会进步，不断有非自然的物质抑或新价值被创造出来，其中起决定性作用的是劳动。[①] 劳动经过该生产系统固化于新创造的物质财产中，由此获得相应回报，这一回报等量于已经存在的新创造的物质财产的一部分，在现实中形成财产的存量，因此劳动的收入是一部分财产的等价物，是财产性要素之一，和土地、资本等并列，另外家庭资产管理才干、个人才能和知识本身早就被色诺芬、配第、斯密等学者界定为财产的一种存在形式，也即人力资本，对于人力资本财产权的让渡，本身就是财产性收入的一部分。②初次分配中的要素收入该不该纳入财产性收入考虑，目前已有文献局限于二次分配领域研究财产性收入，初次分配中的财产要素收入不纳入财产性收入，被国家统计局列入工资性收入和经营性收入，财产性收入只能通过再次分配中财产权利让渡给直接生产者而获得，那么财产性收入的形式表现为财产权利的市场交换价格。但是，市场交换价格是受限于交换价值，其直接源自生产体系创造出的价值，表现为初次分配中要素的分配份额。因此，财产权利的市场交换价格不是财产性收入的本质内涵，只有生产领域创造出的价值才是财产性收入的本质内涵，居民无非是在再分配领域，让渡财产给直接生产者，以委托代理的形式获得个人财产在再生产中增值的一部分，只是该增值不是生产体系创造出的全部价值，是扣除交易费用、企业家和资本等合理利润后的一部分增值，从这个意义上说，初次分配中要素收入的一部分就是财产性收入，只是被作为要素的成本费用进行列支，也就出现财产性收入的形式与源泉存在时空上的区分。③个人出售财产获得的增值部分是不是财产性收

① 古典经济学认为价值来自劳动，且为唯一源泉，而土地、资本与劳动在生产系统中共同协作完成这一创造工作，因此三者分割了新创造的价值，因此价值来源与价值创造是有区别的。

入，财产出售是二次分配领域发生的事件，是有形的物质财产一次性让渡，与统计口径统计的财产权利让渡有明显区别，不同学者对此处理方法不一样，本书认为其应该属于财产性收入，是一次性无限期让渡附着于客体中的财产权利，其与阶段性让渡财产权利的区别仅仅是时间跨度的问题。

厘清上述争议是必要和必需的，初次分配中要素收入和再分配中财产性收入虽然存在时空的差异，但是有着本质的内在联系，换言之，财产性收入的本质属性就是再生产过程中新创造的价值，是初次分配中要素的一部分，而劳动本身也是一种财产要素，其所得报酬的增值部分也是居民的财产性收入，只是在财产性收入统计口径上，仅仅统计再分配领域让渡短期和长期财产权利的收益，人们形成一个要素收入不是财产性收入的错觉，进而难以正确建立财产权利交换价格的估价模型，在其他因素的干扰下，默认自身的财产权利收益的侵害和损伤，该现象从某种意义上加剧了财产性收入的不平等程度。本书彻底洞察财产性收入本质属性后，认为影响财产性收入不平等的因素既有外部多种干扰因子，也有财产性收入源头中的约束因子，其中劳动者报酬通过影响财产积累水平对再分配领域的财产性收入产生影响，土地、资本要素收入则是财产权利交换价格的定价基础，而外部干扰因子则影响财产权利交换价格的定价。

因此，本书根据研究目的，采用两个视角定义财产性收入及其不平等，广义的财产性收入是指一切基于财产所带来的任何收益，其中财产包括劳动，研究从再分配领域扩大到初次分配领域，以一种更宽泛的视角研究家庭居民的财产性收入，为提升匮乏动产与不动产财产的低收入人群的财产性收入，提供一条可能的路径；狭义的财产性收入研究采用国家统计局的统计口径，仅限于再分配领域，劳动将被排除在外，通过经济计量方法的研究，分析外部干扰因子对财产性收入和不平等影响力度，为促增财产性收入和舒缓其不平等提供另一条分析思路。

四、收入、财产和财产性收入的关系

收入、财产和财产性收入的关系既是相互依存，又是互相约束的。多数学者基本认同收入是财富的流量，财产是财富的存量。从数量关系看，财产源自收

入，[①]收入水平高低决定财产积累水平，一般而言个人的节俭程度决定多少数量的收入被剩余，抑或被推迟消费，形成各类的资产，转化为财产形式的个人财富。[②]财产可以分成生产性财产与生活性财产[③]两大类，生活性财产在一定条件下可以转化为生产性财产。无论哪一类财产，财产所有者可以通过让渡附属于财产上的权利而获得收益，也可通过出售财产获得回报。[④]这些因财产而获得的收益是财产性收入的数量表现，如果不考虑财产管理才能，财产的多寡就决定财产性收入水平，考虑家庭财产管理才能时，这里就多出一个效率问题，其也对财产性收入水平产生影响，但是，无论从哪个角度考量该问题，结论都是财产多，则财产性收入多。

本书认为收入决定财产，财产决定财产性收入，即收入最终将决定财产性收入。具体而言，财产的多少由收入水平和居民边际消费倾向决定；财产性收入取决于财产水平和财产管理效率，不考虑外部干扰因子的影响下，财产管理效率高低对财产性收入水平高低也有重大影响；财产性收入是收入的有机构成，财产性收入水平与居民总收入具有相互的正反馈效应。三者的关系如图 3–1 所示。

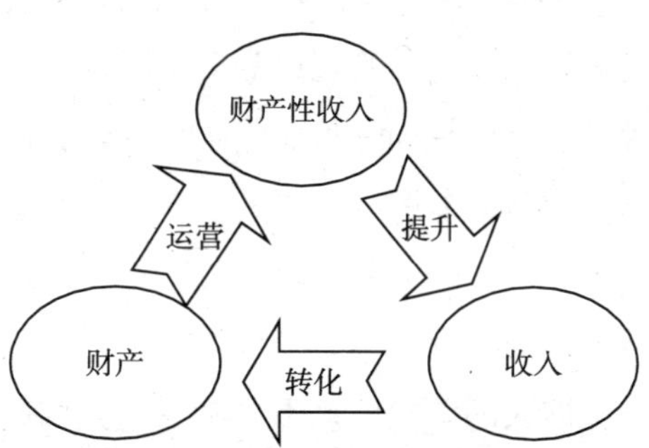

图 3–1 收入、财产与财产性收入关系

① 从财产的性质看，财产源自要素的贡献，不考虑自然法则，则财产是因劳动创造而形成的价值积累，该价值通过土地、资本、劳动的要素分配后，在一个社会体系内累积而变为一种专有名词——财产，其对应的是经济体系中产出的产出物价值，并且两者总量应该相等。

② 现代经济学对财富的界定要比对财产的界定更为宽泛些。

③ 唐雪梅：《论转型期我国居民财产性收入的调控》，西南财经大学博士学位论文，2010 年，第 6 页。

④ 前提是存在增值部分。

第二节　公平、平等与效率的关系

学术界对公平和平等的概念一直存在着不同的见地，两者既有交错，也存在差异，要科学运用平等和效率的观点分析我国财产性收入的持续动态变化，必须先厘清平等的概念和范畴，才能全面地解析平等与效率的关系，为科学分析我国财产性收入的差距提供坚实的理论基础。

一、公平和平等的差异辨析

公平和平等是人类社会持续探索的焦点问题，涉及道德、经济、政治和社会等领域，其中经济平等是公平和平等的基本问题。

公平和平等的概念存在着很多交错和重叠之处，也有显著差异。公平包含公正、正义和平等的含义，从公平概念的由来看，梭伦把公平界定为“不偏不倚”的状态，伯利克利则把规矩认可的行为视同为公平，而中世纪基督教则认为公平是至善的，是基于合理性、合法性的评价。随着商业社会的逐步形成，广泛的生产和交易促成经济层面中个体的差距，公平的争议也就喧嚣一时，经济自由主义者把是否按要素贡献率获得回报作为是否公平的唯一标准，也即公平是否体现了人的权利的自由行使问题；而平等主义者则认为公平是有条件的，是人们相对某一特定的结果而言的，也即人的差异应该不是结果差异的起因，每个人必须受到平等的对待，只有这样才可以说是公平的。显然地，公平具有广泛的内涵，是基于人性的基础上，要求社会制度和规则的公平、正义和平等，并且是对此包含的人与人利益关系结果的评价与反馈。因此，公平是一种社会价值规范的评价，尤其是对结果的一种评价与反馈，是主观意识对客观事物的反映，无论在起点、过程和结果中，公平追求的是公正与正义，并最终实现均等的结果，也许最终结果不一定是利益的平均化。平等是指均等、等同和同一的含义，托尼（1931）提出了自己的平等观，认为平等是非生理的，是精神或心理上的，同样地，商业社会来临后，经济学对平等的理解是对人与人之间的利益关系的度量，呈现出一种客观存在的事实，并从精神与心理层面对此做出判断，因此平等也包含价值判断，

是基于客观事实基础上的一种价值判断。由此可见，公平是生理感知后的一种价值判断，具有一定历史局限性，阶段性的公平未必是永久性的公平，它是在对比一种制度、规则后，对所处的制度、规则的主观价值判断，是以特定参照目标为依据的判断。同时，公平衍生出相对公平和绝对公平的区分，尤其在现实世界，更多的公平是特定背景下的相对公平，而平等首先是对人与人关系的客观描述和度量，以此来判别人们利益获得的均等性，并形成人与人利益关系是否具备合意性的认同。公平和平等均具有人性方面的公正与正义思想，从两者区别看，公平更为侧重主观的价值判断，而平等是更高层次的公平，是基于事实基础的心理判断，其公正与正义的判断不受历史的局限，也即公平不一定是平等，平等一定是公平，且是最高意义的公平。

二、平等与效率的关系

在经济领域，公平与平等均涉及起点、机会和结果的价值判断，由于公平有历史局限性，最终的精神和心理上公平判断未必一定是均等的。诸如我国改革开放早期，相对于计划经济时期，效率成为判断是否公平的唯一标准，其结果是未必实现个体的经济同一性，而平等是对政策和规则的事实描述，并据此判断其是不是均等，也即在主观上得到是不是公平的判断，平等作为最高意义上的公平，更好地刻画了客观事实，并以此作为判别。由此可见，平等与效率的关系更具有现实意义，也更能说明不同条件下的公平是不是具有均等化。由此，本书聚焦在平等与效率的关系上，而非公平与效率的关系上，解析财产性收入不平等问题。

在经济层面，平等与效率的侧重点不一样，效率侧重于生产领域，平等侧重于分配领域，两者在经济运行体系的不同阶段产生影响。奥肯（1975）认为平等与效率的关系是在有效率的经济中促进平等，他认为生产领域更应关心效率，以要素边际生产力作为计量投入产出的方法，兼顾平等，在再分配领域，他认为人性的正义应该得到弘扬，并且是基于事实基础上的均等化过程，也即最终得到公平的判别结果。奥肯的观点既回答了如果人人都顺利得到奖品，则奖品何处来的问题，也回答了人类正义如何伸张的问题，具有高度的理论价值和现实意义。

理论界辨析平等与效率的关系时，一直存在着“平等会削弱效率”的观点，本书不否认这种可能性，但是对于整个社会财富的创造，抑或说社会整体福利的增进，平等与效率也存在着互相促进的效应。为此，本书从起点、机会和结果三个角度简要分析平等与效率的关系。

（一）起点平等与效率的关系

起点平等是一种权利平等的思想，是指任何人都可以自由地参与经济行为，并在法律上给予保障的行为规范。该观点认为经济运行是开放的，不存在任何准入的条件和资格，没有人获得特权资格而抢跑，每个人进入市场之前，无论财富的多寡和权力地位的优劣，均处于同一起跑线上，不受歧视。起点平等扫除了各种壁垒给经济活力带来的障碍，通过鼓励个体勤奋和努力，激发市场的创新活力，提高经济运行效率。因此，起点平等是促进效率的，而且伴随着效率提升，会强化各生产要素参与经济活动的激情，起点平等与效率是相互促进的，且在主观价值判断上也是公平的。

（二）机会平等与效率的关系

机会平等与起点平等共同构筑过程平等。虽然起点平等也隐含一定的机会平等思想，但是机会平等不是一个时点的平等，而是在一定时间跨度下，个体基于前途考虑的平等主张。一般而言，机会平等是指个体不受自身的出身、民族、肤色、信仰和性别等因素的影响，个人的才能决定自身未来的前程。机会平等同样能激励人们勤奋与努力的精神，有利于提高效率。

然而在现实中存在形式机会平等和实质机会平等的两种形态。个体存在先天禀赋的自然差异，假设社会的权力处于平等状态，个人因先天禀赋的差异会形成把握经济机会的能力差异，财富最终总是为“有才干”的人准备，这其实是一种形式的机会平等，它只是忽略了起点中的机会平等，因为先天的智力、体能、性格和潜力等方面的差距决定了个体间能力差距，所以当个体面临同样的机会，得到的奖励却大相径庭；实质的机会平等不仅要求起点平等，还要求能力平等，也即通过政策调控拉平起跑线。

先天禀赋差异是自然现象，应该得到尊重和承认，但是后天环境的改造有时比先天影响更大，先天禀赋差距在后天环境改造下，会得到较大程度的消融，个体间起点不平等差距也将缩减，即形成适宜的不平等现象。后天改造主要依靠政府在教育、人事就业、代际财富转移和宏观政策等方面的调控，通过改造让个体不因先天禀赋差异而输在起跑线上，个体在为前途奋斗的历程中，不因禀赋和初始财产的巨大落差而形成巨大的经济不平等。显然地，调控是有代价的，从短期

看，后天调控的支出主要来源占优组群所创造的财富，创业者的奋斗精神会因此受到抑制，而税收本身也会造成一定社会福利的流失，形成对资源使用和配置效率的冲击，效率受损，形成无效率的公平结局；从长期看，机会平等提升了个体的受教育的水平和层次，改善了劳动者自身素养，为技术创新奠定了良好的基础，并在总人口不变的前提下，提高了生产性劳动力的增长率，按经济增长的索罗模型定义，人均资本的增长率、技术增长率和人口增长率是推升经济增长的三大要素，其中人口增长率的实质是生产性劳动力的增长率。由此可见，从长期看，机会平等将对经济效率起到正面拉动作用，一旦效率提升，意味着新创造的财富将增加，被扩大的财富总量又为实质性机会平等提供物质基础，两者形成良性反馈效应，最终形成有效率的公平结果，其中依然存在的不平等是包含无法消除的先天差距，而非后天形成的差距。

（三）结果平等与效率的关系

平等是均等和同一的合意性，而非绝对平均主义。罗尔斯的差别理论认为个体先天是存在差异的，正因为这种先天差距的存在，经济运行体系中产出物的最终分配是有差别的，严格意义上的平等仅仅是理想状态，更合意的平等是具有适宜度的不平等，即在分配中个体间财富占有不可能是绝对平均的，如果以绝对平均主义分配思想指导收入分配，个体的创新精神将被磨灭，经济效率将受到严重削弱，从这个意义上讲，结果平等对效率具有抑制作用。我们所认同的是具有适宜度的结果平等，分配结果既不能让社会某一组群的利益受到严重的压制，也不能否定自由经济下的创新精神，浇灭个体通过勤奋和努力获得好前景的热情，虽然这种分配思想必然会在一定程度上削弱效率，但是其弘扬了人性中的正义。

总之，平等是对人与人、人与社会之间的利益关系的度量和认同，希望到达人性的公正与正义，是一种理想状态，平等和效率需要有机地联系在一起，缺乏效率的平等，是没有奖品来实现平等的，没有平等的效率，只会陷入人与人之间的经济掠夺，丧失人性的公正和正义。因此把平等与效率综合起来考虑，在经济增长中考虑平等的问题，是最优的现实选择。

三、平等与效率均衡观对财产性收入差距的解析

平等和效率的均衡观是指把平等和效率统筹起来，正义是人类的最高理性，平等是基于事实清晰基础上的正义实现，不论是在道德、社会、政治和经济领

域，平等都是人类社会永恒的追求目标。同时，我们也要尊重现实世界的真实情况，不能一味地跨越一定的物质基础，追求道义上的绝对均等化，抹杀经济自由运行下的创新精神和个体为前程所付出的勤奋与努力。如果过度强调平等，经济运行会因效率的缺失而滞胀，甚至倒退。最优的策略是把平等和效率综合起来考虑，也即在一定历史时期内，人类应该允许不平等的存在，在有效率的增长中追求最高意义的公平——平等，政策对其的调控只是降低不平等的程度，形成适宜性的不平等，并形成价值判断上的公平。

收入分配是经济平等的核心问题，财产性收入是居民收入的重要构成分项，考察财产性收入差距，不仅要关注其不平等的程度，更应判别其不平等状态是不是处于一个合意性的情况，而非用绝对均等、同一的判别尺度来衡量当前现状。如果视角落入绝对平均主义的陷阱中，则平等不会实现，一定历史时期的公平也将失去，伴随着效率的低下，重新调整并实现新均衡道路将会困难重重，一个新的社会不稳定的种子将被埋下。因此，本书强调采用平等与效率均衡观解析财产性收入不平等是合理的和合意的，基于一些历史原因和先天因素考虑，不平等总是存在的，现阶段的正义伸张不是抹杀效率，而是在起点与机会平等中进行改良，减少经济运行体的准入门槛和限制，削弱不合理因素带来的初始财产的差异，减少后天因素对个体禀赋的影响，形成平等与效率相互促进的局面，使得公民捕获到财产性收入分配的公平感知。

第三节　财产性收入不平等的测度指标

财产性收入不平等问题与众多经济问题是交错影响的。无论从微观还是宏观角度，财产性收入不平等问题备受人们的关注。然而，要客观正确地看待财产性收入不平等现象，需要有精确的度量方法和科学的测度结论，才能正确分析财产性收入不平等问题。

不平等的度量方法与测度指标涉及多个学科和领域，归纳起来主要有三个方面：①统计学的测度方法，包括极值差、平均差、标准差、变异系数等指标。②依据分配理论推导出来的测度方法，包括 Lorenz 曲线和基尼系数等指标。③源

自理学和福利经济学的测度方法，包括 Theil 指数和 Atkinson 指数等。这些指标又可以分成绝对值指标①（如极值差、平均差、方差和标准差等）和相对值指标。在指标具体计算上，多数指标可以根据样本数据直接计算指标值，也可以在已知分组数据的情况下，采用分解法计算总体的指标值。截至目前，国内外学者还没有建立一个完美的不平等测度指标，已有的各测度指标均存在不足之处，学者们也对各指标的具体运用产生广泛的争议。②不管哪类指标，一般应该满足一些基本的测度公理，虽然这些公理体系也是不完备的[120]。洪兴建（2008）在广泛阅读国外文献的基础上，整理出其认为能得到学者比较一致认可的测度公理体系，③本书在查阅相关文献时发现，Anand（1997）、Bellu 和 Liberati（2006）、Cowell（2009）、Ray（1998）等该领域著名学者详细讨论了四大公理，并在不平等研究文献中被广泛采纳。

（1）Pigou-Dalton Condition 的转移公理：该公理是不平等测度的基础性公理，其判别标准是不符合该公理的指标均是不合理的指标。累退性转移和累进性转移是该公理的核心内容，也即当收入从低收入（穷人）转移到高收入（富人）时，出现累退性现象，在不改变原来排序的情况下，不平等程度将加剧，其数理表达为假设任意一个常数 $k>0$，设 I 为不平等指标，则有 $I(x_1, x_2, \cdots, x_i-k, x_j+k, \cdots, x_n)>I(x_1, x_2, \cdots, x_i, x_j, \cdots, x_n)(i<j)$，反之，当出现收入从高收入（富人）转移到低收入（穷人）的累进性现象时，则不平等被收敛。

（2）收入规模无关性公理：该公理含义是当所有人的收入增减，且为等比例增减时，不平等程度不发生变化，也即 $I(X)=I(\eta X)$，$\eta>0$，例如有 A、B、C、D 四人，其收入额分别为（200，120，80，40），如果四人收入增加一倍，则为（400，240，160，80），其结果是极差发生变化。但是由于分配比例没有发生变化，则不平等未发生变化。

（3）人口规模无关性公理：该公理认为只要收入结构相同，且收入分布函数一致，那么，无论人口（样本数）如何倍增，其最终的不平等程度是一致

① 万广华认为绝对值指标最为著名的是 Kolm（1976）指标，但是国内常见的是极值差和方差等。万广华：《不平等的度量与分解》，《经济学》（季刊）2002 年第 10 期，第 347~368 页。

② 在 21 世纪初，李实与陈宗胜两位学者关于城乡分组计算基尼系数方法的处理曾发生争论，具体文献参见《经济研究》的相关文章。

③ 洪兴建认为有六类公理：庇古—道尔顿转移公理、匿名性（对称性）公理、收入规模无关性公理、人口无关性公理、转移敏感性公理和标准化公理。

的，也即 $I(X)=I(X^n)$。

（4）可分解性公理：该公理认为把总体分解成若干个子群，则各个子群间呈现的不平等程度与总体保持一致，这样就可以用分组法估算总体的不平等指标值。该公理的思想在实证中被广泛应用。

根据学界比较公认的四大公理，本书对主要不平等测度指标做一个初步评价（见表 3-2）。

表 3-2　测度不平等程度指标满足公理的对照表

指标	转移公理	收入规模无关公理	人口无关公理	可分解公理
变异系数	√	√	√	√
基尼系数	√	√	√	×
Theil 指数	√	√	√	√
Atkinson 指数	√	√	√	√

资料来源：笔者整理所得。

基尼系数在不平等测度中使用最为广泛，但是其不满足可分解的公理，也即分组的基尼系数估算值不是总体样本实际的基尼系数值，而是近似值，其与总体参数的偏差取决于收入分布函数的拟合，取决于分解模型的选择，取决于抽样的样本情况，因此各种不同分布函数下的不同估算模型计算出来的估值存在很大差异。我国基尼系数估算曾出现国家统计局公布的基尼系数与西南财大发布的基尼系数间的巨大差距，理论界与实务界对此掀起一场广泛的争议，其原因一方面与基尼系数不满足可分解公理有关，另一方面与抽样方法有关。在学术研究中，我国国家统计局的入户调查数据是按分组形式公布的，不公布全样本数据，因此学者们只能假设基尼系数可分解，提出多种可行但又存在缺陷的模型进行估算，才能运用国家统计局发布的数据，得到我国的基尼系数。因此，在当下研究收入分配不平等测度时，如果采用国家统计局数据，研究只能假定基尼系数具备可分解性。本书将采用国家统计局数据进行分析，也假设基尼系数具备可分解性。

一、统计学意义上的测度指标

（一）极值差

极值差属于绝对指标，不满足收入规模无关公理，假设收入分布 $X_1 \in (1, 2, 3, 4, 5, 6)$，让收入增加一倍，则 $X_2 \in (2, 4, 6, 8, 10, 12)$，按极值差

评价两个样本的不平等问题，则有 $I(X_1) < I(X_2)$，因为极值差不满足收入规模无关公理，所以极值差只能作为不平等测度的辅助指标，而不能作为主要判别指标。

极值差是样本中最大值与最小值的差距，又可以称为统计学上的全距（R），其数学表达式为：

$$R = x_{max} - x_{min} = \text{样本标志值最大值} - \text{样本标志值最小值} \tag{3.4}$$

极值差说明了极端标志值的差异，具有偶然性，只是最为一般性地描述被研究对象的变异情况，因此它不能全面反映各样本标志值的变异程度。

（二）平均离差（MD）

平均离差对极值差进行了修正，克服了极值差未能反映样本中间值的问题。MD 是指各样本的标志值与它们的均值之间离差绝对值的算术平均值，它是把总体样本各标志值的差距都综合起来的指标，能比较客观地评价总体标志的变异程度，一般来说，MD 越大，则总体的变异程度越大，反之亦然。

MD 的计算可分为不加权的算术平均数和加权的算术平均数两大类，数学计算公式如下：

1. 不加权的 MD

$$MD = \sum_{i=1}^{n} |x_i - \mu| / n,\ \text{且}\ \mu = \sum_{i=1}^{n} x_i / n \tag{3.5}$$

2. 加权的 MD

$$MD = \sum_{i=1}^{n} |x_i - \mu| p_i / \sum_{i=1}^{n} p_i,\ \text{且}\ \mu = \sum_{i=1}^{n} x_i p_i / \sum_{i=1}^{n} p_i \tag{3.6}$$

（三）方差

方差是统计学指标中测度变异程度的核心指标。方差是总体的各样本标志值与均值离差的平方的算术平均值，方差数值越大，说明变异程度越高，反之亦然。具体计算方差，需要视样本是否分组而采用不同的计算公式。

1. 未分组的方差 采用不加权的算术平均数计算

$$\sigma^2 = \sum_{i=1}^{n} (x_i - \mu)^2 / n,\ \text{且}\ \mu = \sum_{i=1}^{n} x_i / n \tag{3.7}$$

2. 分组的方差 采用加权的算术平均数计算

$$\sigma^2 = \sum_{i=1}^{n} (x_i - \mu)^2 f_i / n,\ \text{且}\ \mu = \sum_{i=1}^{n} x_i f_i / \sum_{i=1}^{n} f_i \tag{3.8}$$

标准差又称均方差，是与方差一样被经常用于研究变异程度的重要指标之一，其数理表达式为：

$$\sigma=\sqrt{\sigma^2}$$

标准差也有不加权与加权两种算法，加权计算是考虑规模性的影响。在已有的不平等研究文献中，标准差被比较广泛地运用。

（四）变异系数

统计学常用的研究不平等指标中，唯有变异系数是相对指标。绝对值指标具有计量单位，因此它们只能比较具有相同单位的两组样本的变异程度。同时，它们的大小取决于样本各标志值的差距程度和总体标志值的水平大小，也即均值大小的差异。当其他条件不变时，两个样本的均值不同，有时难以用平均差和标准差来刻度它们的变异程度，这时采用相对指标的变异系数能消除均值不同带来的影响。变异系数是指变异指标与其样本标志值的算术平均值的比值大小，常用的是标准差变异系数。公式如下：

$$V_\sigma=\sigma/\mu \quad (3.9)$$

变异系数可以比较不同现象总体统一标志值的变异，也可以比较同一总体不同标志值的变异。

二、依据分配理论推导出来的测度指标

（一）Lorenz 曲线

美国统计学家 Max Lorenz 围绕 Pareto 提出的三种关于不平等测度的 Pareto 函数[121]，提出以图形表示的收入分配研究方法，用于研究财富、土地和工资收入的平等问题[122]（见图 3-2）。

图 3-2 的横轴为收入单位的人口累计百分比，可以是以个人或者家庭为计量单位，以递增的方式排序，记为 P_i，纵轴为收入单位所对应的收入份额累计百分比，也呈递增排序，记为 $L(P_i)$，两者形成坐标点（P_i，$L(P_i)$），将每一个坐标点光滑地连接起来，就形成图 3-2 中的 Lorenz 曲线，对角线表示收入分配完全均等线，说明收入由全部单位平均分配，记为 Y/n，Y 为收入总量，n 为单位数，则分配不平等为 0，换言之，累计 10%的收入单位拥有全部收入的 10%，累计 20%的收入单位拥有全部收入的 20%，以此类推。对角线下方是不平等区域，表示收入单位的人口累计比例与其所对应的收入份额比例不一致，一般而言，

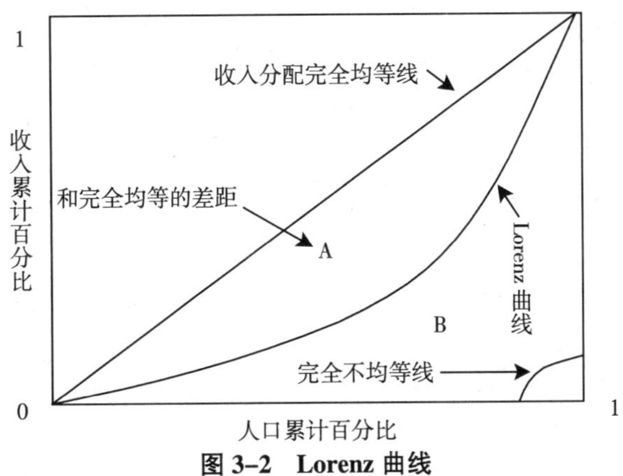

图 3–2 Lorenz 曲线

Lorenz 曲线越接近对角线，则分配越趋向于平等，即 A 的面积越小，反之亦然，如果全部收入归最后一个收入单位所拥有，则为 90°角的折线，处于完全不平等的极端状态。Lorenz 曲线不仅可以直观描述某一分布函数的不平等状况，也可以比较两种收入分布的不平等情况，其前提是两条 Lorenz 曲线不相交，这时接近对角线的 Lorenz 曲线比远离对角线的 Lorenz 曲线的分配更为均等，即为洛伦茨占优原则，但是相交情况下，无法对不平等进行排序。

严格意义上讲，Lorenz 曲线反映所有收入单位的信息，虽然其在不平等排序上存在一些缺陷，但这一古老的分析方法是分析不平等的最优方法[123]。

(二) 基尼系数及分解

基尼系数是被国内外学者广泛用于测度不平等的主要指标，本书也将其作为衡量财产性收入不平等的主要观察指标。

1895 年经济学家帕累托给出了收入分布的 Pareto 函数，即 $S_{(y)}=[y_i/y_n]^{\alpha}$，其中可以用 α 衡量不平等程度，但是其稳健性遭到质疑。1910 年基尼依据洛伦茨曲线，提出一个新的测度不平等的指标，即基尼系数，基尼运用几何学从洛伦茨曲线直观图中推导出基尼系数，并认为其稳健性有所改进，随后基尼系数成为学术界应用最为广泛的不平等测度指标，不同时期的学者也对基尼系数的算法进行修正，从基于洛伦茨曲线的平均差法（基尼，1912）、协方差法（Anand，1983；Lerman 和 Yitzhaki，1984）到矩阵法（Silber，1989），① 基尼系数的算法得到不断的优化。现将几种常用的基尼系数算法归纳如下：

① 洪兴建：《基尼系数理论研究》，经济科学出版社 2008 年第 1 版，第 6 页。

1. 基于洛伦茨曲线的几何定义法

基尼系数几何定义法是依据洛伦茨曲线，运用几何学原理推导出基尼系数的一般算法。在图 3-2 中，只要收入单位累计比例和与其对应的收入份额累计比例不一致，则坐标处于均等线和完全不均等线之间的三角形区域内，其表示存在不平等状况，且坐标越接近均等线，则越趋向于平等，反之亦然。根据这一原理，把均等线和洛伦茨曲线的面积记为 A，洛伦茨曲线和完全不均等线面积记为 B，则基尼系数 $G=S_A/(S_A+S_B)$，分母 S_A+S_B 即为三角形面积，决定 G 大小的因子是 A 的面积，A 越小，则 G 越小，分配越趋向于平等。基于几何法得到的 G 值判断不平等和洛伦茨曲线直观图判断相一致，并具有很高的精准性，其对经济社会的影响具有很高的价值。一般而言，国际社会对基尼系数的判别标准具有统一的认识，[①] 即 G 值为 0.4 时处于贫富差距的警戒线，G 值达到 0.6 时则为极度不平等，且会引发社会混乱。[②]

2. 未分组的离散型数据的基尼系数估算

如果知道总体所有样本的具体信息，则可以根据一些不十分复杂的数学推理，得到总体的真实基尼系数，先将其数理推导过程和最终的估算模型演示如下：

令收入单位的收入向量 $X=(x_1, x_2, \cdots, x_m)$，m 为收入单位个数，其收入分布函数为：F(x)，其中设 $F(x_i)=f_i$，$L(F(x_i))=L_i$，另设 μ 为均值。根据基尼（1912）给出的基尼平均差定义，[③] 得到：

$$\Delta=\frac{1}{m^2}\sum_{i=1}^{m}\sum_{j=1}^{m}|x_i-x_j| \tag{3.10}$$

式 3.10 中 Δ 为基尼平均差，是样本的标志值两两间差距的算术平均数，并进一步定义：

---

① 目前 G 的判别标准除了联合国开发计划署公布的 0.5 为贫富悬殊的标准外，未见任何组织公布相关数据及其经济社会上的含义，见诸文献的是有关组织或国际社会，一般认为 0.2 为绝对公平、0.2~0.3 为比较公平、0.3~0.4 为合理、0.4~0.5 为比较不公平、0.5~0.6 为差距悬殊、0.6 以上为极端不公平。因此本书采用国际社会一说。

② 非常有意思的是，目前尚无实证充分证明 G 大于 0.6 就一定会引发社会混乱或者革命，但是其对社会稳定造成的影响是显然的。

③ 基尼（1912）给出公式是：$\Delta=\frac{1}{m(m-1)}\sum_{i=1}^{m}\sum_{j=1}^{m}|x_i-x_j|$，$G=\frac{\Delta_{m-1}}{2\mu}$，这一公式也出现在部分文献中，正文中所用的公式包含了样本个体自身在内的 m 个单位的绝对收入差距，在样本数较小时，两者计算有区别，在样本数较大时，偏差很小，可以忽略。另外正文更符合几何学意义，因此，现在常用的公式是正文给出的公式。

$$G=\Delta/2\mu,\ 0\leqslant G\leqslant 1 \tag{3.11}$$

从洛伦茨曲线可以得到 $G=S_A/(S_A+S_B)$，$S_A+S_B=1/2$，则 $G=2S_A$，因此式 3.11 定义的 G 即是基尼系数，把式 3.10 代入式 3.11 中，得到式 3.12：

$$G=\frac{1}{2m^2\mu}\sum_{i=1}^{m}\sum_{j=1}^{m}|x_i-x_j| \tag{3.12}$$

式 3.12 是基于样本所有个体的信息基础上的离散型数据的基尼系数估算方法，只要数据本身没有误差，也就不存在产生误差的环节，因此其估算的基尼系数是总体的真实基尼系数。

3. 分组的离散型数据的基尼系数估算

在实际情况下，一些国家和地区，包括中国，仅仅公布分组后的收入分配数据，如果在公布的数据中各组的人口份额相等的情况下，可以采用未分组的公式估算，如果在人口份额不相等的情况下，则需要对未分组的公式进行改进，才可以进行估算，需要说明的是，分组数据计算的 G 一般要小于未分组的 G。

假设总体分成 N 组，第 i 组的人均收入和人口份额为 x_i 和 f_i，μ 为总人均收入水平（均值），根据未分组情况下给出的公式，有：

$$F_i=\sum_{j=1}^{i}f_j,\ L_i=\frac{1}{\mu}\sum_{j=1}^{i}f_jx_j \tag{3.13}$$

又有：

$$G=1-\sum_{i=1}^{n}(F_i-F_{i-1})(L_i-L_{i-1}) \tag{3.14}$$

把式 3.13 代入到式 3.14，经整理得到式 3.15：

$$G=\frac{1}{\mu}\left[\sum_{i=1}^{n}f_ix_i-\sum_{i=1}^{n}\left(f_i\sum_{j=1}^{i}f_jx_j\right)-\sum_{i=1}^{n}\left(f_i\sum_{j=1}^{i-1}f_jx_j\right)\right] \tag{3.15}$$

另存在：

$$\frac{1}{2\mu}\sum_{i-1}^{n}\sum_{j=1}^{n}f_if_j|x_i-x_j|=\frac{1}{\mu}\sum_{i=1}^{n}\sum_{j=1}^{n}f_if_j(x_i-x_j) \tag{3.16}$$

把式 3.16 左边展开后得到式 3.17：

$$\frac{1}{2\mu}\sum_{i-1}^{n}\sum_{j=1}^{n}f_if_j|x_i-x_j|=\frac{1}{\mu}\left[\sum_{i=1}^{n}f_ix_i-\sum_{i=1}^{n}\left(f_i\sum_{j=1}^{i}f_ix_j\right)-\sum_{i=1}^{n}\left(f_ix_i\sum_{j=i+1}^{n}f_i\right)\right] \tag{3.17}$$

由于存在：$\sum_{i=1}^{n}(f_i\sum_{j=1}^{i-1}f_j x_j)=\sum_{i=1}^{n}f_i x_i\sum_{j=i+1}^{n}f_j$

比较式 3.15 和式 3.17，可以得到：

$$G=\frac{1}{2\mu}\sum_{i=1}^{n}\sum_{j=1}^{n}f_i f_j|x_i-x_j| \tag{3.18}$$

式 3.18 即为分成 n 组的情况下离散型数据的基尼系数计算公式。

4. 基尼系数的分解方法

相比基尼系数的估算，基尼系数的分解更引起学者们的争议。不平等的分解一直是研究不平等起因的重要方法，设 I 为总体不平等水平，当总体由 S 个子集构成，则 $I=I_1+I_2+\cdots+I_S+\ell$，其中 ℓ 为子集间的扰动项，通过分解可以洞察不同子集对总体不平等的影响程度。衡量不平等的指标多数可以进行分解（见表3-2），但是基尼系数不满足可分解公理，这就在研究中形成一个悖论，“正如 Silber(1993) 所说，将各个组成部分的基尼系数和总体的基尼系数联系起来是十分困难的”[124]，为了有效解决该问题，学者们发展出多种可行的模型来解决基尼系数不可分解的问题，Soltow（1960）、Bhattacharya（1967）、Rao（1969）、Blinder(1973)、Oaxaca（1973）、Pyatt（1976）、Fei（1978）、Bourguignon（1979，2001，2002）、Cowell（1980，1981，2000）、Shorrocks（1980，1982，1983，1984，1984，1999）、Silber（1989）、Sundrum（1990）、Juhn（1993）、Fields（1998）、Foster（2000）、Sen（2000）、Morduch（2002）等学者对总体不平等的构成与成因做了奇妙的构思和探索，① 他们提出的分解方法成为当前研究基尼系数分解的主要工具。

结合国内外关于基尼系数分解的理论研究和实证研究，概括来看，主要按子群和来源两大维度进行分解（见图 3-3）。

（1）子群分解。

总体按某一分割标准（诸如城乡、区域、行业等）划为若干子群，先计算各个子群的基尼集中度和子群间的基尼集中度，然后设置权数，运用加权平均算术算法，估算总体的基尼系数，Bourguinon（1979）从理论上探讨了该估算思路的可

① 根据李虎（2005）、洪兴建（2008）、万广华（2008）等学者的研究资料，本书整理所得。基本涵盖了当前研究基尼系数分解的主流学者。

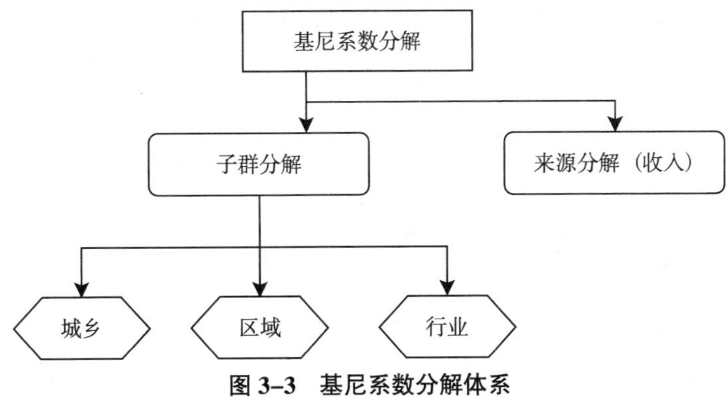

图 3-3 基尼系数分解体系

行性[125]。设 G 为总体不平等，G_A 为了群内不平等，G_B 为子群间不平等，则有：

$G=G_A+G_B+\xi$，其中 ξ 为交错项。

其中有 S 个子群的情况下，$G_A=\sum_{j=1}^{S} f_j G_j$，$f_j$ 为第 j 个子组的权重，G_j 第 j 个子组的基尼集中度，f_j 是第 j 子组收入占总收入比例和人口占总人口比例的乘积，当组群的收入不存在跨群交错时，也即所有子群的收入分布不重叠时，$\xi=0$。具体计算上，Sundrum（1990）在其《欠发达国家的收入分配》研究中[126]，提出了基于国家和地区的子群分解方法，简单明了，且符合子群分解的初步定义与内涵，从目前国内外文献看，其被广泛应用于子群分解的实证研究中，数理表达式为：

$$G=f_1^2\frac{\mu_1}{\mu}G_1+f_2^2\frac{\mu_2}{\mu}G_2+f_1f_2\left|\frac{\mu_1-\mu_2}{\mu}\right| \tag{3.19}$$

其中 G_1 和 G_2 分别为城镇和农村基尼集中度，$f_j(j\in 1,2)$ 是人口比例，μ 和 $\mu_j(j\in 1,2)$ 为总收入均值和各子群收入均值。并假设不存在子群间交错现象。基于该公式的通用性，陈宗胜（2002）采用了该公式研究我国城乡加权基尼系数[127]，本书也将采用该公式估算基于城乡分解的基尼系数。

基尼系数分解是一项十分复杂的工作，由于存在子群间交错项，因此所估算的基尼系数比实际的基尼系数小。

（2）来源分解。

总收入是由不同的收入构成的，按国家统计局的分类，我国城乡居民的总收入由工资性、经营性、财产性和转移性等四方面构成，四种收入对于处于收入排序不同地位的子群的影响是不同的，因此不同收入对总体不平等的促增（促减）的效应是不一样的，一般而言，工资性收入和转移性收入对穷人影响大，起到对不平等的促减作用，而有些收入集中于富人手上，起到促增作用，因此通过按收入来源分解总体基尼系数，可以更好地观察各种收入标志值对不平等的贡献率，及其静态的促增或者促减的效应，解析不平等的起因。而财产性收入也是由动产、不动产等收入组成的，同样可以按来源分解不平等的构成，抑或解析不同财产性收入对财产性收入总体不平等的贡献率，进而在特定历史时期较好地洞察财产性收入不平等的起因。

来源分解是把总体不平等分解到各分项收入中，用各分项收入基尼集中度的加权平均估算出总体的基尼系数。

设第 j 个收入单位有 h 项收入，共有 n 个收入单位，则有：

$$X=\sum x_j$$

$$x_j=\sum_{h=1}^{h} x_{jh}，\text{则 } \mu=\sum x_j/n；\ \mu_h=\sum_{h=1}^{h} x_{jh}/n \tag{3.20}$$

Fei、Ranis 和 Kuo（1978）推导出来的基尼系数公式[128]：

$$G=\sum_{h=1}^{h} \omega_h G_h' \tag{3.21}$$

其中 G_h' 为伪基尼系数，也称第 h 项收入来源的基尼集中度，它的计算方法与通常的基尼系数计算一样，区别在于排序，G_h' 计算时是按总收入进行排序的，与第 h 项收入来源自身的排序无关，也即其并不是第 h 项收入来源的真实基尼系数，只不过 G_h' 能精确地反映第 h 项收入与总收入差距的关系，一般来说 $G_h'>G$，则该项收入对不平等起促增作用，反之，则促减。也可以用相对集中率（G_h'/G）表示第 h 项收入对总收入差距的增减作用，一般定义大于 1 为促增，小于 1 为促减[129]。

ω_h 为第 h 项收入的权数，是第 h 项收入占总收入的比例，为 $\omega_h=\mu_h/\mu$，并有：

$$\sum_{h=1}^{h} \omega_h=1 \tag{3.22}$$

令 $S_h=\omega_h G_h'/G$，S_h 表示第 h 项收入对总体基尼系数的贡献度。

虽然按来源分解基尼系数可以厘清不平等的起因，但是也存在缺点。由于各收入来源对不平等的作用取决于总收入的排序，也即会出现富人的任何收入向穷

人转移都是合理的，[①] 同时它与其他分解方法存在一个共性的约束，即分项必须可加，也即无法分析诸如像教育、职业、年龄、家庭结构等要素对不平等的作用。[②]

（三）Theil 指数及其分解

Theil 指数是 GE 指数的一种形式，符合不平等指标的四大公理，也即具有可分解性的优势，常常被运用在子群分解中，尤其被广泛运用在按地区进行分解的分析，但是其因为是相对指标，与基尼系数相比，其本身不具有经济意义，因此，其与基尼系数在运用中各有优劣。

设 m 为样本数，ψ_i 为第 i 个样本的收入，μ 为样本的平均收入，∂ 为不同子群间的权数，$\partial \in [0, 1]$，则一般的广义熵数理公式为：

$$GE(\partial) = \frac{\partial}{\partial^2 - \partial}\left|\frac{1}{m}\sum_{i=1}^{m}\left|\frac{\psi_i}{\mu}\right|^{\partial} - 1\right| \quad (3.23)$$

当 $\partial = 1$ 时，也即 GE（1）为 Theil 指数，用 T 表示泰尔指数，并以收入为权数，得到其基本的计算公式：

$$T = \frac{1}{m}\sum_{i=1}^{m}\frac{\psi_i}{\mu}\ln\frac{\psi_i}{\mu} \quad (3.24)$$

基于 Theil 指数的基本计算公式，可以进行分解，衡量子群内不平等和子群间不平等对总体不平等的贡献。具体表示为 $T = \sum_i \left(\frac{\psi_i}{\mu}\right)T_{wi} + T_b$，其中方程右边第一项是组内不平等的 Theil 指数不平等分解，第二项是子群间不平等的衡量。目前国际通行的各分项的具体公式如下：

$$T = \sum_{j=1}^{n}\sum_{i=1}^{m}\left[\frac{\psi_{ij}}{\psi}\right]\ln\left[\frac{\psi_{ij}/\psi}{m_{ij}/M}\right] \quad (3.25)$$

$$T_{wi} = \sum_{j=1}^{n}\frac{\psi_{ij}}{\psi_i}\ln\left[\frac{\psi_{ij}/\psi_i}{\varphi_j}\right] \quad (3.26)$$

$$T_b = \sum_{i=1}^{m}\frac{\psi_i}{\psi}\ln\left[\frac{\psi_i/\psi}{\varphi_i}\right] \quad (3.27)$$

其中把总体样本分成 m 个子群，i 表示在 m 个子群中第 i 个收入单位，每个

① 比如把富人的全部工资性收入转移给穷人，也许富人还是相对富裕者，因依赖总收入排序，依然是总体不平等下降，但是这个政策并非是合意性政策。

② 测度该问题可以采用回归法分析。

子群又分成 n 个亚子群，j 表示在 n 个亚子群中第 j 个收入单位，ψ 为收入单位的收入，分成总体、子群、亚子群的收入，φ 为人口权数，分为子群和亚子群的人口权数。

其中 $\frac{\psi_i}{\psi}T_{wi}/T$ 为第 i 子群不平等对总体不平等的贡献度，T_b/T 为组间不平等对总体不平等的贡献度。

式 3.25、式 3.26、式 3.27 可以分别计算总体、组内和组间 Theil 指数，并通过解构，分析不平等的起因。

第四章　我国居民收入、财产和财产性收入概况

当前我国收入分配格局的乱象已经备受公众、学者和政府的关注，收入分配格局不平等程度严重到何种程度，公众的感受与学者的研究存在一定的差距，学者间的认识也未达到空前一致。财产性收入作为居民收入的主要构成，其所面临的情况更为复杂化，要科学地剖析居民财产性收入分配差距，本书认为有必要从三个视角进行探源：①研究需从初次分配视角出发，探究国家、企业和居民在国民经济产出物中获得多大的“蛋糕”，通过分析劳动者报酬占比，考察价值源泉的劳动在初次分配中是否得到合理的报酬，及其与其他参与部门（其他生产要素）的分配关系，从而厘清居民在国民收入中的分配地位和份额，进而从财产性收入源头上，探微其差异性的根源。②研究要从居民财产分布角度考察财产性收入差距的成因，财产是居民通过节俭或推迟消费形成的存量财富，是居民财产性收入的客体和基础，财产分布差异决定了居民间财产性收入水平，因此剖析财产分布状况对探源财产性收入构成和差距的成因具有重要意义。③财产性收入自身视角的分析，科学地刻画当前我国居民财产性收入概况，可以清楚了解我国居民财产性收入的水平、差距和变化趋势。

第一节　我国收入分配概况

关于我国收入分配总体格局，也即劳动者报酬在初次分配中占比问题，国内一些著名学者进行了深入的实证研究，得到诸多的研究成果。李扬和殷剑峰（2007）运用《中国统计年鉴》的1992~2003年资金流量表的数据，探究中国高

储蓄率原因时发现12年间劳动者报酬在国民收入的占比呈现持续下降趋势，国家和企业部门收入占国民收入的比重呈现持续上升的趋势，且政府部门占比高于企业部门，该现象原因是居民部门在初次分配中获得的劳动收入和财产性收入占比持续下滑，① 由此，他们得到初次分配中“廉价劳动力和廉价资本造成了企业利润和政府收入的增加”的基本结论 [130]。白重恩和钱震杰（2009）基于李扬和殷剑峰的研究成果，利用1993~2007年《中国统计年鉴》省际GDP收入法核算数据和财政年鉴数据，调整了资金流量表的部门间的分配份额，以及居民部门劳动者报酬的统计口径，② 通过研究1992~2005年国民收入分配变化趋势，得到一些有益的结论。白重恩等认为李扬等的研究结论成立，区别在于成因有差异，即政府与企业对居民部门对劳动者报酬持续下滑的贡献是一样大的，各占50%，并论证了宏观税负过高是由经济增长阶段性所决定的，推测国民收入格局不平衡的主因可能是企业占比过高③ [131]。李稻葵、刘霖林和王红领（2009）利用《中国统计年鉴》数据和中国社会科学院经济所微观室2006年的中国工业企业抽样调查数据，讨论了三大部门在国民收入占比的变化趋势及原因，通过对1990~2006年国家统计数据，以及2000~2004年社会科学院微观调查数据的分析，得到了我国2006年之前十几年劳动者报酬处于一直下滑的判断，以及经济发展过程中的一般规律导致收入分配呈现“倒U型”现象，他们进一步推断中国未来两年左右劳动份额在初次分配的占比将回到上升通道中 [132]。冯志轩（2012）运用马克思主义经济学方法，采集了1987~2007年的数据进行分析，得到与主流经济学研究存在差异性的结论，即2002年前劳动占比上升，之后剧烈下滑，他认为具体原因是与国际整体环境相关 [133]。

国内主流学者对我国收入分配的基本格局持相对一致的意见，均认为自改革开放以来劳动者报酬占国民总收入比重呈下滑趋势，原因也基本指向政府和企业部门，认为他们的收入占比过大，也即因为劳动和要素资本的廉价直接导致居民分配少，政府和企业分配多，当然冯志轩的研究属于非主流的一种实证方法，其

---

① 李扬等学者认为居民财产性收入的90%以上是利息收入。

② 白重恩提出延伸功能性分配概念，认为部门初次分配收入应该包括劳动者报酬、财产收入、经营性留存和生产者税净额等中的一项或者几项，如此把居民部门增加值中的劳动者报酬计算到劳动者报酬总额中，这一部分与李扬的统计口径形成差别。

③ 白重恩在结论部分指出“本研究的计算发现我国企业部门收入在很长一段时间都高于政府收入，仅在2007年首度超过企业部门，故我国国民收入分配格局中更突出的问题很可能是企业部门收入占比过高”。

研究拓展了研究的视角。问题是无论哪一种研究方法，均没有明确指出是政府，还是企业在国民收入“蛋糕”中切到更多，以至于白重恩在其一个直接推论中给出“可能”的模糊判断。从数据的时效性看，已有研究数据基本是2007年前的数据，距今已经是七年前发生的事件，七年来，中国经济总量发生翻天覆地的变化，已经成为世界第二大经济体，也遇到“百年一遇”的世界性经济危机冲击，国内的经济、社会等宏观政策已经悄然发生变异。因此，已有研究结论在当下是否依然成立存在质疑，本书为了验证前辈们得到的结论，厘清三大部门之间的真实分配比例，以及劳动者报酬“倒U型”拐点是否产生，运用1978~2012年的数据进行求证，并在此基础上针对我国人口众多，区域分布广泛的特点，进一步细化研究的方法，采用八大经济区域的地理区位划分法，深入讨论影响劳动者报酬占比水平、变化趋势及其成因。

一、全国居民收入分配总体概况

根据已有的学者研究成果，本书首先运用1978~2012年的全国数据，测算各部门收入占比，研究劳动者报酬有没有被挤占，以及谁是挤占的主因等问题。

（一）数据来源及处理

数据源自中国统计出版社出版的历年《中国统计年鉴》中国民经济核算的地区生产总值收入法构成项目中的31个省际数据，包含地区国内生产总值、劳动者报酬、固定资产折旧、生产者税净额和营业盈余等五个分项数据，通过对每年31个省际分项数据累加得到全国的分项数据。其中1999~2012年的数据源自《中国统计年鉴（2000~2013)》，因可回溯的个别年份历史资料出现缺失，1995年和1998年的数据来源于中国统计局出版的《中国国内生产总值核算历史资料(1952~2004)》，1978年、1985年和1990年的数据来源于中国统计局出版的《中国国内生产总值核算历史资料（1996~2002)》，并且由于两部年鉴未提供1978年、1985年和1990年的海南、重庆与西藏等省份资料，该三年的三个省份国民生产总值加总数据与统计年鉴公布的当年总国民生产总值存在一定的差异。

（二）国家、企业和居民部门收入占国内生产总值份额的演变态势

表4-1、表4-2分别是1978~2012年的国民生产总值四个构成分项的绝对值和占比的统计数据。

表 4-1　1978~2012 年按收入法生产总值构成的分项数据及其占比

年份	地区国内生产总值（亿元）	劳动者报酬（亿元）	占比（%）	固定资产折旧（亿元）	占比（%）	生产者税净额（亿元）	占比（%）	营业盈余（亿元）	占比（%）
1978	3381.38	1684.41	0.498	318.93	0.094	431.25	0.128	946.78	0.280
1985	8396.76	4446.53	0.530	825.86	0.098	1043.18	0.124	2081.19	0.248
1990	18021.21	9601.47	0.533	2129.83	0.118	2352.22	0.131	3937.69	0.219
1995	57535.19	29596.80	0.514	7457.09	0.130	7056.76	0.123	13424.54	0.233
1998	82558.51	41960.46	0.508	10932.51	0.132	11768.96	0.143	17896.58	0.217
1999	87671.13	45926.43	0.524	13209.04	0.151	11870.17	0.135	16665.49	0.190
2000	97209.37	49948.07	0.514	14972.41	0.154	13760.27	0.142	18528.61	0.191
2001	106766.26	54934.65	0.515	16779.28	0.157	15027.36	0.141	20024.97	0.188
2002	118020.69	60099.14	0.509	18493.78	0.157	16573.11	0.140	22854.65	0.194
2003	135539.14	67260.69	0.496	21551.46	0.159	19362.42	0.143	27364.57	0.202
2004	167587.12	69639.64	0.416	23624.01	0.141	23568.56	0.141	50754.91	0.303
2005	197789.03	81888.02	0.414	29521.99	0.149	27919.21	0.141	58459.81	0.296
2006	231053.34	93822.83	0.406	32726.66	0.142	33641.84	0.146	70862.02	0.307
2007	275624.62	109532.27	0.397	40827.52	0.148	39018.85	0.142	86245.97	0.313
2008	314045.40	150701.80	0.480	0.00	0.000	50609.50	0.161	0.00	0.000
2009	365303.69	170299.71	0.466	55531.11	0.152	49369.64	0.135	90103.24	0.247
2010	437041.99	196714.07	0.450	66608.73	0.152	56227.58	0.129	117456.61	0.269
2011	521441.11	234310.26	0.449	81399.26	0.156	67344.51	0.129	138387.09	0.265
2012	576551.85	262864.06	0.456	91635.05	0.159	74132.87	0.129	147919.85	0.257

资料来源：国家统计局，经笔者计算所得。

表 4-2　国民生产总值构成的增长速度和占比的描述性统计值

指标	地区国内生产总值	劳动者报酬	固定资产折旧	生产者税净额	营业盈余
绝对值					
1978~2012 年增长倍数	169.51	155.06	286.32	170.9	155.23
年均增长比率（%）	892	816	1507	899	817
1998~2012 年增长倍数	5.98	5.26	7.38	5.3	7.27
年均增长比率（%）	39.89	35.10	49.21	35.33	48.44
相对值（占比）					
最大值	—	0.5330	0.1590	0.161	0.3130
最小值	—	0.3970	0.0940	0.124	0.1900
极差	—	0.1360	0.0650	0.037	0.1230
均值	—	0.4780	0.1340	0.137	0.2320
标准差（STDEVP）	—	0.0437	0.0368	0.009	0.0685

资料来源：笔者整理所得。

从绝对数及其增速看，1978 年我国从流通领域拉开改革开放的大幕，带着计划经济烙印的绝对平均主义被打破，全社会充满改革的激情与动力，我国经济总量从 1978 年的 3381.38 亿元[①] 增长到 2012 年的 576551.85 亿元，2012 年是 1978 年国民生产总值的 169.51 倍，年均经济增长率达到 892%。辉煌的经济成就也给国家、企业和居民的收入增长提供了坚实的基础，1978~2012 年的劳动者报酬从 1684.41 亿元上升到 262864.06 亿元，增长了 156.06 倍，年均增长率为 816%；生产者税净额从 431.25 亿元上升到 74132.87 亿元，增长了 171.90 倍，年均增长率为 899%；营业盈余从 946.78 亿元上升到 147919.85 亿元，增长了 156.23 倍，年均增长率为 817%。1978 年的起始数据揭示了我国经济增长给居民、企业和国家带来了巨大的财富，但是起点过低的基数使得增长率显得有些夸张，为了进一步反映我国三大部门流量财富变化态势，本书选择前 35 年改革开放的关键时间点 1998 年作为研究的起点时间，该年是中国经历 20 年的改革开放后，反思和继续奋进的时间点。通过数据分析，研究发现 1998~2012 年的劳动者报酬、生产者税净额和营业盈余分别增长了 5.26 倍、5.30 倍和 7.27 倍，年均增长率分别为 35.10%、35.33%和 48.44%，各项收入依然保持快速增长态势。

进一步观察两个不同时间跨度数据的倍数与年均增长率的关系，我们发现前一个时间跨度内生产者税净额的增长倍数与增长率数值最大，而后一个时间跨度内则是营业盈余的数值最大，这让我们产生一个疑惑：国民收入分项份额中是国家增长快，还是企业部门增长快？有意思的是无论在哪个时间跨度内，劳动者报酬的增长倍数和增长率都是最低的，说明在国民收入分配以往的 35 年中居民部门份额增速最低。

从收入占比的描述性统计数据看，劳动者报酬最大值为 0.533，最小值 0.397，均值为 0.478，极差为 0.136，数据说明我国历年劳动者报酬占比均值接近国民生产总值的 50%左右，然而不同年份的差距比较大，极值差有 13.6 个百分点，说明劳动者报酬占比的波动较大，其稳健性不足，尤其劳动者报酬占比的最小值仅为 0.397，该数值是偏低的，说明部分年份劳动者报酬占比受到严重的挤占；生产者税净额一直保持一个平稳的状态，最大值为 0.161，最小值为 0.124，极值差

① 正如正文所述，本数据不包括海南、重庆与西藏数据。

仅有 3.7 个百分点，生产者税净额占比一直稳定在国民收入的一成半左右，数据说明国家（政府）的收入多年来一直未受到内外部因素的干扰，具有较强的稳健性；营业盈余占比的均值为 0.232，数据说明企业分享了两成多的经体系产出物，而这部分收入不包含固定资产损耗的弥补，是再生产过程中的新增价值，所以企业所获得的分配是非常可观的，尤其营业盈余占比的最大值为 0.313，已经达到三成以上的份额，企业在国民收入分配中的地位应该是占优的，同样的营业盈余占比的波动也比较大，极值差也有 12.3 个百分点；固定资产折旧是对一次性初始投资的分期弥补，其在税法上有规定的处理程序与方法，一般情况下不受经济景气等内外部因素影响，只是受到当期的固定资产总额和法定计提比率影响，也即主要影响因素是历年的投资强度，因此，其保持相对的独立性，固定资产折旧占比的基本收敛在 0.15 左右，数据基本反映了上述的判断。

进一步考察标准离差，劳动者报酬、固定资产折旧、生产者税净额和营业盈余标准离差为 4.37%、3.68%、0.9%、6.85%，即劳动者报酬和营业盈余占比波动性大，固定资产折旧则受投资强度影响，占比呈现一定的波动，[①] 生产者税净额占比保持高度稳健性。

由此可见，经济增长推动了国家、企业和居民等三大部门收入的快速提升，但是数量的增长并不意味着分配格局是合理的，从绝对值看，居民部门的增速低于其他部门，从相对值看，劳动者报酬占比一直处于下降趋势，且波动性巨大。图 4–1、图 4–2 更为直观地反映了该论断。

从图 4–1 看，经济增长以 1998 年为界线，分成 1998 年之前的增长期和之后的增长期 [②] 两个具有显著区别的阶段。劳动者报酬在前一个增长期（即 1998 年前）提升速度快于国家和企业部门，尤其是 1990~1998 年特别显著，在 1998 年开始的第二个发展时期，情况有所变化，其中时间节点是 2003 年，1998~2003 年三大部门的收入份额增速并无显著变化，2003 年开始的新一轮经济高速发展阶段（也属于第二经济发展期的一个子阶段），三大部门间份额关系发生了微妙

① 说明该指标与宏观经济政策密切相关，其与其他分项所占分配份额关联度可能不高，这个假设有待后续验证。

② 我国经济增长存在两个明显的时期，第一阶段的起点是 1978 年，截至 1998 年，约 20 年时间，完成摆脱“贫困陷阱”的历史使命，第二阶段是从 1998 年开始，经过一定时期的平台整理，经济再次进入高速发展阶段，向中等发达国家迈进，按第一个周期时间以及当前宏观经济政策的调节，本书预计在不久的将来经济增长也将进入一个平台整理期，同时也是一个新的增长期的开始。

改变，其中 2003~2007 年，企业部门收入份额加速增长，同期的居民部门收入份额呈现缓慢增长态势，国家的收入份额则稳步增加，该阶段是企业部门收入增速远远快于居民部门的收入增速，说明企业部门获得了更多的国民收入份额，2009 年以后企业收入份额开始滞胀，[①] 劳动者报酬的份额开始加速增长，说明该时期居民部门的收入分配境况有所改善，国家的收入份额在 2004~2012 年保持稳步增长，未出现异常波动情况。

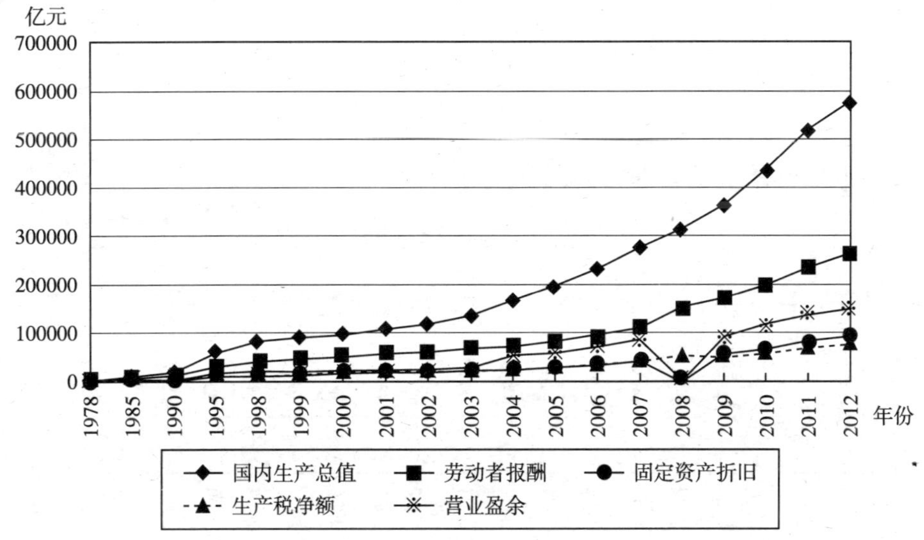

图 4–1　1978~2012 年的国民生产总值及其构成分项的演化趋势

图 4–2 是改革开放开始到 2012 年的三大部门收入份额占比演化趋势图，首先观察生产者税净额的变化趋势，其除了 1995~1998 年、2008 年的数据出现异动外，其他年份基本保持平稳态势，而 1995~1998 年的生产者税净额占比出现一个小幅提升，同期的劳动者报酬占比有所回落，营业盈余占比也出现较大幅度的下滑，数据说明该时期国家获得相对多的收入份额，其对劳动者报酬产生一定影响，对企业的营业盈余形成重大冲击，该时期的税赋过重是不争的事实。2008 年的数据没有营业盈余占比值，当年劳动者报酬占比与生产者税净额占比同步增长，说明 2008 年企业让渡出的份额促成了该现象，其他年份的生产者税净额占

① 由于 2008 年数据省缺，所以无法判断 2008 年的情况。该年是全球经济危机爆发的初始年份，同期的中国经济政策、企业盈余和生产者税净额均出现异变，当年的企业盈余受到严重冲击。

比保持相对平稳，这些数据说明权力已经成为分配中的防火墙，在总收入既定时，生产者税净额占比的稳健性间接影响了劳动者报酬的占比。营业盈余占比与劳动者报酬占比呈现高度的关联性，数据显示营业盈余占比上升则劳动者报酬占比下降，营业盈余占比下降则劳动者报酬占比上升，尤其是 2003~2004 年的营业盈余占比大幅上升，生产者税净额占比保持不变的情况下，其所挤占的份额恰恰是劳动者报酬份额。因此，基于图 4–2 的分析，可以判断收入分配份额占比的争夺战主要发生在居民部门与企业部门，国家部门通过权力的防火墙间接参与到该争夺战中。

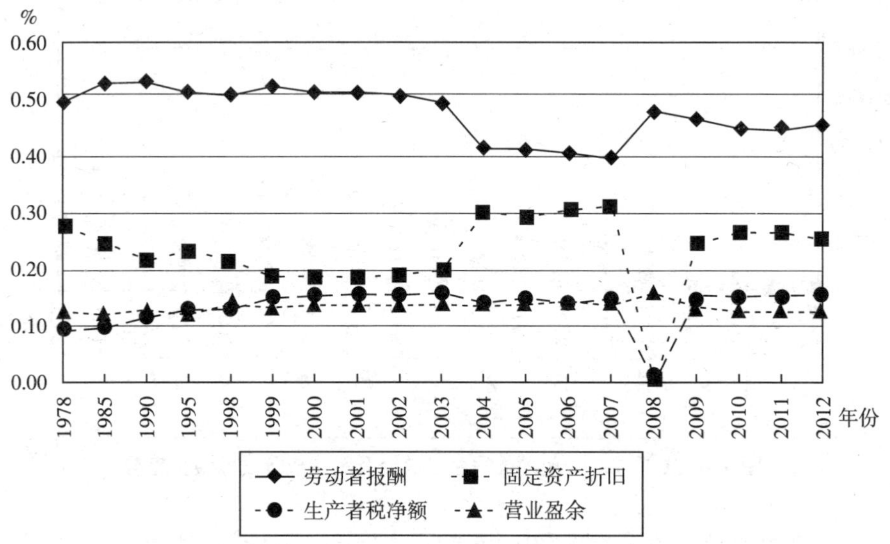

图 4–2　1978~2012 年的国民生产总值各构成分项所占份额的演化趋势

（三）国家、企业和居民部门收入占国内生产总值份额的 Person 相关分析

直观的数据和趋势分析为研究提供指向性方向，但是尚不足科学地界定国家、企业和居民部门的分配关系，为此，本书选择相关性分析法进行深入研究，使用 SPSS18.0 统计软件分析包进行数据分析，得到表 4–3。

2008 年按收入法国民生产总值构成的数据未被国家统计局正式公布，仅在《中国统计年鉴》2010 年的资金流量表公布了其中两个变量数据，2008 年的营业盈余和固定资产折旧数据缺失，本书为了保持数据的完备性，使用删除 2008 年各变量标志值的历年资料进行相关性分析，得到表 4–3。表 4–3 的数据显示劳动者报酬与营业盈余具有强负相关性，相关系数为–0.847，P 值（0.000）在 0.01 的

置信水平上显著相关，说明劳动者报酬与营业盈余间存在激烈的收入份额争夺关系；劳动者报酬与生产者税净额具有较强的负相关性，相关系数为-0.400，P值（0.050）在0.05的置信水平上显著负相关，说明居民部门与国家间的分配份额也存在此消彼长的关系；劳动者报酬与固定资产折旧呈弱负相关性，相关系数为-0.327，P值（0.092）在0.1的置信水平上具有显著性。结合图4-2，可以发现1978~1990年和2003~2004年的劳动者报酬占比与固定资产折旧占比确实具有弱负相关性，也即本书不能把固定值产折旧直接排除出影响因素之外，固定资产折旧占比对劳动者报酬占比具有微弱的影响力。经相关性分析，本书得到我国劳动者报酬与企业盈余具有强负相关性，与生产者税净额具有较强的负相关性，与固定资产折旧具有弱负相关性，该结论验证了前面所得到的研究成果。

表4-3　Pearson相关分析（不含2008年数据，N=18）

变量		劳动者报酬	固定资产折旧	生产者税净额	营业盈余
劳动者报酬	Pearson相关性	1	—	—	—
	显著性（单侧）	—	—	—	—
固定资产折旧	Pearson相关性	-0.327*	1	—	—
	显著性（单侧）	0.092	—	—	—
生产者税净额	Pearson相关性	-0.400**	0.485*	1	—
	显著性（单侧）	0.050	0.021	—	—
营业盈余	Pearson相关性	-0.847***	-0.193	0.032	1
	显著性（单侧）	0.000	0.221	0.449	—

注：* 在0.1水平（单侧）上显著相关；** 在0.05水平（单侧）上显著相关；*** 在0.01水平（单侧）上显著相关。

（四）劳动者报酬占比的国际比较分析

本书基本厘清了三大部门间的分配关系，问题在于中国现阶段劳动者应得报酬是不是合理的，也即劳动者报酬有没有被其他生产要素挤占，如果劳动者应得报酬是合理的，其占比过低是一个正常现象。要回答这个问题需要一个判别标准，本书认为通过借鉴他国实践经验，来判断我国劳动者报酬的合理程度，是一个合意性的方法。

表4-4是中国与世界主要发达国家的劳动者报酬占比数据表。自1978年改革元年开始，中国劳动者报酬占比呈现明显的下降趋势，最大值为53.28%（1990年），最小值为39.74%（2007年），其中2002年前我国劳动者报酬占比尚能维系在50%以上，2003年后跌破50%，一直呈现下滑趋势，且最小值出现是

经济发展最繁荣的2007年。主要发达国家的劳动者报酬占比基本保持在60%左右，高出我国十多个百分比，美国与日本的最大值一度达到65.9%和67.2%，远超同期中国数据；丹麦则更为极端，多年的国民收入八成以上由劳动者分享，最低年份也占国民收入的70.5%；意大利与韩国的劳动者报酬占比相对低一些，但是数值也在50%数值附近，且波动性低，尤其是韩国，除2002年数值为49.6%外，其他年的劳动者报酬占比均超过50%。通过对比主要发达国家历年的劳动者报酬占比数据，本研究得到以下一些结论：

（1）各国虽然有所差异，但是多数国家保持在58%~66%的水平[134]。

（2）少数国家劳动者报酬占比处于46%~54%区间内，波动幅度不大。

（3）中国劳动者报酬占比的波动幅度大，2003年前尚能维系在50%以上，与主要发达国家比较，虽然存在一些差距，但是和诸如韩国、意大利等国比较，无明显差距。在2004~2012年的经济增长最快阶段，① 劳动者报酬占比出现快速下滑态势，有6年数据处于45%以下，其中4年处于40%附近，最低值仅为39.74%，说明近几年我国劳动者报酬占比已经远远低于国际社会。

（4）中国劳动者报酬占比偏低，并影响居民收入增长。

表4–4 中国和主要发达国家劳动者报酬占比数据

单位：%

年份	中国	美国	日本	德国	法国	英国	加拿大	意大利	韩国	澳大利亚	丹麦
1978	49.81	65.9	62.2	—	—	—	—	—	—	—	—
1985	52.96	65.3	62.0	—	—	—	—	—	53.9	—	—
1990	53.28	65.8	61.1	—	—	—	—	—	59.0	—	—
1995	51.44	64.4	66.9	63.8	59.0	61.8	62.0	49.1	53.5	61.4	83.4
年份	中国	美国	日本	德国	法国	英国	加拿大	意大利	韩国	澳大利亚	丹麦
1998	50.83	63.8	67.1	62.5	57.7	60.2	62.4	46.8	54.0	61.1	83.0
1999	52.38	64.1	66.9	62.6	58.0	62.2	61.3	46.8	51.3	60.6	83.1
2000	51.38	64.8	66.1	63.5	58.3	62.9	59.8	46.4	50.4	60.2	82.1
2001	51.45	65.2	67.1	63.2	58.9	63.2	60.6	46.7	50.8	59.3	83.0
2002	50.92	65.0	66.4	62.9	60.0	62.1	60.7	47.3	49.6	58.9	83.1
2003	49.62	64.9	64.9	62.1	59.8	61.1	60.1	47.7	51.1	58.1	84.5
2004	41.55	63.6	63.7	59.9	59.4	60.8	59.0	47.4	51.0	59.0	85.5
2005	41.40	62.7	64.0	58.6	59.4	62.1	58.8	48.8	52.3	59.4	86.8

① 见本书的图4–1。

续表

年份	中国	美国	日本	德国	法国	英国	加拿大	意大利	韩国	澳大利亚	丹麦
2006	40.61	64.2	63.6	57.4	59.2	—	—	49.1	52.6	59.6	70.5
2007	39.74	63.4	62.8	—	—	—	—	—	—	—	—
2008	47.99	64.2	66.7	—	—	—	—	—	—	—	—
2009	46.62	64.0	67.2	—	—	—	—	—	—	—	—
2010	45.01	—	—	—	—	—	—	—	—	—	—
2011	44.94	—	—	—	—	—	—	—	—	—	—
2012	45.59	—	—	—	—	—	—	—	—	—	—
最大值	53.28	65.9	67.2	63.8	60.0	63.2	62.4	49.1	59.0	61.4	86.8
最小值	39.74	62.7	61.1	57.4	57.7	60.2	58.8	46.4	49.6	58.1	70.5

资料来源：中国数据源自国家统计局，经笔者计算所得；其他国家（除美国和日本）数据源自“National Accounts of OECD Countries Volume 11a，1995~2006 DETAILED TABLES”，美国与日本数据源自www.bea.gov 和 www.esri.cao.go.jp。梁季：《劳动者报酬占比的国际比较分析》，《经济研究参考》2012 年第 45 期，第 69~76 页。

由此，本书厘清了劳动者报酬是不是被挤占的争议，但是还有一个视角尚待继续交代，也许有人会提出不同的意见，他们会认为西方发达经济执行的是以福利经济为导向的福利政府，劳动者过高的占比是以经济运行成本增加为代价的，会挫伤企业的积极性，压制社会的投资偏好，最终阻碍经济的发展，因此，这些人会认为西方国家的占比不具有参考意义。

问题果真如此，则将彻底颠覆本书的基础。其实未必，先考察表 4–5 再下结论。表 4–5 是源自世界银行数据库的资料，我们先考察美国与日本的情况，自1978~2009 年的两国的劳动者报酬占比数据一直保持在 61%水平以上，从企业经营成本角度看，成本确实是很高的，然而 1978~2009 年两国的人均 GDP 数据在总体上保持持续上升的态势，仅在 2000~2002 年受到当时网络经济泡沫的破灭影响，加上日本自身经济也存在问题，日本在该区间数据略有波动，而美国则未出现波动，因此仅仅从劳动者报酬占比看，其并不会削弱经济增长的动力。其他国家的数据也验证这一可直接观察得到的结论，尤其是韩国，该国劳动者报酬占比处于 50%以上的水平，高于中国 5 个百分比，但是观察该国人均 GDP，1990~2002 年是该国突破“中等收入陷阱”的特定历史时期，1990 年人均 GDP 是6153.09 美元，与中国 2012 年的 6091.01 美元的人均 GDP 大体相当，但是韩国并没有为突破“中等收入陷阱”而刻意压低劳动者报酬占比，1990 年占比为 59%，其他年份一直保持在 50%以上，虽然在突破过程中人均 GDP 有反复，但是 2002年后最终完成了该项历史使命，进入富裕国家行列。由此可见，劳动者报酬占比

表 4–5　各国 1978~2012 年人均 GDP 数值

单位：美元

年份	中国	美国	日本	德国	法国	英国	加拿大	意大利	韩国	澳大利亚	丹麦
1978	154.97	10587.42	8675.01	9175.90	9129.93	5785.46	8931.29	5405.63	1382.92	8250.32	11617.04
1985	291.77	18269.28	11465.73	9125.12	9564.17	8209.84	13711.52	7698.91	2367.78	11457.77	11968.62
1990	314.43	23954.52	25123.63	21583.84	21300.82	17805.25	20968.04	20065.35	6153.09	18247.39	26422.83
1995	604.23	28781.95	42522.07	30887.87	26403.14	20349.96	20117.10	19910.00	11467.81	20375.30	34773.68
1998	820.86	32948.95	30967.29	26547.78	24405.89	25266.39	20390.39	21519.06	7462.84	21352.31	32738.68
1999	864.73	34639.12	34998.81	25956.64	24075.04	25870.99	21681.38	21227.31	9554.44	20546.74	32685.32
2000	949.18	36467.30	37291.71	22945.71	21774.94	25361.94	23559.50	19388.28	11346.66	21678.49	29980.16
2001	1041.64	37285.82	32716.42	22840.27	21812.19	25126.02	23017.37	19721.97	10654.94	19504.57	29946.38
2002	1135.45	38175.38	31235.59	24325.67	23494.41	27322.02	23425.23	21435.14	12093.76	20071.97	32344.32
2003	1273.64	39682.47	33690.94	29367.41	28794.07	31479.92	27335.31	26291.34	13451.23	23455.84	39443.27
2004	1490.38	41928.89	36441.50	33040.05	32784.84	37095.38	31011.91	29832.61	15028.94	30464.00	45282.07
2005	1731.13	44313.59	35781.23	33542.78	33818.97	38545.22	35087.89	30478.85	17550.85	34011.74	47546.59
2006	2069.34	46443.81	34102.21	35237.60	35457.05	40976.70	39250.00	31776.98	19676.12	36113.00	50462.23
2007	2651.26	48070.38	34094.89	40402.99	40341.91	46847.64	43248.50	35826.02	21590.11	40629.00	57021.17
2008	3413.59	48407.08	37972.24	44132.04	43991.70	43779.81	45101.56	38563.05	19028.01	49358.70	62596.49
2009	3749.27	46998.82	39473.36	40270.16	40487.89	35721.83	39659.06	35073.16	16958.65	42551.03	56226.58
2010	4433.36	48357.68	43117.77	40144.51	39186.02	36703.36	46211.53	33760.59	20540.18	51746.12	56485.89
2011	5447.34	49853.68	46134.57	44314.97	42521.81	39503.31	51554.06	36147.65	22388.40	62125.76	59889.01
2012	6091.01	51748.56	46720.36	41862.71	39771.84	39093.47	52218.99	33071.84	22590.16	67555.76	56325.66

资料来源：世界银行。

并不能作为经济增长的影响因子，也即合理的劳动者报酬占比不能承担其会影响国民经济发展的说法，[①] 进一步讲，丹麦作为一个特例，但是比较丹麦的劳动者报酬占比与经济增长关系，更能印证上述结论。

（五）研究小结

通过上述分析，本书得到的结论与国内多数学者利用 2007 年以前的数据研究所得到的结论既有一致性，也存在明显的差别之处。

（1）我国劳动者报酬绝对额随着经济增长而出现快速上升态势。1978~2012 年，居民劳动者报酬从 1978 年的 1684.41 亿元上升到 2012 年的 262864.06 亿元，增长了 155.06 倍，年均增长 469.87%；1998~2012 年，居民劳动者报酬从 1998 年的 41960.46 亿元上升到 2012 年的 262864.06 亿元，增长了 5.26 倍，年均增长 40.46%。

（2）我国历年劳动者报酬占比向低水平收敛。我国居民 1978~2012 年的劳动者报酬占比均值为 47%，最大值 53.28%，最小值为 39.74%，与国际主要经济体的 60%左右的均值相比，[②] 差距 13 个百分比以上，也远远低于韩国等亚洲主要经济体，尤其是经济总量增速最快的 2004~2012 年，劳动者报酬占比位于 46%以下，并有向 40%水平收敛的倾向，数据表明我国劳动者报酬偏低和其已经被挤占，三大部门间分配格局明显处于不合理状态。

（3）劳动者报酬占比过低的直接原因是企业部门和国家部门所占比双重挤压所导致的。劳动者报酬占比过低不是单一因素形成的，是被企业与国家共同挤占导致的。

（4）企业与国家对居民部门收入的挤占贡献率是不一样的，企业的贡献率大于国家。营业盈余在 0.01 的置信水平上与劳动者报酬占比显著负相关，而生产者税净额仅在 0.05 的置信水平上与劳动者报酬占比显著负相关，数据说明居民与企业的收入分配竞争关系强于居民与国家间的关系。

（5）国家间接挤占了劳动者报酬份额。国家在权力上占优是确保其占比保持稳定，也间接提供了国家挤占劳动者报酬的证据。

① 至于为何劳动者报酬占比变化与经济增长不具有显著性负相关，该研究不属于本书范畴，本书围绕主题，并不对此做专项分析。

② Gollin（2002）的“Getting Income Shares Right”一文研究表明世界各国的劳动者报酬比重集中于 60%~85%区间内。资料来源：张士斌：《工业化过程中劳动者报酬比重变动的国际比较》，《经济社会体制比较》2012 年第 6 期，第 47~58 页。

二、按八大经济区区分的居民收入分配概况

我国人口众多，地域广袤，全国数据可以看作是一个均值，不能充分反映不同经济区域的分配格局问题，不同经济区域角度研究可以清晰地刻画我国劳动者报酬占比在不同经济发展水平下的变化规律。

目前按地理区位研究收入分配格局主要是按东部、中部和西部划分的类型进行分析。从已有文献看，张贻龙（2011）根据《中国统计年鉴》公布的东部、中部和西部地区数据，以及 31 个省际 1995~2007 年的数据，把时间分成 1995~2003 年、2003~2004 年和 2004~2007 年三个阶段，分别计算劳动者报酬份额在三个阶段的变动数值，研究得到劳动者报酬占比差异在东部、中部和西部组间明显，组内不明显，以及劳动者报酬占比地区间差异呈逐步下降的趋势[135]。梁宏志（2012）同样用《中国统计年鉴》1993~2010 年的东部、中部和西部数据，计算居民、企业和政府在初次分配中收入占比问题，得到了 1993~2010 年的西部地区劳动者报酬占比均值在 50%以上、西部地区劳动者报酬占比大于东部和全国水平、东中西部劳动者报酬占比均呈先升后降再升的过程[136]。其他学者仅在收入分配不平等研究中涉及地区收入分配格局问题，未做专题研究。总体上看，张贻龙的研究未对国民生产总值构成项目的占比做比较分析，也就未能解释谁挤占了劳动者报酬份额，仅仅解释了区域经济发展水平对劳动者报酬的影响和区域间的差异，梁宏志只计算了劳动者报酬占比指标，也没有把企业部门和国家纳入研究视角，同样存在着张贻龙的研究出现的问题。同时，两位研究者均采用按东部、中部与西部划区形成进行分析，区域划分的线条过粗，需要进一步细化。

（一）八大经济区域划分

不同经济区域承载着该区域经济、社会和政治的综合信息，一般来说，经济区域划分综合考虑了地理区位、经济发展水平和人文历史传承等重要信息。新中国成立以来，国家有关部门和相关学者对此做出相应的研究，从不同视角提出多种划分的方法，张子珍①（2010）对各种划分做了比较详细的分析和评述，现将其研究成果做简要概述及评价。

---

① 张子珍：《中国经济区域划分演变及评价》，《山西财经大学学报》（高等教育版）2010 年第 6 期，第 89~92 页。

张子珍认为新中国成立后到2010年，可查到我国经济区域划分有20种，具体归纳如下：

（1）内地与沿海。该划分源自毛泽东的《论十大关系》中关于中国经济区域的阐述，毛泽东在文中明确提出了内地与沿海的划分。该划分得到我国政务管理部门的采用，分别在“一五”、“五五”和“八五”国民经济计划中体现。

（2）六大经济协作区。20世纪60年代，中国政府依据区域经济发展状况，为收敛沿海与内地经济发展的不平衡，提出华东、华北、中南、东北、西南和西北等六大区域。

（3）三线地区。20世纪60至70年代，基于国际环境的恶化，从备战角度出发，提出了一、二、三线地区。

（4）十大经济协作区。20世纪70年代，国家调整了备战思路，提出华南、华东、华北、东北、闽赣、西南、西北、中原、新疆和山东等经济区。

（5）八大综合经济区。刘再兴（1985）根据我国生产力布局态势，结合区内近似性和经济区间差异性的原则，区分出东北、华北、华东、黄河中下游、长江中下游、东南沿海、西南和西北等八大综合经济区。

（6）六大经济区。改革开放后，学者陈栋生从区域经济协作发展视角，提出长江流域、黄河流域、南方、东北、新疆与西藏等六大区域经济。

（7）东中西经济带。该划分自1987年制定的“七五”计划开始，一直被我国职能部门使用，国家统计局的统计年鉴也公布三大经济带的相关数据，由于数据的可直接获得，一直以来是学者们研究国民经济问题的常用方法。

（8）九大经济区。由学者杨淑珍（1990）提出，综合考虑地理区位、人口和民族因素，分华南、华东、华北、华中、西南、西北、西藏、新疆和内蒙古等区域。

（9）九大城市经济区。由顾朝林（1991）提出，以直辖和省会城市为主。

（10）七大流域经济区。1992年学者徐逢贤按自然河流标准划分成珠江、长江、黄河、闽南、西北、东北和沧澜江等经济区。

（11）十大经济区。杨吾扬（1992）以动态视角，提出十大经济区概念。

（12）七大经济区。邹家华（1992）从区域协同视角，提出七大经济区概念，并在“九五”计划中得到体现，具体分成长江三角洲及沿江地区、环渤海区、东南沿海区、西南和华南部分省份、东北地区、中部五省和西北地区。

(13) 沿海、沿边和内陆腹地三大经济带。魏后凯（1993）根据当时全国经济发展现状，提出该概念。

(14) 核心区和边缘区。1994 年，谷书堂依据空间经济的理论和国外实证研究成果，提出了中国核心区位北京、上海、天津和辽宁等区域，其他地区为边缘区。

(15) 九大都市圈。王建（1996）以大城市群的经济增长拉动效益，提出该概念。

(16) 八大经济区。进入 21 世纪，国务院发展研究中心在《地区协调发展的战略和政策》报告中提出传统的东、中、西经济区域划分已经不符合时代发展的特点，提出“十一五”期间中国经济区域分成东部、中部、西部和东北四大板块，并将四大板块划分成东北经济区（含辽宁、吉林和黑龙江）、北部沿海经济区（北京、天津、河北、山东）、东部沿海经济区（上海、江苏、浙江）、南部沿海经济区（广东、福建、海南）、长江中游经济区（湖北、湖南、江西、安徽）、黄河中游经济区（内蒙古、陕西、山西、河南）、西南经济区（四川、重庆、云南、贵州、广西）、大西北经济区（青海、甘肃、宁夏、新疆、西藏）等八大经济区。各经济区在地理区位上距离较近，自然条件相当，要素禀赋状况差异不大，经济发展水平基本一致。

(17)“十一五”的四层级区域。“十一五”规划提出四层级概念，即四大板块、八大综合区、若干标准区域和若干基本空间单位。

(18) 三大块经济区域。孙红玲（2005）提出以沿海长三角、珠三角、环渤海为中心，形成向内地辐射的三大经济区块。

(19) 蝴蝶模型的经济区域。李忠民（2007）依据空间经济学理论，提出了新亚欧大陆桥为主干，两翼向南北展开的蝴蝶模型经济区域划分思想。

(20) 五大经济区。一些学者在 2009 年提出将 31 个省际分成东南、长江流域、北方、西南和西北经济区。

上述的经济区域划分更多地考虑了我国经济、社会和政治的发展阶段与水平，新中国成立初期的划分体现了计划经济特点以及中国经济持久积弱的面貌，国家需要集中力量保持经济的增长，因此提出了沿海与内地、三线地区、十大经济协作区等带有很强计划指导的划分标准；到了我国改革开放前后，虽然国家面貌发生了很大的变化，但是中国经济长久的积弱，不可能在当时全面提升各地区

水平，因此需要重点突出，优先提升部分地区的经济水平，均衡发展的问题留待今后考虑，诸如“七五”规划中的东中西经济带成为改革开放以后我国经济区域划分的典型代表，并体现在国民经济统计中，保留至今，改革开放到2000年之前的经济区域划分，基本包含了这种思想的实质精神；进入21世纪，中国彻底摆脱了“贫困陷阱”，经济发展的基础更为坚实和强劲，前期被忽视的各地区均衡发展问题再次浮现在当局和学者面前，在界定不同区域的区位优势、自然条件和要素禀赋的基础上，开展地区经济不平等收敛及促进各地区经济均衡发展的战略布局与政策调整，最早提出的就是国务院发展研究中心的“八大经济区”划分思想，它既继承了以往经济区域划分的逻辑思维方式，又体现了新时期我国区域经济演化的特点，在传承与演化的平衡中，综合考虑数据的可获得性，是当前经济区域的适宜性划分方法，也有利于各项研究工作的开展，同期其他学者在研究中也提出了一些有益的思路。

综上所述，本书采用国务院发展研究中心在《地区协调发展的战略和政策》报告中提出的东北经济区（辽宁、吉林和黑龙江）、北部沿海经济区（北京、天津、河北、山东）、东部沿海经济区（上海、江苏、浙江）、南部沿海经济区（广东、福建、海南）、长江中游经济区（湖北、湖南、江西、安徽）、黄河中游经济区（内蒙古、陕西、山西、河南）、西南经济区（四川、重庆、云南、贵州、广西）、大西北经济区（青海、甘肃、宁夏、新疆、西藏）等八大经济区划分法，计算各地区加权的国民生产总值四个构成项目的份额占比，进行比较分析，研究劳动者报酬与其他构成项目间的关系，以及劳动者报酬占比的演化趋势。

数据源自《中国统计年鉴》、《中国国内生产总值核算历史资料（1952-2004)》等年鉴资料，其中1995年31个省份各分项数据源自《中国国内生产总值核算历史资料（1952-2004)》，1998~2012年数据采集自《中国统计年鉴（1999~2013)》，并剔除没有分项数据的2008年，得到1995年、1998~2007年、2009~2012年样本的各观察值。

依据采集到的31个省际的分项数据，以各省的人口比例为权重，本书分别计算八大经济区四个分项的加权平均数，得到八大经济区的劳动者报酬、固定资产折旧、生产者税净额和营业盈余的收入份额数据。具体计算公式如下：

设 ω_{ij} 为第i个经济区第j个省的权重，φ_{ij} 为第i个经济区第j个省的人口数，x_{ijn} 为第i个经济区第j个省的第n个分项的数据，m_j 为第i个经济区中省份总数，则有：

$$\omega_{ij} = \varphi_{ij} / \sum_{j=1}^{m_j} \varphi_{ij} \tag{4.1}$$

$$x_{in} = \sum_{j=1}^{m_j} \omega_{ij} x_{ijn} \tag{4.2}$$

（二）八大经济区的国家、企业和居民部门收入占国内生产总值份额的演变态势

本书依据 31 个省际资料，计算八大经济区的劳动者报酬等分项的加权数据，得到图 4–3。图 4–3 显示经济增长推升了八大经济区的居民劳动者报酬增长，分区域研究与全国研究结论保持一致性。其中 2004 年以后，北部沿海、东部沿海和南部沿海的人均劳动者报酬水平有明显提升，其他地区则在 2007 年后才有显现明显的上升趋势，由此可见，当经济发展达到一定阈值时，劳动者报酬自然会进入到一个较快的增长阶段。[①] 因此，打破劳动者报酬地区间不平等的最直接的措施是继续推进中国的改革开放，并不遗余力地把改革开放向大陆腹地推进。

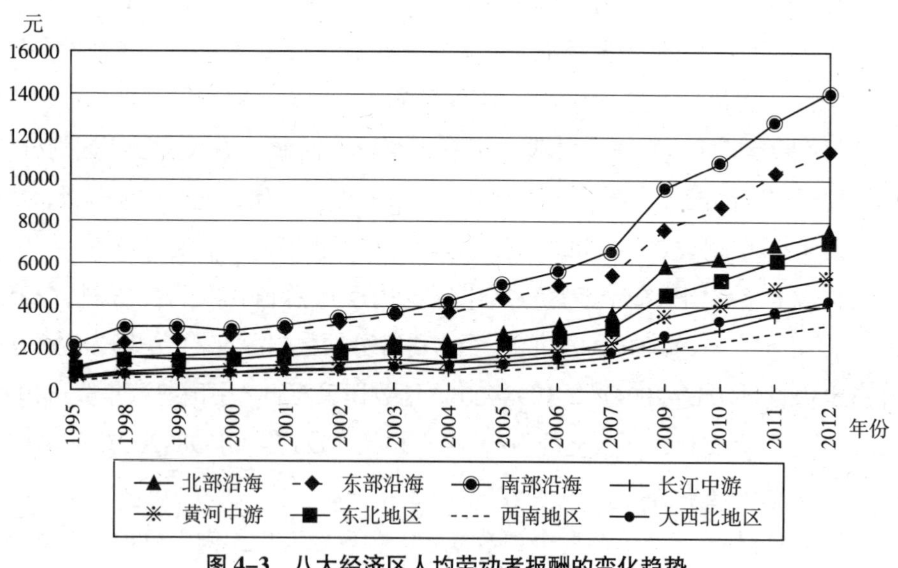

图 4–3　八大经济区人均劳动者报酬的变化趋势

根据八大经济区国民生产总值各分项的绝对数，本书计算它们各自的占比数

① 该假设可以用库兹涅茨倒 U 型理论和刘易斯的两部门经济理论进行解释。

据，得到表 4-6。仔细观察表 4-6 的数据，可以发现各地区 1995 ~2012 年的劳动者报酬占比呈现明显的下降趋势，且 2003 年后各地区劳动者报酬占比基本处于 0.5 以下，同时劳动者报酬与企业盈余存在着此消彼长的关系，劳动者报酬与生产者税净额的关系则难以判断，标准差数据揭示劳动者报酬和营业盈余的偏离度大于生产者税净额，也即居民部门和企业部门的收入分配份额波动较大，且该偏离度不存在发达地区与欠发达地区的差异。

（三）八大经济区的国家、企业和居民部门收入占国内生产总值份额的Person 相关分析

为了科学判别劳动者报酬、企业盈余、生产者税净额之间的占比关系，本书采用 Person 相关性分析做进一步研究，并把表 4-3 的全国分配关系的 Person 相关性分析数据加入到数据表中，得到表 4-7。

表 4-7 数据显示无论是全国平均值还是分八大经济区域的数据，劳动者报酬占比与营业盈余占比呈强负相关性，置信水平在 0.01 上呈显著相关；劳动者报酬占比与生产者税净额占比关系比较复杂，从全国数据看，生产者税净额占比在 0.05 的置信水平上与劳动者报酬占比显著相关，相关系数为-0.4，说明在初次分配中，国家对居民部门的收入份额具有影响力，从区域数据看，不同地区的表现是不一样的，东部（置信水平 0.01）、大西北（置信水平 0.01）和东北（置信水平 0.05）的劳动者报酬占比与生产者税净额占比呈显著负相关性，相关系数分别为-0.837、-0.607 和-0.572，黄河中游（置信水平 0.1）呈显著正相关性，相关系数为 0.438，其他地区相关性不显著，相关系数有正有负，由此可见，各地区税赋情况不一样①导致生产者税净额对劳动者报酬占比的挤压程度不一样，但是地区间差异并不能说明税收不存在刚性问题，需要进一步考察地区间差异存在的原因，综合各地区情况，一般而言，经济发达的地区（除东部沿海）不存在明显的国家挤占劳动者报酬的问题，经济欠发达地区该现象明显一些；固定资产折旧除东部沿海外，其他七个区域并不存在显著相关性，因此地区数据可以排除其挤占劳动者报酬的嫌疑。区域数据进一步揭示劳动者报酬占比下降（抑或被挤占）的主因是企业部门得到更多的份额，而政府部门是次因，并与区域经济发展水平有一定程度的关联。

① 中国分地税和国税两大类征收体系，税种和分成比例不一样，因此区域经济体有调节税收的能力和空间。

表 4-6 八大经济区按收入法国民生产总值各构成分项占比数据

区域	变量	1995 年	1998 年	1999 年	2000 年	2001 年	2002 年	2003 年	2004 年	2005 年	2006 年	2007 年	2009 年	2010 年	2011 年	2012 年	均值	标准差
北部沿海	劳动者报酬	0.492	0.479	0.486	0.492	0.492	0.485	0.476	0.372	0.372	0.359	0.362	0.477	0.441	0.423	0.425	0.442	0.053
	固定资产折旧	0.113	0.127	0.168	0.174	0.183	0.187	0.194	0.140	0.149	0.139	0.157	0.140	0.150	0.154	0.156	0.155	0.023
	生产者税净额	0.123	0.160	0.125	0.125	0.131	0.130	0.132	0.129	0.140	0.143	0.142	0.135	0.131	0.138	0.137	0.135	0.009
	营业盈余	0.271	0.233	0.221	0.208	0.194	0.199	0.198	0.359	0.338	0.358	0.339	0.248	0.278	0.284	0.282	0.267	0.059
东部沿海	劳动者报酬	0.452	0.445	0.478	0.485	0.483	0.475	0.471	0.399	0.402	0.402	0.378	0.421	0.405	0.414	0.422	0.435	0.036
	固定资产折旧	0.131	0.133	0.137	0.144	0.148	0.146	0.144	0.155	0.156	0.151	0.159	0.158	0.155	0.156	0.153	0.148	0.009
	生产者税净额	0.251	0.286	0.264	0.281	0.283	0.295	0.304	0.354	0.355	0.367	0.371	0.320	0.318	0.312	0.311	0.311	0.037
	营业盈余	0.304	0.294	0.259	0.235	0.232	0.238	0.241	0.305	0.300	0.299	0.322	0.287	0.311	0.301	0.294	0.281	0.031
南部沿海	劳动者报酬	0.498	0.513	0.514	0.481	0.467	0.477	0.455	0.400	0.400	0.392	0.391	0.460	0.451	0.461	0.481	0.456	0.042
	固定资产折旧	0.134	0.141	0.162	0.164	0.158	0.154	0.151	0.140	0.158	0.141	0.141	0.150	0.147	0.158	0.156	0.150	0.009
	生产者税净额	0.146	0.155	0.152	0.169	0.164	0.154	0.158	0.148	0.135	0.156	0.144	0.138	0.131	0.129	0.129	0.147	0.013
	营业盈余	0.222	0.191	0.172	0.186	0.211	0.215	0.237	0.311	0.307	0.311	0.323	0.252	0.272	0.253	0.234	0.246	0.049
长江中游	劳动者报酬	0.611	0.607	0.585	0.589	0.584	0.575	0.558	0.453	0.451	0.445	0.441	0.482	0.470	0.482	0.483	0.521	0.066
	固定资产折旧	0.116	0.120	0.150	0.155	0.153	0.156	0.160	0.130	0.142	0.137	0.143	0.152	0.153	0.150	0.150	0.144	0.013
	生产者税净额	0.115	0.141	0.134	0.138	0.137	0.139	0.146	0.131	0.136	0.136	0.135	0.136	0.120	0.121	0.122	0.132	0.009
	营业盈余	0.159	0.132	0.131	0.117	0.126	0.129	0.137	0.285	0.270	0.282	0.281	0.230	0.257	0.247	0.245	0.202	0.069
黄河中游	劳动者报酬	0.588	0.519	0.597	0.597	0.607	0.595	0.575	0.433	0.429	0.409	0.394	0.481	0.470	0.471	0.474	0.509	0.077
	固定资产折旧	0.117	0.106	0.138	0.139	0.143	0.142	0.144	0.125	0.126	0.126	0.138	0.163	0.140	0.138	0.158	0.136	0.015
	生产者税净额	0.116	0.133	0.125	0.131	0.130	0.124	0.132	0.122	0.126	0.120	0.119	0.113	0.124	0.122	0.118	0.124	0.006
	营业盈余	0.180	0.242	0.140	0.133	0.120	0.139	0.149	0.320	0.319	0.345	0.349	0.242	0.266	0.270	0.250	0.231	0.082
东北地区	劳动者报酬	0.491	0.513	0.497	0.460	0.475	0.481	0.481	0.413	0.413	0.405	0.393	0.453	0.438	0.423	0.433	0.451	0.037
	固定资产折旧	0.158	0.133	0.162	0.156	0.163	0.159	0.172	0.141	0.153	0.148	0.151	0.150	0.164	0.176	0.185	0.158	0.013
	生产者税净额	0.127	0.155	0.131	0.142	0.128	0.129	0.128	0.158	0.151	0.154	0.151	0.147	0.143	0.136	0.142	0.141	0.011
	营业盈余	0.223	0.199	0.210	0.242	0.235	0.231	0.218	0.288	0.283	0.293	0.305	0.249	0.255	0.265	0.240	0.249	0.032

续表

区域	变量	1995 年	1998 年	1999 年	2000 年	2001 年	2002 年	2003 年	2004 年	2005 年	2006 年	2007 年	2009 年	2010 年	2011 年	2012 年	均值	标准差
西南地区	劳动者报酬	0.575	0.562	0.580	0.560	0.575	0.567	0.557	0.481	0.471	0.454	0.458	0.508	0.497	0.483	0.480	0.521	0.048
	固定资产折旧	0.133	0.132	0.149	0.148	0.154	0.154	0.153	0.136	0.153	0.134	0.133	0.157	0.157	0.156	0.161	0.147	0.011
	生产者税净额	0.117	0.143	0.137	0.139	0.135	0.135	0.137	0.142	0.140	0.151	0.148	0.139	0.128	0.128	0.120	0.136	0.009
	营业盈余	0.178	0.163	0.134	0.152	0.135	0.143	0.153	0.241	0.235	0.261	0.261	0.197	0.218	0.232	0.240	0.196	0.047
大西北地区	劳动者报酬	0.528	0.547	0.546	0.548	0.546	0.525	0.510	0.487	0.428	0.456	0.442	0.511	0.521	0.485	0.498	0.505	0.039
	固定资产折旧	0.129	0.130	0.147	0.181	0.182	0.182	0.189	0.130	0.153	0.134	0.140	0.138	0.151	0.169	0.161	0.154	0.022
	生产者税净额	0.138	0.145	0.135	0.111	0.152	0.176	0.139	0.159	0.177	0.156	0.159	0.159	0.137	0.151	0.156	0.150	0.017
	营业盈余	0.205	0.178	0.171	0.159	0.121	0.116	0.162	0.224	0.243	0.253	0.259	0.192	0.191	0.194	0.185	0.190	0.043

资料来源：国家统计局，经笔者计算所得。

表 4-7 劳动者报酬与其他构成分项 Person 相关系数

		生产者税净额	固定资产折旧	营业盈余
全国	劳动者报酬	-0.400**	-0.327*	-0.847***
北部沿海	劳动者报酬	-0.345	0.276	-0.935***
东部沿海	劳动者报酬	-0.837***	-0.689***	-0.901***
南部沿海	劳动者报酬	0.176	0.277	-0.949***
长江中游	劳动者报酬	0.183	-0.096	-0.965***
黄河中游	劳动者报酬	0.438*	0.064	-0.986***
东北地区	劳动者报酬	-0.572**	-0.028	-0.965***
西南地区	劳动者报酬	-0.271	0.044	-0.971***
大西北地区	劳动者报酬	-0.607***	0.260	-0.810***

注：* 表示在 0.1 水平（单侧）上显著相关；** 表示在 0.05 水平（单侧）上显著相关；*** 表示在 0.01 水平（单侧）上显著相关。

三、研究小结

通过全国数据分析，本书得到一些基本的结论。从全国数据看，首先，虽然经济增长的不同阶段对劳动者报酬数量增长的牵引力是有差异的，但是经济增长对促进劳动者报酬增长的作用是明显的，尤其经济增长到一定阈值后，靠经济体系内生动力，可以在宏观层面推升居民部门收入较快增长；其次，从国际比较的结果看，我国劳动者报酬占比处于相对低位的水平，居民部门未得到合理的报酬；再次，从横向对比的结果看，劳动者报酬的多寡与营业盈余、生产者税净额呈现显著的相关性，企业部门占比过大是影响劳动者报酬占比向低水平收敛的主因，而国家因权力占优间接影响劳动者报酬占比，成为次要影响因素；最后，固定资产折旧占比与劳动者报酬占比相关性仅在 0.1 水平上显著，属于弱相关性，因此本书认为其挤占劳动者报酬的影响力微弱。

区域数据分析不仅证实了全国数据得到的结论，还得到几个具有差异性的结论：①生产者税净额占比与劳动者报酬占比的关系存在着负相关、正相关和不具显著性相关的三种情况，经济发展水平可能是影响该现象的主因。②固定资产折旧仅有东部沿海存在两者相关性，其他地区均不存在相关性，也即可以排除固定资产折旧的挤占嫌疑。

虽然区域经济发展水平决定了劳动者报酬的总量，但是其与劳动者报酬占比高低无关，因此，在总量上需要政府继续推进改革开放，并向大陆腹地延伸，在占比上则要在改革开放中处理好国家、企业和居民部门的分配关系，也即在经济

发展中重新审视和调节劳动者报酬的数量增长和分配公平问题。

至此，本书明确了劳动者报酬是否合理、有没有被挤占、谁是挤占的主因等问题，也指明了经济发展与劳动者报酬数量增长的关系。

收入是财产性收入的源头，而劳动者报酬的总量变化趋势和占比高低基本框定了居民收入水平。本书认为促增财产性收入，以及在数量增长中舒缓财产性收入不平等的前提是劳动者报酬分配地位改善及其数量上的增长，为此，加快经济发展、推动改革开放向内陆地区延伸、改变初次分配政策等措施均能通过提升劳动者报酬数量增长和改善占比不合理的问题，从源头上消除了财产性收入不平等形成的原因。

第二节 我国居民财产分布概况

收入是财产性收入的源头活水，财产则是财产性收入的基础，当居民获得当期的流量财富——收入后，如果全部用于消费，则不会形成流量财富的沉积，即转化成存量财富——财产。一般而言，居民基于各种因素考量，以及对终生收入的判断，会把当期收入的一部分用于消费，另一部分则以存储或者投资形式转化为存量财富，转化的比率与其边际消费倾向大小有关，也即依据居民的节俭程度、推迟消费的意愿和时间跨度，经过一段时间的积累，就拥有了一定数量的财产。由于居民间收入水平、消费边际倾向是不同的，由此形成财产水平具有差异性，尤其随着经济社会发展水平进一步提升，居民间的财产分布差异将持续加大，扩大了居民财产分布的不平等程度。由于财产性收入是居民管理财产的结果，财产性收入水平高低与居民财产多寡有直接关系，为此，分析财产分布差异对居民财产性收入及不平等研究有重要意义。

一、数据来源

城镇居民财产的原始数据来源历年《中国统计年鉴》、《新中国60年统计资料汇编》和《中国金融年鉴（2012）》。目前，学界关于城镇居民总资产构成分类无统一标准，无论是民间研究机构还是国家统计局的相关数据，均存在部分财产类型的数据难以分解或者难以获取的难题。本书在参考了学者们使用的总财产构成变量[①]的基础上，把城镇居民总财产构成分为金融资产、住房、家庭耐用消费品、交通与信息工具和其他资产等类型。[②]其中金融资产数据为《中国金融年鉴》公布的城镇居民年末储蓄额，根据有关研究，我国居民储蓄额占金融资产总值的7~8成，相关数据可以在统计年鉴中获得，而证券资产仅占1成不到，统计资料统计的我国年末证券价值不区分城乡居民两部分，[③]是全国的统一数据，本书在财产分布研究中将重点考察城乡间的财产分布差，故本书从金融资产中剔除了证券资产的价值，以居民储蓄额替代金融资产总值；住房价值采用统计年鉴提供的年末人均住房面积和当年房产市场交易价值，经计算得到城镇居民人均住房总值；家庭耐用消费品数据直接采用统计年鉴当年城镇家庭平均每人全年现金消费支出中“耐用消费品”项目的数值；交通与信息工具数据采集自统计年鉴消费者支出中的数据，个别年份也遇到交通和信息工具数据和其他费用数据混合在一起的问题，本书以该混合数据替代交通与信息工具数据，存在着高估现象，但是其占城镇家庭财产总值的比例很小，因此对城镇居民财产总值影响程度非常低；其他财产主要指城镇居民的居住消费支出，包含与住房相关的装饰、水、电、煤气费用等支出，该数据历年均为混合数据，也因其占城镇居民总财产的比例很小，本书以混合数据替代其他财产数值。

农村居民财产的原始数据来源历年《中国统计年鉴》和《中国金融年鉴(2012)》，总资产由人均储蓄额、生产性固定资产、房产、耐用消费品、交通与通信等部分构成，同样在金融资产中剔除了证券价值，生产性固定资产数据直接采集自统计年鉴，其他资产的处理方法和城镇居民的相同。

二、城乡居民财产分布概况

依据国家统计局和人民银行公布的数据，本书分别对城镇和农村居民的财产分布及其趋势进行分析。

---

① 主要参考李实、罗楚亮、赵人伟、梁运文和陈彦斌等学者的关于总财产构成的分类。

② 本书的其他资产主要指统计年鉴中的居住消费支出，包括住房租金和住房装饰支出，因统计年鉴把两者分开，故本书把住房开支作为住房装饰的价值，成为类似耐用消费品性质的财产之一。

③ 其实证券开户不统计开户者的城乡差别，如果把其全部归入城镇居民，则人为加大城乡居民证券资产的差异，扩大财产分布的差异。

（一）城镇居民历年人均财产总值变化趋势与构成要素占比分析

表 4-8 为我国城镇居民是历年财产构成与占比的数据，其中城镇居民人均储蓄数据源自《中国金融年鉴（2012）》，2012 年城镇居民人均储蓄数据缺失，但是《中国统计年鉴》公布了 2012 年城乡居民年末储蓄额，本书先计算 2012 年城乡居民年末储蓄额的增长率，然后用 2011 年城镇居民年末储蓄余额乘以 2012 城乡居民年末储蓄额的增长率，得到 2012 年城镇居民年末储蓄余额的估计值；其他财产和交通与通信工具直接采集自历年《中国统计年鉴》；耐用消费品存在两个缺失值，因 1992 年前后年份的国家统计局统计口径不一致，1985 年、1990 年《中国统计年鉴》未直接给出耐用消费品支出的金额，只是给出耐用消费品种类数量，因此这两年的数据做省缺处理；房屋价值计量上，2002 年后的城镇人均住房面积源自《中国统计年鉴》，1985~2001 年数据源自《新中国 60 年统计资料汇编》，1985 年统计资料未公布当年的商品房单价，本书以当年竣工住宅造价替代商品房单价，经计算得到城镇居民人均住房价值。

从表 4-8 的数据看，我国 1985 年城镇居民财产总值数量很少，仅有 2065.36 元，随着经济的持续发展，我国城镇居民财产出现翻天覆地的变化，2012 年人均储蓄额、其他财产、耐用消费品、交通与通信、住房和财产总值分别比 1985 年增长了 160.84 倍、57.54 倍、1.46 倍、291.32 倍、106.46 倍和 114.49 倍。其中人均储蓄额、交通与通信和住房等增幅最大，交通与通信增幅大和基数有关，1985 年为 8.40 元，2012 年为 2455.47 元，增长了 291.32 倍，成为增幅最大的项目；2012 年末的人均储蓄额为 44586.29 元，比 1985 年增长了 160.84 倍；住房价值为 190581.35 元，比 1985 年增长了 106.46 倍。可见城镇居民的主要财产增速非常快。从总财产构成比例看，2012 年城镇居民人均储蓄额占总财产的 18.69%，住房占总财产的 79.9%，两项合计为 98.59%，成为城镇居民总财产的主要构成部分。

（二）农村居民历年人均财产总值变化趋势与构成要素占比分析

表 4-9 是农村居民财产分布数据，农村居民人均储蓄额数据源自《中国金融年鉴（2012）》，2012 年数据处理方法和城镇居民相同；农村居民生产性固定资产 1990~2012 年采集自历年《中国统计年鉴》，其中 1985 年未公布农村居民人均生产性固定资产，本书以当年公布的全国农村生产性资料支出值除以当年农村人口总数，得到当年人均生产性固定资产数据；耐用消费品、交通与通信等数据来自统计年鉴农村居民消费支出的数据表，1985 年和 1990 年数据未公布，本书采

表 4-8 城镇居民财产构成及其占比数据

单位：元

年份	人均储蓄额	占比（%）	其他财产	占比（%）	耐用消费品	占比（%）	交通与通信工具	占比（%）	住房	占比（%）	财产总值
1985	275.50	13.34	7.92	0.38	0.00	0.00	8.40	0.41	1773.54	85.87	2065.36
1990	922.80	8.74	29.28	0.28	0.00	0.00	13.52	0.13	9595.95	90.86	10561.55
1995	6666.70	20.18	103.62	0.31	175.55	0.53	171.01	0.52	25917.39	78.46	33034.27
1998	11336.80	22.47	172.96	0.34	201.27	0.40	257.15	0.51	38495.58	76.28	50463.76
1999	12446.50	23.46	195.90	0.37	231.25	0.44	310.55	0.59	39869.26	75.15	53053.46
2000	11337.80	20.63	201.59	0.37	259.10	0.47	395.01	0.72	42768.00	77.81	54961.50
2001	12471.10	21.31	216.98	0.37	250.55	0.43	457.02	0.78	45136.00	77.11	58531.65
2002	14244.00	20.22	242.60	0.34	205.10	0.29	626.00	0.89	55125.00	78.26	70442.70
2003	11110.49	15.43	256.50	0.36	213.60	0.30	721.10	1.00	59682.70	82.91	71984.39
2004	18193.23	19.60	247.90	0.27	198.80	0.21	843.60	0.91	73339.20	79.01	92822.73
2005	20719.68	18.80	249.30	0.23	213.20	0.19	996.70	0.90	88060.86	79.88	110239.74
2006	18016.58	15.58	285.10	0.25	233.90	0.20	1147.10	0.99	95953.45	82.98	115636.13
2007	23482.14	16.57	302.20	0.21	285.50	0.20	1357.40	0.96	116303.50	82.06	141730.74
2008	28996.15	19.68	345.10	0.23	309.30	0.21	1417.10	0.96	116280.00	78.92	147347.65
2009	34002.26	18.58	397.00	0.22	359.00	0.20	1682.60	0.92	146515.30	80.08	182956.16
2010	45609.40	21.99	421.20	0.20	394.60	0.19	1983.70	0.96	159011.20	76.66	207420.10
2011	38347.20	17.73	451.30	0.21	423.80	0.20	2149.70	0.99	174909.31	80.87	216281.31
2012	44586.29	18.69	463.64	0.19	431.52	0.18	2455.47	1.03	190581.35	79.90	238518.27

资料来源：国家统计局。

表 4-9 农村居民财产构成及其占比数据

单位：元

年份	人均储蓄额	占比（%）	生产性固定资产	占比（%）	耐用消费品	占比（%）	交通与通信工具	占比（%）	住房	占比（%）	财产总值
1985	84.80	12.81	154.79	23.39	36.03	5.44	0.00	0.00	386.17	58.35	661.79
1990	322.50	22.34	262.10	18.16	63.83	4.42	0.00	0.00	795.22	55.08	1443.64
1995	720.40	20.14	619.26	17.31	68.48	1.91	33.76	0.94	2135.46	59.69	3577.35
1998	1201.50	16.56	923.44	12.72	81.92	1.13	60.68	0.84	4989.51	68.75	7257.05
1999	1289.00	19.54	951.88	14.43	82.27	1.25	68.73	1.04	4203.91	63.74	6595.78
2000	1530.30	20.50	1113.57	14.92	75.45	1.01	93.13	1.25	4651.50	62.32	7463.94
2001	1737.20	21.32	1176.82	14.44	76.98	0.94	109.98	1.35	5046.52	61.94	8147.50
2002	1967.50	22.30	1264.24	14.33	80.35	0.91	128.53	1.46	5380.70	61.00	8821.32
2003	2363.81	23.92	1362.52	13.79	81.65	0.83	162.53	1.64	5913.00	59.83	9883.51
2004	2743.22	25.42	1459.85	13.53	89.23	0.83	192.63	1.78	6307.95	58.45	10792.88
2005	3298.44	24.69	1758.12	13.16	110.92	0.83	244.98	1.83	7947.76	59.49	13360.23
2006	3908.43	26.00	1888.17	12.56	126.56	0.84	288.76	1.92	8820.11	58.68	15032.03
2007	4539.87	26.68	2081.85	12.23	149.13	0.88	328.40	1.93	9919.18	58.28	17018.42
2008	5808.42	29.96	2256.00	11.64	173.98	0.90	360.18	1.86	10790.35	55.65	19388.93
2009	6911.31	31.29	2505.17	11.34	204.81	0.93	402.91	1.82	12066.97	54.62	22091.17
2010	8765.58	34.35	2707.21	10.61	234.06	0.92	461.10	1.81	13349.89	52.32	25517.84
2011	10764.11	27.28	4126.38	10.46	308.88	0.78	547.03	1.39	23717.26	60.10	39463.66
2012	12515.43	28.99	4373.53	10.13	341.71	0.79	652.79	1.51	25288.97	58.58	43172.43

资料来源：国家统计局。

用统计年鉴的“用品和其他”项目数值替代这两项数据，并只列入耐用消费品项目中，交通与通信项目做0值处理；农村居民房产价值等于人均居住面积乘以当年农村住房单价，人均住房面积和住房单价来源于《中国统计年鉴》，1998年、1999年的农村住房单价缺失，本书依据统计年鉴的固定资产投资资料，经计算获得。

表4-9数据显示农村居民的财产也随经济发展而快速增加，2012年人均储蓄额、生产性固定资产、耐用消费品、交通与通信、住房和财产总值分别比1985年增加了147倍、27倍、64倍、8.5倍、18倍和64倍，其中农村居民人均储蓄额和住房价值是增长最快的分项。从总财产构成比例看，2012年城农村民人均储蓄额占总财产的28.99%，住房占总财产的58.58%，两项合计为87.57%，如再加上生产性固定资产的10.13%，三项合计为97.70%，成为农村居民总财产的主要构成。农村居民财产变化上有一个值得注意的地方，即农村居民的耐用消费品增长了8.5倍，相比城镇居民的1.46倍，增长速度显著，说明在农村，还是存在大量的特贫阶层，耐用消费品依然是这部分农村居民的主要财产之一，贫困在我国依然存在，且在农村具有一定的覆盖面。

通过对农村居民财产的绝对值和相对数分析，本书认为农村居民的财产构成主要是储蓄、生产性固定资产和住房三大类，农村人均储蓄额占比较大与农村居民进城务工有着密切联系，也是农村居民分享工业化成果的一个重要体现；历年生产性固定资产处于明显下降趋势，说明受到工业化进程的影响，农村居民务农积极性受挫，以及我国农业生产组织方式未向农业现代化转变，本书预计生产性固定资产占比今后仍将继续下降；住房依然是农村居民的首要财产，只是其金额在2012年仅为25288.97元，相比城镇居民的190581.35元，差距过大，说明农村土地与住房市场未得到有效开放，城乡要素价格不一致是导致城乡居民住房价值差距的首要因素。耐用消费品和交通与通信的增幅还是比较明显的，但是随着我国工业化进程的进一步推进，其也将和城镇居民一样，耐用消费品和交通与通信将逐步转化为生活必需品，对总财产的贡献度也将下降。

（三）城乡居民财产差距分析

由于历史原因和二元经济的必然结果，城乡间财产分布呈现巨大差距，本书为探究城乡居民的财产差异程度，利用城镇和农村的财产分布数据，对城乡间居民财产差距进行分析，考虑到城乡居民的主要财产是住房和储蓄，故本书采用人

均住房价值、储蓄额和财产总值等指标进行城乡居民财产分布差异分析。

表 4–10 数据显示我国改革开放初期城乡居民的财产数量并不多，1990 年之前在万元以内，1990 年后我国经济和居民劳动者报酬出现第一次跃升（见图 4–1），城乡居民总财产差距迅速拉大，1990 年差距为 9117.91 元，2012 年达到 195345.84 元，是 1990 年的 21.42 倍。从分项数据看，1990 年住房和人均储蓄额的差距也不大，分别为 8800.73 元和 600.30 元，1990 年后城乡间居民住房和人均储蓄额的差距快速拉开，2012 年达到 165292.38 元和 32070.86 元，分别是 1990 年的 18.78 倍和 53.42 倍，可见我国城乡间居民财产分布差距大，并呈现持续扩大态势，农村居民的财产一直处于劣势状态。

表 4–10　城乡居民人均住房价值、储蓄额和财产总值的差距

单位：元

年份	人均住房价值			人均储蓄额			人均财产总值		
	城镇	农村	差距	城镇	农村	差距	城镇	农村	差距
1985	1773.54	386.17	1387.37	275.50	84.80	190.70	2065.36	661.79	1403.57
1990	9595.95	795.22	8800.73	922.80	322.50	600.30	10561.55	1443.64	9117.91
1995	25917.39	2135.46	23781.93	6666.70	720.40	5946.30	33034.27	3577.35	29456.92
1998	38495.58	4989.51	33506.07	11336.80	1201.50	10135.30	50463.76	7257.05	43206.71
1999	39869.26	4203.91	35665.36	12446.50	1289.00	11157.50	53053.46	6595.78	46457.68
2000	42768.00	4651.50	38116.50	11337.80	1530.30	9807.50	54961.50	7463.94	47497.56
2001	45136.00	5046.52	40089.48	12471.10	1737.20	10733.90	58531.65	8147.50	50384.15
2002	55125.00	5380.70	49744.30	14244.00	1967.50	12276.50	70442.70	8821.32	61621.38
2003	59682.70	5913.00	53769.70	11110.49	2363.81	8746.68	71984.39	9883.51	62100.88
2004	73339.20	6307.95	67031.25	18193.23	2743.22	15450.01	92822.73	10792.88	82029.85
2005	88060.86	7947.76	80113.10	20719.68	3298.44	17421.24	110239.74	13360.23	96879.51
2006	95953.45	8820.11	87133.34	18016.58	3908.43	14108.15	115636.13	15032.03	100604.10
2007	116303.50	9919.18	106384.33	23482.14	4539.87	18942.27	141730.74	17018.42	124712.32
2008	116280.00	10790.35	105489.65	28996.15	5808.42	23187.73	147347.65	19388.93	127958.72
2009	146515.30	12066.97	134448.33	34002.26	6911.31	27090.95	182956.16	22091.17	160864.99
2010	159011.20	13349.89	145661.31	45609.40	8765.58	36843.82	207420.10	25517.84	181902.26
2011	174909.31	23717.26	151192.05	38347.20	10764.11	27583.09	216281.31	39463.66	176817.65
2012	190581.35	25288.97	165292.38	44586.29	12515.43	32070.86	238518.27	43172.43	195345.84

资料来源：《中国统计年鉴》、《中国金融年鉴》，经笔者计算所得。

为进一步验证城乡居民财产差距，本书引用行业收入差距分析中常用的方法：差距倍数，绘制了图 4–4。

图 4–4 体现几个显著的城乡间财产差距特征：①改革开放以来，城乡间居民总财产差距快速扩大，1995 年后收敛在 8 倍左右水平。②1998 年后的住房价值差距一直呈现持续扩大趋势。③1999 年前的城乡居民人均储蓄额差距缺口大，2000 年开始持续下降，2011 年后下降到 4 倍以下。④人均住房价值差距是促增人均财产总值差距的主因，人均储蓄额差距是促减人均财产总值差距的主因。⑤2011~2012 年的人均住房价值和人均财产总值差距开始出现下降趋势。

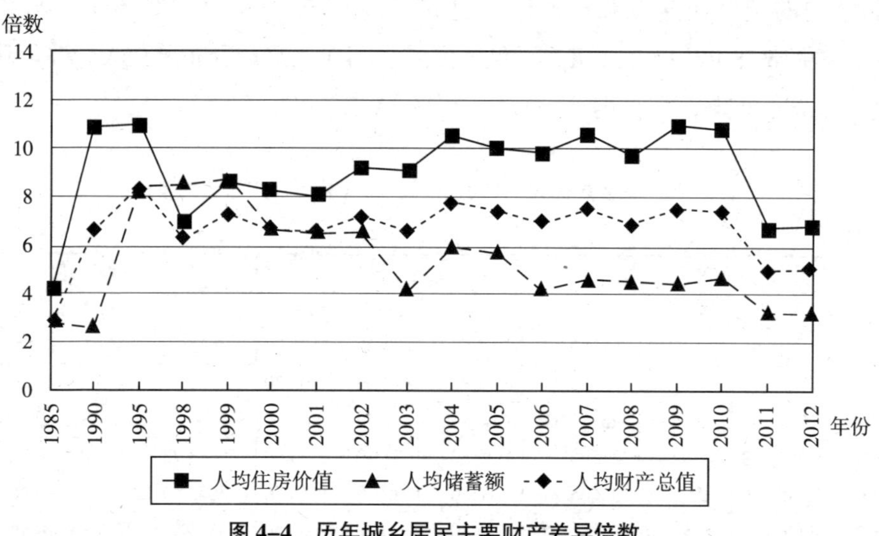

图 4–4　历年城乡居民主要财产差异倍数

三、研究小结

综上所述，我们可以得到以下基本结论：

（1）住房和储蓄是城乡居民财产的主要分布形式。2012 年城镇居民住房和储蓄两项合计占总财产的 98.59%，农村居民占到 87.57%。

（2）住房价值差距是城乡居民总财产差距的主要贡献源。无论从倍数还是绝对值看，住房价值差距促增了总财产差距。

（3）农村居民财产处于显著的劣势状态。储蓄差距虽然持续下降，但是 2012 年依然有 4 倍左右，城乡居民住房差距多数年份维系在 10~12 倍区间内，2011~2012 年维持在 7~8 倍区间内，由此可见，农村居民财产一直处于劣势状态，目前也未出现显著的改善趋势。

（4）城乡居民财产差距是不是开始下降，还有待继续观察。2011~2012 年的

人均住房价值、人均储蓄额和人均财产总值差距开始下降，这与当前我国启动城乡一体化政策有必然联系，但是能不能真正出现持续下降的态势，还有待观察，我们对此持谨慎态度。

（5）我国居民财产性收入主要来源于房地产和金融领域。财产是财产性收入的基础，居民通过让渡财产权和出售财产获得溢价获得财产性收入，我国居民财产主要分布在住房和储蓄上，因此，居民财产性收入就基本框定在房地产和金融等领域。

第三节 我国居民财产性收入概况

本节采用按收入分组和按地区分组两个维度，对我国居民财产性收入水平、变化趋势和财产性收入占比等问题展开分析，厘清我国居民财产性收入的基本概况。数据来源《中国统计年鉴（1999~2013）》、《中国城市（镇）生活与价格年鉴（2006~2012）》、《中国价格及城市居民家庭收支调查统计年鉴（2000~2005）》、《中国物价及城镇居民家庭收支调查统计年鉴（1996）》，城镇居民采用总收入、工资性收入、财产性收入、经营性收入和转移性收入等变量指标，农村居民采用人均纯收入、工资性收入、家庭经营纯收入、财产性收入和转移性收入等变量指标。

一、按收入分组的我国居民财产性收入概况

根据国家统计局的分组标准，城镇居民分成最低收入户（10%）、低收入户（10%）、中等偏下户（20%）、中等收入户（20%）、中等偏上户（20%）、高收入户（10%）、最高收入户（10%）等七等份。农村居民分成低收入户（20%）、中等偏下户（20%）、中等收入户（20%）、中等偏上户（20%）、高收入户（20%）等五等份。根据数据来源情况和统计口径的变化，城镇居民数据的时间跨度为1995~2011年，农村居民为2003~2012年。

（一）按收入分组的我国城镇居民财产性收入概况

表4-11为历年城镇居民收入构成。从绝对值看，城镇居民财产性收入水平是偏低的，截至2011年，最高收入组群的财产性收入为3462.37元，仅占当年

其总收入 64460.67 元的 5.37%，其他组群的情况基本相似，这说明了当前我国城镇居民的财产性收入并未成为城镇居民收入的主要构成分项；从未来发展趋势看，城镇居民财产性收入增幅大，处于快速增长阶段，1995~2011 年，基于基期（以 1995 年为基期）的城镇居民七个组群的财产性收入增幅均超过 300%，年均增长均超过 27%，且城镇居民财产性收入基比增长率远远超过其他收入分项，由此可见，财产性收入在今后收入分配格局改革中的重要意义及其未来对总收入的贡献度不能被小觑。然而，更应注意的问题是财产性收入增长过程中出现的愈演愈烈的不平等现象，从表 4–11 看，城镇居民财产性收入水平是偏低的，2011 年城镇居民最高收入组群的财产性收入仅占其总收入的 5.37%，但是城镇居民财产性收入不平等程度已经非常严重，城镇居民不同收入组群的财产性收入增长率存在巨大差异，最高收入组与最低收入组 1995 ~2011 年的财产性收入增长倍数、增长率、年均增长率的倍数分别为 2.23、2.59、2.59，不同组群的增速差异和财产分布差异直接导致城镇居民财产性收入的差距越拉越大，从总收入来源构成分项的横向对比看，财产性收入最高收入组群与最低收入组群的倍数远远超过其他收入来源，是总收入来源构成分项中最不平等的组成部分，只是因为居民财产性收入处于起步阶段，其影响力未能充分体现。因此，数量上呈现持续快速增长和不平等程度持续扩大的城镇居民财产性收入是总收入来源构成分项中最有影响潜力的子项，在未来的某一时点，财产性收入数量突破某一阈值后，如果其不平等程度不能被有效收敛，占据收入分配格局主要位置的财产性收入必将扩大我国居民的贫富鸿沟。

图 4–5 是城镇居民财产性收入绝对值变化趋势，“富者恒富，穷者恒穷”在图 4–5 中表现得淋漓尽致，最高收入组群的财产性收入发展趋势表现极为强劲，份额几乎占据半壁江山，而三个较低收入组群的居民所获得的财产性收入合计数也不及最高组群的 1/10，甚至更少。可以预见，按目前财产性收入的分配格局，未来不同组群间财产性收入差距将会越拉越大，尤其是随着经济发展，绝对贫困将淡出视野，相对贫困所引发的不平等骚动将呈现在国家事务管理者面前。[①]

① 中国目前依然还存在绝对贫困的问题，因此进一步发展经济是必需的，也即效率依然是关注的重点。

表 4-11 历年城镇居民收入及构成数据

单位：元

年份	指标	最低收入户	低收入户	中等偏下户	中等收入户	中等偏上户	高收入户	最高收入户	最高组群/最低组群
1995	家庭总收入	2177.20	2778.49	3363.67	4073.88	4958.42	6036.43	8231.31	3.78
	工资性收入	1655.32	2164.41	2716.94	3360.22	4013.78	4821.69	5890.70	3.56
	家庭经营纯收入	52.79	62.54	54.62	57.65	82.64	108.94	178.98	3.39
	财产性收入	23.18	32.88	42.15	57.74	95.97	98.02	353.61	15.25
	转移性收入	446.43	518.66	549.96	598.28	766.02	1007.78	1808.01	4.05
2000	家庭总收入	2678.32	3658.53	4651.72	5930.82	7524.98	9484.67	13390.49	5.00
	工资性收入	1839.81	2571.64	3286.94	4335.70	5496.09	6824.31	8748.89	4.76
	家庭经营纯收入	185.01	237.92	223.11	210.79	238.54	251.73	562.94	3.04
	财产性收入	52.47	64.58	82.82	107.20	143.27	185.50	378.11	7.21
	转移性收入	601.05	784.39	1058.85	1277.12	1647.07	2223.14	3700.73	6.16
2001	家庭总收入	2834.70	3888.13	4983.50	6406.16	8213.66	10441.61	15219.98	5.37
	工资性收入	1882.74	2674.66	3487.48	4583.49	5967.59	7439.91	9831.37	5.22
	家庭经营纯收入	222.61	239.36	263.46	249.35	252.01	289.11	561.81	2.52
	财产性收入	54.38	68.50	96.00	117.76	150.43	201.55	350.30	6.44
	转移性收入	674.96	905.61	1136.56	1453.55	1843.64	2511.04	4476.51	6.63
2002	家庭总收入	2527.68	3833.01	5209.18	7061.37	9437.99	12555.07	20208.43	7.99
	工资性收入	1642.06	2644.30	3758.89	5162.40	6772.64	8727.13	13557.84	8.26
	家庭经营纯收入	261.87	302.58	270.19	279.98	266.87	344.69	776.79	2.97
	财产性收入	26.02	31.22	48.32	68.31	86.91	138.42	425.44	16.35
	转移性收入	597.73	854.91	1131.78	1550.68	2311.58	3344.82	5448.37	9.12

续表

年份	指标	最低收入户	低收入户	中等偏下户	中等收入户	中等偏上户	高收入户	最高收入户	最高组群/最低组群
2003	家庭总收入	2762.43	4209.16	5705.67	7753.86	10463.66	14076.07	23483.95	8.50
	工资性收入	1768.14	2913.14	4060.07	5684.84	7553.70	9795.67	16272.22	9.20
	家庭经营纯收入	316.69	324.83	373.79	320.58	347.37	450.19	1017.82	3.21
	财产性收入	27.10	36.25	72.03	75.50	115.28	212.10	632.98	23.36
	转移性收入	650.50	934.93	1417.99	1672.94	2447.30	3618.08	5560.93	8.55
2004	家庭总收入	3084.83	4697.62	6423.89	8746.65	11870.79	16156.02	27506.23	8.92
	工资性收入	1946.41	3239.22	4560.55	6375.79	8450.05	11441.10	19114.53	9.82
	家庭经营纯收入	350.96	366.79	373.79	364.12	464.35	544.81	1422.67	4.05
	财产性收入	33.33	39.34	72.03	101.26	140.00	247.76	775.23	23.26
	转移性收入	754.13	934.93	1417.99	1905.48	2816.40	3922.36	6193.80	8.21
2005	家庭总收入	3377.68	5202.12	7177.05	9886.96	13596.66	18687.74	31237.52	9.25
	工资性收入	2066.49	3475.95	4960.55	6961.71	9462.00	12826.09	21427.02	10.37
	家庭经营纯收入	405.02	435.64	475.75	539.60	628.84	852.18	2149.30	5.31
	财产性收入	32.47	54.00	83.79	112.37	178.41	340.27	937.09	28.86
	转移性收入	873.70	1236.53	1656.96	2273.27	3327.41	4669.20	6724.11	7.70
2006	家庭总收入	3871.37	5946.10	8103.73	11052.05	15199.70	20699.63	34834.39	9.00
	工资性收入	2434.11	4040.28	5669.97	7744.63	10579.93	14207.10	23724.14	9.75
	家庭经营纯收入	441.39	546.58	532.86	609.86	719.67	1056.18	2726.40	6.18
	财产性收入	35.29	57.89	88.77	123.14	233.24	409.62	1279.28	36.25
	转移性收入	960.59	1301.35	1812.12	2574.42	3666.86	5026.73	7104.57	7.40
2007	家庭总收入	4604.09	6992.55	9568.02	12978.61	17684.55	24106.62	40019.22	8.69
	工资性收入	2981.82	4807.36	6622.03	9082.90	12232.34	16552.82	26979.75	9.05
	家庭经营纯收入	510.96	589.33	656.81	719.35	837.98	1236.30	3020.55	5.91
	财产性收入	53.56	73.95	109.31	173.87	312.21	544.86	1911.30	35.69
	转移性收入	1057.73	1521.91	2179.86	3002.49	4302.02	5772.65	8107.62	7.67

续表

年份	指标	最低收入户	低收入户	中等偏下户	中等收入户	中等偏上户	高收入户	最高收入户	最高组群/最低组群
2008	家庭总收入	5203.83	7916.53	10974.63	15054.73	20784.19	28518.85	47422.40	9.11
	工资性收入	3361.62	5175.38	7427.34	10097.99	13717.52	19153.53	30638.65	9.11
	家庭经营纯收入	520.94	762.91	881.78	1067.63	1495.65	1972.55	5587.65	10.73
	财产性收入	57.60	79.98	138.87	218.09	373.16	711.84	2059.22	35.75
	转移性收入	1263.66	1899.26	2526.63	3671.02	5197.87	6680.93	9136.87	7.23
2009	家庭总收入	5950.68	8956.81	12345.17	16858.36	23050.81	31171.69	51349.57	8.63
	工资性收入	3864.73	5822.01	8333.34	11288.45	15271.69	20351.80	32539.08	8.42
	家庭经营纯收入	633.99	802.13	972.42	1109.19	1531.73	2299.93	5521.99	8.71
	财产性收入	63.49	102.94	161.84	239.83	399.82	775.20	2321.94	36.57
	转移性收入	1388.47	2229.72	2877.56	4220.89	5847.53	7744.76	10966.56	7.90
2010	家庭总收入	6703.70	10247.04	13970.99	18920.72	25497.81	34254.64	56435.17	8.42
	工资性收入	4319.69	6886.72	9350.23	12563.32	16709.65	22296.60	35197.89	8.15
	家庭经营纯收入	729.23	877.94	1037.71	1209.79	1760.16	2562.41	6247.31	8.57
	财产性收入	82.77	114.45	156.85	290.74	530.55	944.70	2736.59	33.06
	转移性收入	1572.02	2368.01	3426.21	4856.87	6497.44	8450.93	12253.38	7.79
2011	家庭总收入	7819.44	11751.28	15880.67	21439.70	29058.92	39215.49	64460.67	8.24
	工资性收入	5006.92	7881.69	10364.65	14059.51	18747.11	25126.10	39817.11	7.95
	家庭经营纯收入	812.20	1148.82	1426.85	1614.53	2149.18	3169.82	8324.55	10.25
	财产性收入	101.78	142.79	207.53	375.95	651.99	1125.24	3462.37	34.02
	转移性收入	1898.54	2577.98	3881.64	5389.71	7510.63	9794.33	12856.63	6.77
财产性收入增长倍数	2011 年/1995 年	4.39	4.34	4.92	6.51	6.79	11.48	9.79	2.23
财产性收入增长比率（%）	（2011~1995 年）/1995 年	339.09	334.28	392.36	551.11	579.37	1047.97	879.15	2.59
年均增长比率（%）		28.26	27.86	32.70	45.93	48.28	87.33	73.26	2.59

资料来源：国家统计局，经笔者计算所得。

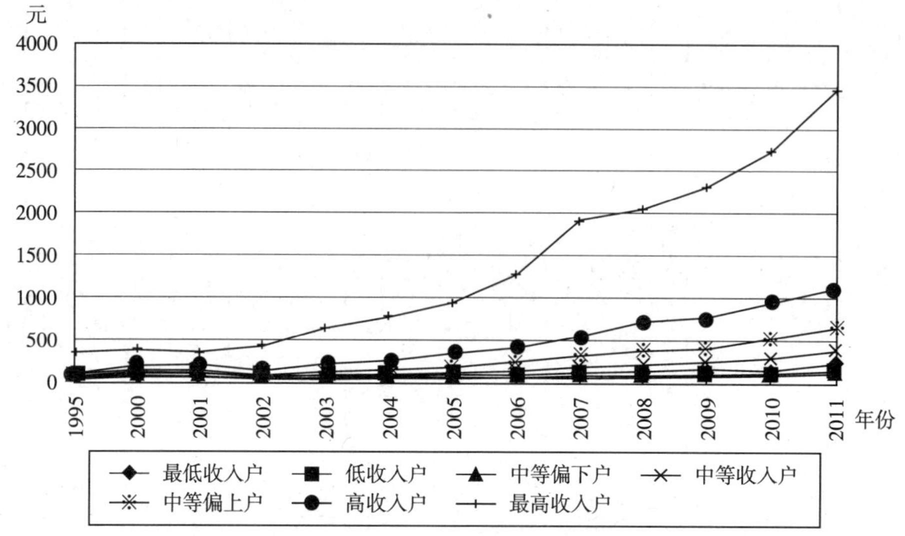

图 4-5　城镇居民财产性收入绝对值变化趋势

图 4-6 是城镇居民最高收入组除以最低收入组的家庭总收入和财产性收入的倍数趋势图。历年来，中国分配格局一直处于严峻的态势中，但是城镇居民家庭总收入组群差距的倍数关系一直未突破 10 倍，并从 2005 年后开始略有改善，这得益于工资性收入、转移支付收入的促减作用，① 而城镇居民的财产性收入一直呈现持续扩大和高位盘整的态势，2006 年前城镇居民财产性收入组群间差距的倍数一直处于快速攀升阶段，2006 年处于高位盘整，收敛在 35 倍左右，如果未来财产性收入成为总收入的主要来源后，以其目前的不平等状况，我国收入分配不平等只会是持续和快速的扩大。

财产性收入是一些经济事件的结果，相比工资性收入和转移支付收入，财产性收入不平等的解决之道将更难，这也是近年来一些经济学者高度重视财产性收入分配问题的症结所在。

（二）按收入分组的我国农村居民财产性收入概况

农村居民的情况与城镇居民既有相同之处，也有不同之处。表 4-12 是历年农村居民收入及构成数据，从总量来看，2012 年农村居民高收入组群的财产性收入占其人均纯收入的 4.66%，财产性收入占农村居民人均纯收入的比率是偏低的。同时，对比城镇居民财产性收入，城乡居民间财产性收入也存在巨大差异，

① 见表 4-10 数据。

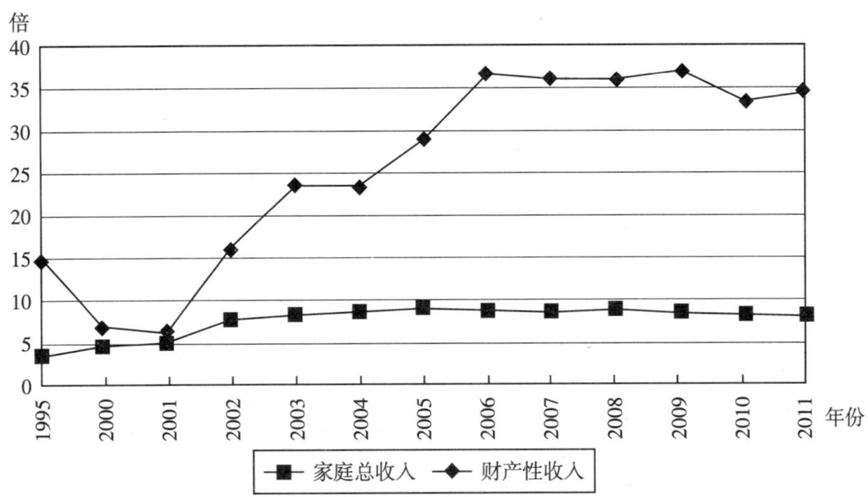

图 4-6　1995~2011 年城镇居民家庭总收入、财产性收入的最高组群/最低组群的倍数的变化趋势

以 2011 年为例，城镇居民和农村居民的最高收入组群的绝对值差距是 2670.66 元，[①] 农村居民仅是城镇居民的 22.87%，其他分组的情况基本类似。因此，我国农村居民财产性收入境况比城镇居民更为恶劣，绝大多数农村居民处于无财产或者财产很少的境况，难以获得财产性收入，绝对贫困依然是我国农村存在的主要问题。

农村居民财产性收入的匮乏并不意味着财产性收入在农村未产生影响。从相对指标看，农村居民各组的财产性收入历年基比（2003 年为基期）的增长倍数为 3.59~4.36 倍，增长比率为 259.18%~336.02%，年均增长率为 28.8%~37.34%，虽然各项指标远远低于城镇居民，但是农村居民财产性收入也处于较快增长的态势。因此，农村居民财产性收入处于萌芽期，表现为“总量极低，增速较快”等特点，并滞后于城镇居民的发展状况。

图 4-7 是农村居民财产性收入绝对值变化趋势，从趋势上看，不同组群的财产性收入差距明显，财富显著流向高收入组群，不平等程度异常高。

我国农村居民财产性收入水平极低和不平等程度极高的现象并存，随着我国经济进一步发展，财产性收入将敲响农村大门，哪类农村居民将在这场收入分配的盛宴中获利，本书认为是农村中的经营能手和城市郊区的农村居民。因此，农

① 2011 年城镇居民最高收入组群的财产性收入为 3462.37 元，农村居民高收入组群的财产性收入为 791.71 元。

表 4-12 历年农村居民收入及构成数据

单位：元

年份	指标	低收入户	中等偏下户	中等收入户	中等偏上户	高收入户	高组群 / 低组群
2003	纯收入	865.90	1606.53	2273.13	3206.79	6346.86	7.33
	工资性收入	233.15	483.24	795.44	1218.07	2574.73	11.04
	家庭经营纯收入	590.52	1057.51	1380.06	1833.93	3238.28	5.48
	财产性收入	14.66	22.48	34.52	54.28	245.94	16.78
	转移性收入	27.57	43.30	63.11	100.52	287.90	10.44
2004	纯收入	1006.87	1841.99	2578.49	3607.67	6930.65	6.88
	工资性收入	264.64	542.54	854.11	1307.85	2802.18	10.59
	家庭经营纯收入	684.26	1208.15	1601.88	2116.93	3548.93	5.19
	财产性收入	16.20	26.67	38.25	62.97	272.34	16.81
	转移性收入	41.77	64.63	84.25	119.92	307.20	7.35
2005	纯收入	1067.22	2018.31	2850.95	4003.33	7747.35	7.26
	工资性收入	321.72	672.22	1043.14	1538.84	3096.99	9.63
	家庭经营纯收入	662.60	1230.66	1651.88	2230.97	3965.85	5.99
	财产性收入	21.93	32.35	46.41	80.90	304.03	13.87
	转移性收入	60.97	83.09	109.52	152.63	380.48	6.24
2006	纯收入	1182.46	2222.03	3148.50	4446.59	8474.79	7.17
	工资性收入	386.03	814.13	1230.54	1806.96	3495.24	9.05
	家庭经营纯收入	698.85	1265.72	1731.32	2356.46	4172.00	5.97
	财产性收入	19.90	32.64	51.81	91.07	359.36	18.06
	转移性收入	77.67	109.52	134.84	192.10	448.20	5.77
2007	纯收入	1346.89	2581.75	3658.83	5129.78	9790.68	7.27
	工资性收入	447.26	969.75	1450.08	2141.96	3930.43	8.79
	家庭经营纯收入	768.43	1428.45	1977.97	2635.68	4857.06	6.32
	财产性收入	29.89	47.67	65.88	115.86	451.50	15.10
	转移性收入	101.31	135.88	164.91	236.28	551.69	5.45

续表

年份	指标	低收入户	中等偏下户	中等收入户	中等偏上户	高收入户	高组群 / 低组群
2008	纯收入	1499.81	2934.99	4203.12	5928.60	11290.20	7.53
	工资性收入	528.66	1095.21	1686.69	2494.84	4525.14	8.56
	家庭经营纯收入	781.15	1580.11	2169.31	2945.41	5512.62	7.06
	财产性收入	30.75	45.95	81.53	132.93	534.28	17.37
	转移性收入	159.25	213.72	265.58	355.42	718.16	4.51
2009	纯收入	1549.30	3110.10	4502.08	6467.56	12319.05	7.95
	工资性收入	561.83	1201.07	1865.55	2805.42	4993.68	8.89
	家庭经营纯收入	767.34	1607.96	2238.29	3081.12	5778.58	7.53
	财产性收入	25.81	49.57	86.25	144.10	629.72	24.40
	转移性收入	194.33	251.49	311.98	436.91	917.07	4.72
2010	纯收入	1869.80	3621.23	5221.66	7440.56	14049.69	7.51
	工资性收入	675.39	1431.58	2239.47	3289.80	5880.83	8.71
	家庭经营纯收入	939.36	1828.35	2496.56	3462.20	6419.40	6.83
	财产性收入	44.11	73.26	120.82	185.80	702.09	15.92
	转移性收入	210.94	288.04	364.82	502.76	1047.37	4.97
2011	纯收入	2000.51	4255.75	6207.68	8893.59	16783.06	8.39
	工资性收入	861.02	1792.19	2739.84	4083.70	6943.62	8.06
	家庭经营纯收入	824.87	2018.59	2856.74	3947.58	7784.39	9.44
	财产性收入	49.58	84.25	142.42	212.07	791.71	15.97
	转移性收入	265.04	360.71	468.69	650.24	1263.35	4.77
2012	纯收入	2316.21	4807.47	7041.03	10142.08	19008.89	8.21
	工资性收入	993.42	2053.75	3196.41	4789.21	8109.60	8.16
	家庭经营纯收入	937.74	2216.22	3124.74	4330.36	8500.09	9.06
	财产性收入	52.66	84.76	143.18	236.67	885.33	16.81
	转移性收入	332.39	452.74	576.70	785.83	1513.87	4.55
财产性收入增长倍数	2003~2012 年倍数（%）	3.59	3.77	4.15	4.36	3.60	1.00
财产性收入增长比率	2003~2012 年增长率（%）	259.18	277.04	314.78	336.02	259.98	1.00
年均增长比率	年均增长率（%）	28.80	30.78	34.98	37.34	28.89	1.00

资料来源：国家统计局，经笔者计算所得。

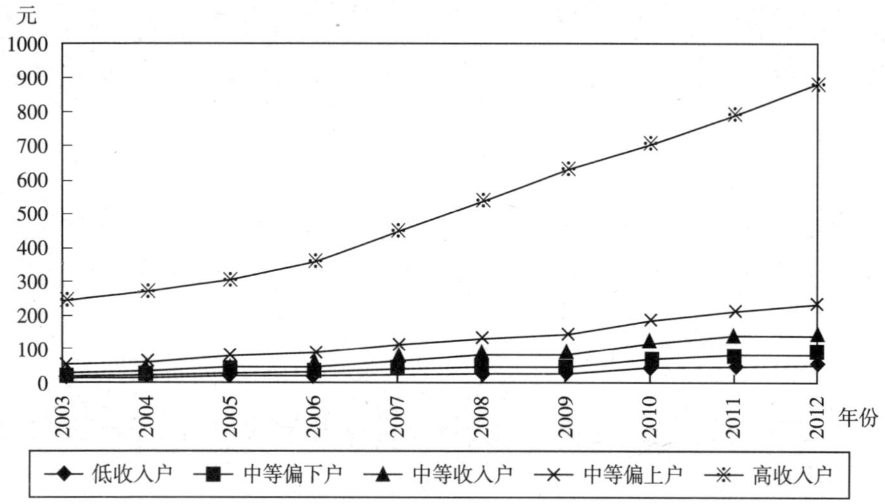

图 4-7　农村居民财产性收入绝对值变化趋势

村居民财产性收入差距将持续恶化，多数处于劣势的农村居民将进一步丧失分享经济增长成果的机会，相比城市居民财产性收入分配格局，这一现象可能在农村形成绝对贫困和相对贫困交织的复杂局面，对社会稳定的冲击力度将更大。

二、按地区分组的我国居民财产性收入概况

地区分组采用八大经济区划分方式。八大经济区划分可以代表我国不同地理区域的经济发展水平，本书综合考虑城乡差距的问题，采用城镇和农村两大部分进行统计分析，力求勾勒出我国不同经济发展区域间的城乡居民财产性收入状况，分析不同经济区域居民财产性收入水平、差距及其在居民总收入中的地位，以及不同经济区域内部城乡间居民财产性收入差异。

（一）按地区分组的我国城镇居民财产性收入概况

依据《中国统计年鉴》给出的我国城镇居民工资性收入、财产性收入、经营性收入和转移性收入等四大收入来源数据，本书收集了 1998~2012 年的全国 31 个省际的各观察值数值，并按八大经济区划分方法，采集国家统计局公布的各省城镇人口数据，计算各省城镇人口占本经济区域城镇总人口的比例，得到人口权重，采用 $Y_i = \sum_j w_j x_{ij}$ 公式进行加权求和，分别计算第 i 个经济区的四类分项收入的数据，得到八大经济区加权平均的四类分项收入数据，并分别计算总收入和四类分项收入来源的年均增长率，本书据此分析不同经济区的财产性收入水平、差

异和变化趋势，以及比较八大经济区总收入、工资性收入、经营性收入、财产性收入和转移性收入等收入分项的差异。

表 4–13、表 4–14 的数据显示我国城镇居民财产性收入呈现总数低、增速快的特征，各经济区历年城镇居民财产性收入不超过 1600 元。以 2012 年为例，城镇居民财产性收入处于 192.21~1507.96 元区间内，从增长速度看，城镇居民财产性收入呈现快速增长态势，表 4–14 数据显示八大经济区城镇居民财产性收入年均增长率处于 6.72%~50.56%区间内，剔除黄河中游地区后，其他七个地区处于 21.59%~50.56%区间内，即绝大多数经济区的城镇居民财产性收入增速明显。据此，本书认为八大经济区城镇居民财产性收入呈现两个主要特点：①财产性收入绝对数依然偏低，截至 2012 年，最大值为南部沿海的 1507.96 元，最小值为大西北地区的 192.21 元，说明我国城镇居民财产性收入依然处于起步阶段。②从年均增速看，财产性收入年均增长速度总体上呈现高速增长的态势，地区间分化也极为严重，其中东北地区的财产性收入增速最快，为 50.56%，黄河中游地区位列最后，仅有 6.72%，东部沿海、西南地区、大西北地区、长江中游、南部沿海、北部沿海依次为 35.29%、32.77%、28.43%、25.94%、23.57%、21.59%。上述数据似乎显示一个悖论的存在，即财产性收入增长和经济发展水平无关。从年均增长率看，该悖论成立，但是深入剖析其成因，事实未必如此，当财产性收入水平较低时，年均增长率高低取决于财产性收入的边际弹性，一般而言，欠发达地区的边际弹性高，也即少量的绝对数增加就可以获得较高的年均增长率。因此，评价财产性收入增长和经济发展水平的关系需要结合相对数和绝对数一起分析，结合表 4–13 的财产性收入的绝对数，本书发现沿海、沿江经济发达地区财产性收入水平远远高于大陆腹地的欠发达地区，两类地区的财产性收入的基数是不同的，具有不一样的财产性收入边际弹性，年均增长率指标出现异化是正常现象，我们不能由此断定财产性收入增长和经济发展水平无关，只是这一现象更说明了只要政策到位，促增欠发达地区居民的财产性收入空间巨大，政策效应将会更显著。

图 4–8 显示中国经济在第二发展阶段经过一段时间整理（见图 4–1），2002 年经济进入新的一轮快速增长时期的八大经济区城镇居民财产性收入演化趋势，该时期的八大经济区城镇居民财产性收入演化趋势和经济发展第一阶段的表现完全不一致，从经济发展第一阶段的平稳运行状态转变为快速增长状态，八大经济

表 4-13　1998~2012 年八大经济区城镇居民财产性收入数据

单位：元

年份	北部沿海	东部沿海	南部沿海	长江中游	黄河中游	东北地区	西南地区	大西北地区
1998	136.46	146.32	332.44	124.06	174.49	41.06	115.19	36.51
1999	113.89	117.09	358.06	135.52	172.26	43.24	112.57	46.88
2000	122.62	108.82	315.22	126.79	172.8	38.34	172.19	28.33
2001	132.10	110.20	354.26	134.77	167.82	36.42	203.49	37.57
2002	88.92	135.74	200.40	97.84	71.01	47.71	87.55	47.80
2003	122.70	228.04	300.52	92.95	96.11	63.61	115.74	57.44
2004	119.60	268.69	359.19	107.02	127.05	64.46	171.37	56.32
2005	146.41	360.02	414.39	133.30	122.59	84.28	216.66	48.79
2006	188.40	489.56	532.40	173.29	157.63	123.41	239.53	60.14
2007	289.63	638.50	655.39	264.01	180.36	175.80	318.69	87.32
2008	316.51	676.43	755.76	282.40	190.87	169.53	360.13	109.46
2009	362.41	743.38	817.62	313.72	211.33	165.86	429.75	111.42
2010	450.49	809.07	1041.36	429.72	244.10	179.61	509.49	121.32
2011	524.41	956.78	1333.49	547.54	305.52	246.50	665.65	158.27
2012	578.38	920.77	1507.96	606.81	350.32	352.47	681.42	192.21
年均增长率(%)	21.59	35.29	23.57	25.94	6.72	50.56	32.77	28.43

资料来源：国家统计局，经笔者计算所得。

表 4-14　1998~2012 年八大经济区城镇居民各类收入年均增长率

单位：%

指标	北部沿海	东部沿海	南部沿海	长江中游	黄河中游	东北地区	西南地区	大西北地区
家庭总收入	24.65	27.84	20.11	23.99	28.74	27.77	22.50	22.89
工资性收入	21.88	26.85	19.29	18.10	28.14	24.49	17.91	20.96
家庭经营纯收入	37.86	36.01	20.22	52.05	41.77	23.79	34.65	35.41
财产性收入	21.59	35.29	23.57	25.94	6.72	50.56	32.77	28.43
转移性收入	32.13	27.22	22.95	42.25	30.90	38.44	36.71	26.38

资料来源：笔者计算所得。

区的城镇居民财产性收入也出现了分化态势，具体分化变现为三个方面：①南部沿海、东部沿海成为第一方阵，表现为财产性收入总量增长快和水平高的特点。②北部沿海、长江中游和西南地区成为第二方阵，表现为财产性收入总量持续增长且水平较高。③东北地区、黄河中游和大西北地区成为第三方阵，表现为财产性收入增长缓慢，2010 年后才出现比较明显的增长态势，财产性收入水平低。该变化趋势说明了改革开放对财产性收入及其不平等的影响。

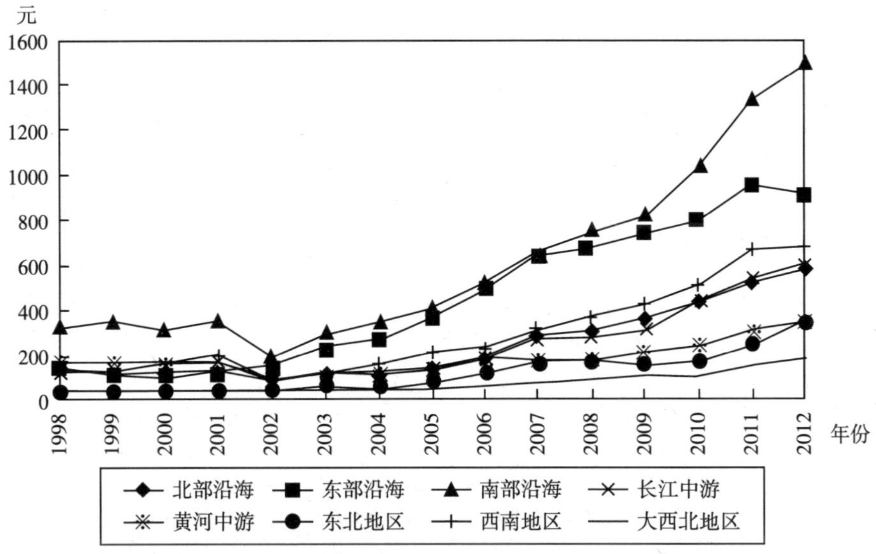

图 4-8 八大经济区城镇居民财产性收入差异及趋势（绝对值）

本书由此得到几个基本结论：①地区间的财产性收入差距呈现扩大化态势，其中极值差最为明显。②地区间的财产性收入不平等呈现聚集效应，形成财产性收入洼地效应。③从地区经济发展趋势看，表现为市场开放度对财产性收入具有重大影响，这种影响的来源可能是家庭财产管理观念、财产管理才干和财产管理的外部环境等。

为了进一步分析地区间财产性收入差距的现状和洞察市场开放抑或经济发展对财产性收入的影响程度，本书计算了城镇居民财产性收入占本经济区总收入的比例，并进行分析。

图 4-9 清晰地显示了地区间财产性收入占比差异。沿海、沿江地区形成一个集群，包括南部沿海、东部沿海、西南地区和长江中游地区；内陆地区则组成一个方阵，包括大西北地区、东北地区、黄河中游和北部地区，其中，北部地区存在特大城市虹吸效应，所以财产性收入占比与东部地区和南部地区比较，出现相对落后现象。由此可见，沿海和沿江是财产性收入占总收入份额差异的分界线，它们占据了地理区位的优势，市场开放程度高，并深刻影响了居民财产性收入水平及区域间差异。

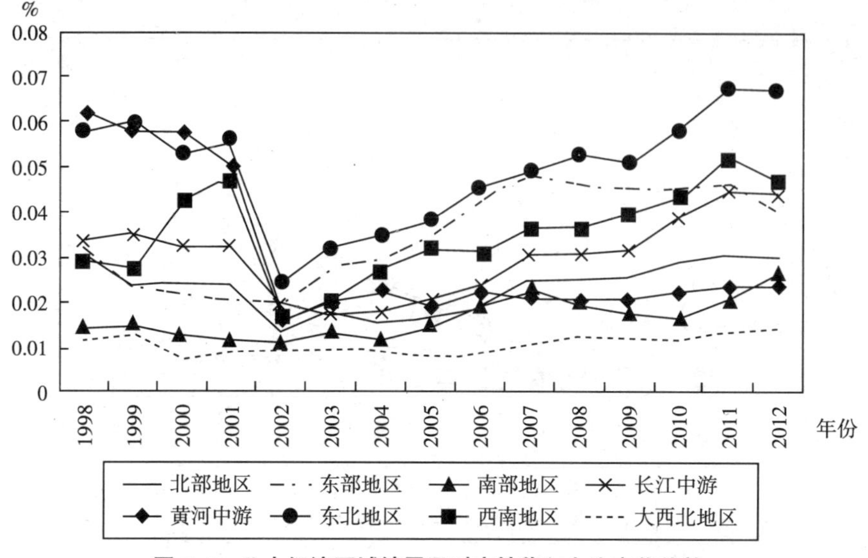

图 4-9 八大经济区城镇居民财产性收入占比变化趋势

（二）按地区分组的我国农村居民财产性收入概况

农村数据来自历年的《中国统计年鉴》，2003 年西藏数据未被披露，故采用前后两年的平均数替代。人口权重的处理方法和城镇居民一样，通过计算得到表 4-15、表 4-16。

从表 4-15 和表 4-16 看，本书得到几个结论：①无论经济发达地区，还是欠发达地区，农村居民财产性收入一直偏低，截至 2012 年，农村居民财产性收入的最大值为农村经济最为活跃的东部沿海，仅为 554.1 元，最小值为长江中游地区，只有 105.1 元。②农村居民财产性收入增速保持较快增长，地区间呈现不同增长速度，差距大，且无论哪个地区的农村居民财产性收入增速明显低于其他收入分项的增速，与城镇居民的情况形成鲜明的对比。③我国多数欠发达地区农村居民财产性收入绝对值不到 200 元，年均增速不超过 2%，呈现双低局面，如西南地区和长江中游地区。因此，在欠发达贫困连片地区的农村居民财产性收入情况堪忧。

本书依据表 4-15 数据绘制出图 4-10，发现在沿海经济区的北部沿海、东部沿海、南部沿海和东北地区的农村居民财产性收入保持较好的上升势头，在内陆经济区的大西北地区、西南地区、长江中游和黄河中游的农村居民财产性收入增长缓慢，本书认为居民财产积累水平是直接导致该现象的原因，市场开放程度通过收入—财产—财产性收入的路径影响居民财产性收入水平和区域间财产性收入差距。

表 4-15 1998~2012 年八大经济区农村居民财产性收入

单位：元

年份	北部沿海	东部沿海	南部沿海	长江中游	黄河中游	东北地区	西南地区	大西北地区
1998	71.7	135.1	217.7	80.9	54.3	56.1	139.2	50.4
1999	80.0	173.6	234.9	87.5	61.7	55.1	128.7	58.3
2000	61.8	98.1	71.9	21.2	31.6	51.8	17.3	34.0
2001	55.7	98.1	97.7	20.3	25.5	65.0	24.3	27.4
2002	67.6	112.7	115.5	24.8	29.8	50.1	26.2	29.1
2003	77.4	154.8	141.4	29.2	39.6	91.1	36.9	39.9
2004	80.9	183.1	182.6	35.1	36.4	108.1	34.2	51.7
2005	112.1	206.8	137.4	34.1	47.9	166.2	38.7	39.2
2006	132.4	239.0	175.0	40.4	52.6	155.5	41.1	63.1
2007	149.5	290.8	243.4	60.6	76.5	213.3	51.5	72.1
2008	181.0	339.5	269.3	73.3	81.7	211.7	65.1	75.1
2009	197.4	409.1	286.0	85.5	96.5	241.7	79.6	78.3
2010	250.2	471.1	332.2	113.7	103.7	314.1	106.7	88.0
2011	282.6	508.2	402.3	104.0	153.4	398.2	124.3	110.0
2012	305.8	554.1	459.6	105.1	167.9	412.9	146.1	130.7
年均增长率（%）	21.75	20.68	7.41	1.99	13.96	42.44	0.33	10.63

资料来源：国家统计局，经笔者计算所得。

表 4-16 1998~2012 年八大经济区农村居民各类收入年均增速

单位：%

指标	北部沿海	东部沿海	南部沿海	长江中游	黄河中游	东北地区	西南地区	大西北地区
人均纯收入	17.95	17.89	14.22	18.17	18.75	17.74	17.56	18.01
工资性收入	30.29	23.81	36.37	40.02	43.19	28.55	41.74	43.89
家庭经营纯收入	9.24	8.95	3.85	9.45	9.94	11.97	9.70	10.24
财产性收入	21.75	20.68	7.41	1.99	13.96	42.44	0.33	10.63
转移性收入	84.44	119.02	72.90	215.15	171.61	208.33	228.77	247.32

资料来源：笔者计算所得。

为进一步考察农村居民财产性收入差距的成因，本书计算了农村居民财产性收入占纯收入比例，得到图 4-11。

图 4-11 验证了图 4-10 的研究结论。从图 4-11 来看，沿海和沿江地区的农村居民财产性收入占比比内陆地区的农村居民财产性收入占比具有优势，说明市场化程度对财产性收入具有深刻的影响力。但是，各地区农村财产性收入占比增长趋势不显著，说明改革开放 35 年来，经济发达地区和经济欠发达地区的农村

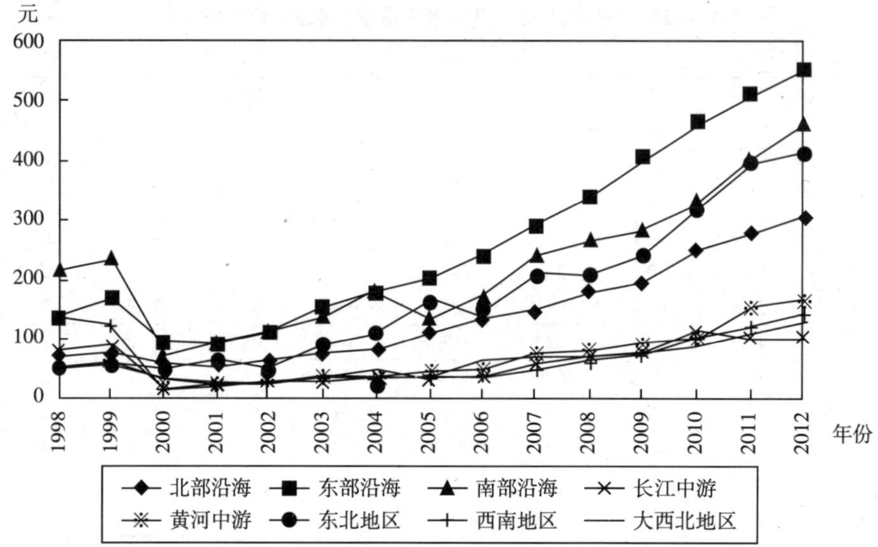

图 4-10 八大经济区农村居民财产性收入变化趋势

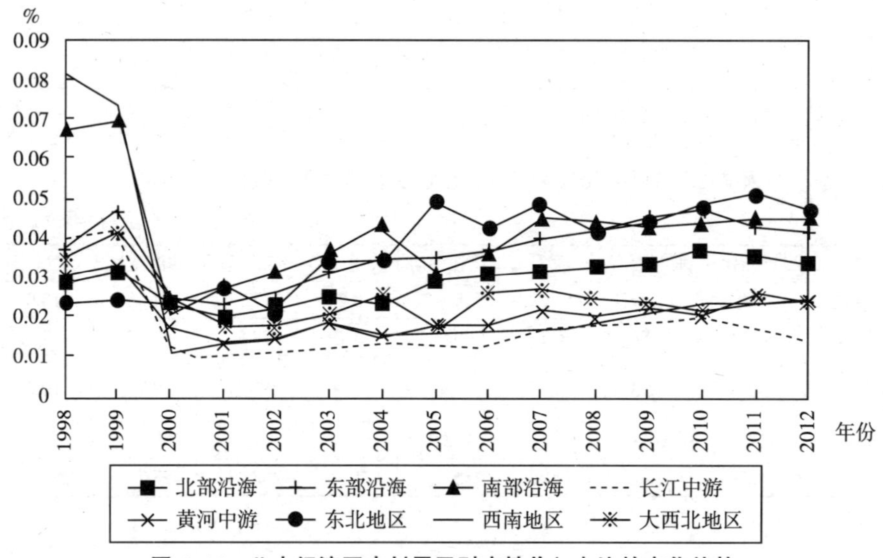

图 4-11 八大经济区农村居民财产性收入占比的变化趋势

居民间财产性收入差距依然未得到根本改善。

（三）按地区分组的我国城乡间居民财产性收入差异分析

我国城镇居民和农村居民财产性收入各有特点，从地理区位上看，无论农村还是城镇，沿海和沿江地区居民的财产性收入水平要高一些，市场化程度带来的财产积累水平、管理财产的观念和才干等是其主要原因。

图 4-12 是通过计算 1998~2012 年城乡间居民财产性收入差距数值，绘制的差距趋势图。图 4-12 可以得到以下结论：①八大经济区内部的城乡间居民财产性收入差距逐年扩大，2002 年后南部沿海、东部沿海和西南地区率先拉开差距，其他地区 2005 年后城乡间居民财产性收入差距也开始加大，只有东北地区属于特例。[①] ②地区间的差距显著，按历年均值计算，南部沿海差距（394.11 元）是大西北地区差距（16.84 元）的 23 倍，说明经济增长可以推升居民财产性收入的数量增长，但是难以消除贫富鸿沟。

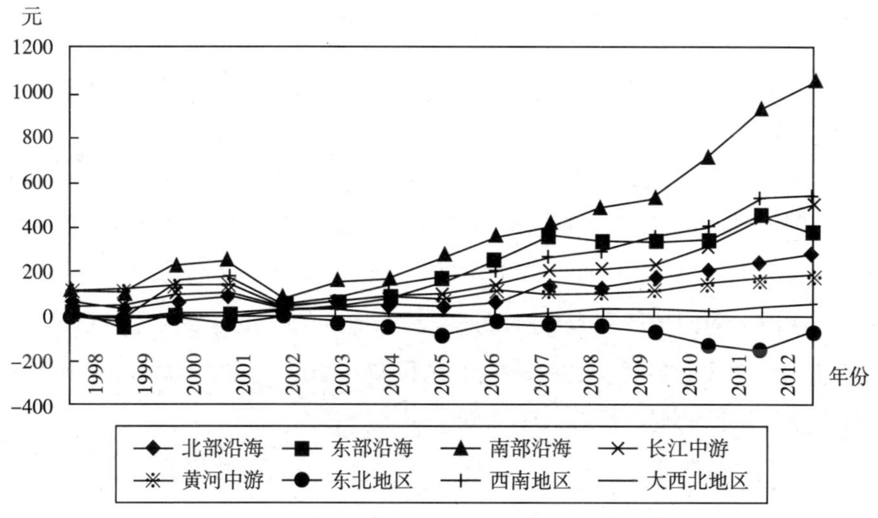

图 4-12　八大经济区城乡间居民财产性收入差距变化趋势

综上所述，按经济区域分组的财产性收入状况研究得到了居民财产性收入“总量少、增速快、地区间和地区内部差异均大”的结论，尤其是农村居民的财产性收入劣势地位一览无余，这是一个非常危险的信号，随着经济进一步增长，财产性收入占总收入比重必然加大，农村居民的财产性收入恶化将会持续加剧我国未来贫富差距。

三、研究小结

通过按收入和地区分组的城镇和农村居民财产性收入现状的统计分析，以及

① 东北是老工业基地，并且农村居民拥有较多优质土地，故出现特殊情况。

城乡间居民财产性收入差距比较分析，可以得到以下结论：

（1）在财产性收入分配领域，“富者恒富、穷者恒穷”现象尤为突出。从地区角度看，处于经济发达沿海和沿江地区的居民财产性收入在总量与增速均占优；从按收入分组的研究成果看，高收入组群的财产性收入总量与增速优于低收入组群，且低收入组群财产性收入偏低，增速也远远慢于高收入组群，不同组群间的财产性收入差距越拉越大，不平等现象极为突出。

（2）城乡间财产性收入差距在急速扩大。八大经济区的城乡财产性收入差距分析揭示自 2002 年后我国城乡间居民财产性收入差距快速扩大，农村居民财产性收入在总量与增速上呈现双低现象，城乡间的财产性收入不平等状况持续恶化，这说明二元经济的负面效应依然在我国起作用，该影响将在未来相当长的时间内保持其惯性。

（3）财产性收入增速呈现快速增长的局面。从按收入分组的数据看，城镇和农村居民财产性收入年均增速超过 28%，城镇最高增速达 87.33%，农村居民最高增速达 37.34%；从按地区分组的数据看，除了城镇维度的黄河中游和农村维度的长江中游、西南地区和南部沿海外，其他地区的城镇与农村居民财产性收入年均增速均为 2 位数的百分比，多数地区保持在 20%左右，说明我国 1978 年改革开放以来，居民的财产性收入年均增速快。

（4）穷人的财产性收入更令人担忧。从按收入分组的数据看，低收入组群的财产性收入总量远远低于高收入组群，城镇维度的两者相差 30 多倍，农村维度的情况稍好一点，也达到 13 倍以上，贫富差距悬殊；从按地区分组的数据看，内陆省份居民的财产性收入总量和增速远远低于沿海和沿江地区，特别指出的是南部沿海农村居民财产性收入增速是低了一点，但是其绝对值处于高位，南部沿海居民财产性收入依然处于优势地位，因此穷人的财产性收入状况极为恶劣。

（5）持续深化改革开放是必需的一项基本国策。学界比较一致认同当前中国依然存在绝对贫困的事实。我国贫困人数占全国总人口比例并不高，仅为 9.5%，但是绝对数不容小觑，截至 2011 年底，按中国最新公布的贫困线，依然有 1.28 亿的绝对贫困人口[137]。反绝对贫困的根本路径是持续提升经济发展水平，并在发展中解决分配问题，因此，效率依然在我国经济社会发展中起到关键作用。本章按地区分组的实证研究得到凡处于沿海和沿江、区域经济市场化程度高、经济发展水平好的地区，财产性收入的总量、占比等均好于内陆与市场化程度低的地

区，按收入分组的研究也得到城镇居民财产性收入总量高于农村居民的结论，这些现象说明市场化程度和经济发展水平越高，居民的财产性收入总量就越大。目前，我国首要任务依然是解决绝对贫困的问题，只有基本解决了绝对贫困的问题，才有可能创造出条件解决相对贫困的问题，也即把财产性收入不平等分阶段进行调控，不能因平等而彻底放弃效率问题，否则获胜的奖品将无来源之处，解决绝对贫困的方法就是持续深化改革，通过经济总量增长的牵引作用，提升贫困居民的收入，使其在满足基本生活需要的基础上，能够积累一些财产，在未来能够获得部分财产性收入。由此可见，我国未来持续全面深化改革不仅仅关系到国家的命运，也关系到个人的财富增值问题，只有持续的改革开放，推动我国内陆欠发达地区和农村地区的经济社会发展，财产性收入不平等才有解决的基础。

第五章　我国居民财产性收入不平等测度与分解

我国居民，尤其是低收入居民收入水平明显偏低，个人通过节俭后的剩余不多，加上受个体财产运营观念、能力约束和外部环境干扰，一方面我国居民财产性收入处于极低水平，另一方面在不同收入组群间、地区间和城乡间形成极大的差距。如果财产性收入分配格局依然维持现状，在我国居民财产性收入呈现快速增长的背景下，未来低收入组群的财产性收入境况更令人担忧，其结果将会给促进底层共富的民生政策带来更大的承压。显然地，我国居民财产性收入差距大，并呈现持续扩大的态势是不争的事实，但是我国居民财产性收入不平等程度到底多大，财产性收入不平等对居民总收入不平等的贡献度和促增（促减）效果大小，前面的研究并未给出科学的度量。本章将采用国际上通用的收入不平等测度指标，基于时间序列数据，科学测度我国居民财产性收入的不平等程度，回答与解释我国居民财产性收入不平等状况、变化趋势和其对居民总收入差距的贡献度与促增（促减）效果。

第一节　数据来源与模型选择

本章的数据来源于《中国统计年鉴（1999~2013）》、《中国城市（镇）生活与价格年鉴（2006~2012）》、《中国价格及城市居民家庭收支调查统计年鉴（2000~2005）》、《中国物价及城镇居民家庭收支调查统计年鉴（1996）》等国家统计局发布的统计年鉴。本书对数据进行收集与整理，通过相关计算和处理，得到本节研究的各类数据表与数据图。

不平等的测度指标有很多，本书的第三章做了比较详细的介绍，由于绝对值指标科学性不强，本节为了科学测度我国居民财产性收入不平等状况，选择变异系数和基尼系数等不平等测度作为测度指标。

（1）变异系数：变异系数是指变异指标与其样本标志值的算术平均值的比值大小，变异系数与均值或标准差有显著差别，可以比较不同均值下两组样本的差异，当其他条件不变时，两组样本的均值不同，有时难以用平均值和标准差指标来比较它们的变异程度，这时采用变异系数能消除不同均值带来的影响，常用的变异系数是标准差变异系数。具体公式如下：

$$V_{\sigma} = \sigma/\mu \tag{5.1}$$

本书基于式 5.1 计算按地区和收入分组的城镇、农村和全国的收入来源构成分项的标准差变异系数。

（2）基尼系数：一般而言，如果能获得样本每个观察值的特征值，则依据基尼系数的基本计算公式，可以得到无偏估计的基尼系数。本书使用的数据为国家统计局公布的分组数据，因此不能直接采用基本计算公式估算基尼系数，只能采用分组计算公式估算基尼系数，且 $G_{真实} \geqslant G_{估计}$。同时，分组数据是以户为单位进行划分的，城镇居民按七等份划分，农村按五等份划分，无论城镇和农村的分组，不同组群的户均人口数是不一样的，计算权重时应该考虑户均人数，这一研究方法与当前一些学者研究采用的方法有区别，得到估计的基尼数据比这些学者估计的数据更小，但是该研究更符合基尼系数本身的定义与内涵。

本书采用分组的基尼计算公式[①]为：

$$G = \frac{1}{2\mu}\sum_{i=1}^{n}\sum_{j=1}^{n} f_i f_j \left| x_i - x_j \right| \tag{5.2}$$

当样本被分成 n 组时，且 $i \in (1, n)$，$1 < j < i$ 时，并取矩阵对角线左下方数值，式 5.2 等价于式 5.3：

$$G = \frac{1}{\mu}\sum_{i=1}^{n}\sum_{1<j<i}^{i} f_i f_j \left| x_i - x_j \right| \tag{5.3}$$

式 5.3 是本节基尼系数计算公式，其中 f_i 和 f_j 为第 i 组和第 j 组的人口占总人口的比例。

① 见本书第三章的基尼系数公式推导。

基于式 5.3，本书分别计算按八大经济区划分的不同经济区域城镇、农村居民收入来源构成分项的基尼系数，按收入分组的不同组群城镇、农村居民收入来源构成分项的基尼系数，测度财产性收入不平等，分析财产性收入不平等的变化趋势，以及财产性收入对总收入的贡献度和集中率。

第二节　基于变异系数的财产性收入不平等测度

当存在两组样本，均值不一样时，也就无法利用标准差测度其离散程度，变异系数克服了该难题，可以用于比较不同均值下单位一致的组别间的离散程度，变异系数越大，表明离散程度越高。

一、按收入分组的财产性收入不平等测度

表 5-1 是按收入分组的历年城镇居民和农村居民的总收入（纯收入）和收入来源构成分项的变异系数汇总表。

（一）按收入分组的农村居民财产性收入不平等测度

农村居民数据的时间跨度为 2003~2012 年，其中财产性收入的变异系数最高，说明农村居民财产性收入的离散程度最大，农村居民财产性收入不平等最为显著，工资性收入的历年变异系数保持在中等水平，说明农村居民工资性收入的不平等程度相对较小，转移性收入的历年变异系数由大变小，说明随着我国民生政策的推进，农村居民实实在在享受到二次分配带来的利益，转移性收入的不平等从相对高的水平演变为最低水平，成为唯一促减纯收入不平等的因子，家庭经营纯收入的历年变异系数呈现由低到高的变化态势，说明农村经济发展也会扩大家庭经营纯收入的不平等。总体上看，目前农村居民的工资性收入、财产性收入和家庭经营收入具有促增纯收入不平等的效应，其中财产性收入的促增效果最为明显，转移性收入成为唯一的促减因子。

（二）按收入分组的城镇居民财产性收入不平等测度

城镇居民数据的时间跨度为 1995~2011 年，与农村居民结论一样，城镇居民财产性收入的变异系数最大，说明城镇居民财产性收入离散程度大，财产性收入

表 5-1 按收入分组的历年城乡居民收入构成的变异系数汇总表

农村收入	纯收入	工资性收入	家庭经营纯收入	财产性收入	转移性收入
2003 年	0.7453	0.8697	0.6248	1.3050	1.0155
2004 年	0.7197	0.8658	0.5972	1.2860	0.8627
2005 年	0.7320	0.8120	0.6495	1.2127	0.8220
2006 年	0.7261	0.7818	0.6533	1.2748	0.7741
2007 年	0.7259	0.7554	0.6726	1.2372	0.7657
2008 年	0.7327	0.7530	0.6976	1.2726	0.6487
2009 年	0.7469	0.7556	0.7130	1.3439	0.6886
2010 年	0.7333	0.7487	0.6959	1.2074	0.6908
2011 年	0.7487	0.7210	0.7632	1.1943	0.6593
2012 年	0.7459	0.7252	0.7575	1.2308	0.6390
城镇收入	家庭总收入	工资性收入	家庭经营纯收入	财产性收入	转移性收入
1995 年	0.4637	0.4271	0.5368	1.1480	0.5866
2000 年	0.5515	0.5207	0.4756	0.7786	0.6630
2001 年	0.5793	0.5503	0.3997	0.6877	0.7045
2002 年	0.7039	0.6799	0.5232	1.1965	0.7914
2003 年	0.7323	0.7246	0.5656	1.2816	0.7466
2004 年	0.7532	0.7499	0.7003	1.3089	0.7597
2005 年	0.7597	0.7645	0.7921	1.2919	0.7115
2006 年	0.7534	0.7504	0.8542	1.3925	0.6943
2007 年	0.7413	0.7323	0.8202	1.4645	0.6844
2008 年	0.7565	0.7433	1.0014	1.3764	0.6544
2009 年	0.7373	0.7150	0.9336	1.3865	0.6762
2010 年	0.7249	0.6949	0.9462	1.3702	0.6688
2011 年	0.7246	0.6961	0.9804	1.3840	0.6395

资料来源：经笔者计算所得。

不平等程度高。从 2003~2011 年相同时间段看，城镇居民财产性收入变异系数逐年增加，农村居民呈现盘整局面，且该时期城镇居民财产性收入变异系数大于同期的农村居民，说明城镇居民财产性收入不平等高于农村居民，差距也在逐年扩大。这一点尤为值得我们关注，随着中国城乡一体化政策的推进，城镇财产性收入分配不公问题需要提前应对，否则，持续扩大的城镇居民财产性收入的不平等将导致覆盖面更广的社会稳定问题。城镇居民工资性收入变异系数徘徊在低位，说明城镇居民的工资性收入差距得到一定程度的控制，城镇居民经营性收入变异系数总体呈现先低后高变化趋势，2012 年其变异系数位列四个收入来源的第二位，说明城镇居民的经营管理才干得到有效激活，但受到个人禀赋等因素影响，

居民间经营性收入差距持续扩大，本书预计未来其差距将进一步拉大，给当前错综复杂的收入分配乱局再添不确定性因素，城镇居民转移性收入变异系数呈现先低后高再低的态势，说明再分配政策在城镇中起到一定效果，但是政策力度和效果不如农村。总体上看，目前城镇居民的财产性收入、家庭经营收入具有促增总收入不平等的效应，其中财产性收入的促增效果最为明显，并保持持续加强的态势，转移性收入、工资性收入成为促减因子。

二、按地区分组的财产性收入不平等测度

按地区分组数据的城乡居民时间跨度均在 1998 ~2012 年间，数据来源于历年《中国统计年鉴》，本书经计算得到表 5-2。

(一) 按地区分组的农村居民财产性收入不平等测度

按地区分组的数据看，农村居民组间纯收入变异系数呈现先升后降局面，2006 年后变异系数从 0.3497 一路降到 2012 年的 0.2983，说明我国经济的进一步发展，地区间的收入差距开始缩小。农村居民财产性收入变异系数位居第一，并呈现“低—高—低”的态势，运行在 0.5732~0.7117 区间内，说明地区间农村居民财产性收入离差最大，不平等程度最高，2009 年后其变异系数开始出现微弱下降趋势；农村居民工资性收入变异系数从 0.6954（1998 年）逐步下降到 0.5141（2012 年），离差程度仅次于财产性收入，说明地区间农村居民工资性收入确实是收入不平等形成的重要原因之一，其持续下降态势则说明持续改革开放政策舒缓了地区间农村居民工资性收入差距；农村居民转移性收入变异系数持续下降，2012 年为 0.3066，基本接近同年的纯收入变异系数，不平等程度较低，反映了政府在农村地区实施全国统一的二次分配政策起到实际效果，转移性收入是再分配领域体现公平的有效手段；农村居民家庭纯收入变异系数很低，仅仅处于 0.16~0.21，离差很小，该项收入分配处于相对平等的格局，这与农村的现代化程度有关，我国农村经营活动多数以“小农生产方式为主”，生产方式的地区间差异不大，生产效率低下，难以拉开差距，因此，农村居民家庭纯收入离差程度自然就小，反言之，这未必是好结局，以低效率为代价换取平等不是一个合意性的事件。总体上看，目前地区间农村居民的财产性收入、工资性收入具有显著促增纯收入不平等的效应，其中财产性收入的促增效力最大，工资性收入位居第二，其促增效力开始下降，转移性收入从强促增转变为微弱促增居民收入不平

等，预计未来将成为促减因子之一，家庭经营纯收入成为唯一促减因子。

（二）按地区分组的城镇居民财产性收入不平等测度

地区间城镇居民总收入变异系数离差程度小于农村居民，处于0.2291~0.2556间，不平等程度在可控范围之内。城镇居民家庭经营纯收入变异系数远高于农村居民，处于0.3048~0.5092间，并呈现逐年下降趋势，说明率先在我国城市推行的改革开放政策，让个人才干获得报酬的机遇、可能性，经济效率得到体现；城镇居民转移性收入也稳定在低位水平，转移性收入确实起到收入分配平等与否的稳定器作用；城镇居民财产性收入变异系数高于农村，处于0.5203~0.72间，2002年开始出现明显上升态势，2010年后才呈现微弱的缩减态势，城镇居民财产性收入变异系数离差程度最大，不平等程度最为严重，且无明显的收敛趋势；城镇居民工资性收入变异系数处于低水平稳定运行态势，在0.2296~0.2593间，说明城镇居民工资性收入差距不大，相对平等。总体上看，目前地区间城镇居民财产性收入是扩大总收入不平等的主因，其不平等程度极高，工资性收入和经营性收入具有微弱的促增效力，并保持下降态势，转移性收入成为唯一促减因子。

表5–2 按地区分组的历年城乡居民收入构成的变异系数汇总表

农村地区	纯收入	工资性收入	家庭经营纯收入	财产性收入	转移性收入
1998年	0.3209	0.6954	0.2054	0.5849	0.5821
1999年	0.3348	0.6723	0.2092	0.5896	0.6877
2000年	0.3491	0.6469	0.1928	0.5732	0.6745
2001年	0.3503	0.6518	0.1869	0.6314	0.5747
2002年	0.3490	0.6432	0.1755	0.6697	0.5485
2003年	0.3529	0.6413	0.1801	0.6471	0.5083
2004年	0.3439	0.6522	0.1749	0.7117	0.4417
2005年	0.3484	0.6528	0.1691	0.6892	0.4633
2006年	0.3497	0.6156	0.1849	0.6596	0.4196
2007年	0.3333	0.5839	0.1781	0.6477	0.3732
2008年	0.3198	0.5679	0.1735	0.6476	0.3194
2009年	0.3218	0.5682	0.1666	0.6616	0.3012
2010年	0.3120	0.5513	0.1729	0.6368	0.3016
2011年	0.3084	0.5290	0.1963	0.6126	0.3238
2012年	0.2983	0.5141	0.2068	0.6055	0.3066

续表

城镇地区	家庭总收入	工资性收入	家庭经营纯收入	财产性收入	转移性收入
1998 年	0.2556	0.2507	0.5092	0.6672	0.2953
1999 年	0.2475	0.2508	0.4436	0.7200	0.3281
2000 年	0.2390	0.2490	0.4177	0.6648	0.2758
2001 年	0.2391	0.2380	0.4139	0.6920	0.3056
2002 年	0.2358	0.2443	0.3486	0.5203	0.2849
2003 年	0.2471	0.2525	0.4374	0.6338	0.2588
2004 年	0.2482	0.2504	0.4086	0.6588	0.2735
2005 年	0.2536	0.2593	0.4072	0.6883	0.2423
2006 年	0.2537	0.2558	0.4173	0.7010	0.2487
2007 年	0.2403	0.2319	0.4691	0.6473	0.2555
2008 年	0.2349	0.2296	0.4136	0.6619	0.2351
2009 年	0.2379	0.2379	0.3804	0.6608	0.2402
2010 年	0.2376	0.2420	0.3729	0.6692	0.2318
2011 年	0.2350	0.2463	0.3212	0.6645	0.2218
2012 年	0.2291	0.2409	0.3048	0.6396	0.2264

资料来源：经笔者计算所得。

按地区分组与按收入分组得到的结论存在些许差异，但是均得到财产性收入不平等程度高的结论，即财产性收入是当前我国四项收入来源中最不平等的构成项目，需要给予高度关注。

三、基于变异系数测度的财产性收入不平等趋势分析

为了更清晰地洞察财产性收入不平等的发展趋势，本书依据表 5-1 和表 5-2 制作图 5-1、图 5-2、图 5-3 和图 5-4。

根据图 5-1、图 5-2、图 5-3 和图 5-4，本书得到以下结论：

（一）财产性收入变异系数离差程度最高

财产性收入变异系数离差程度远超其他收入来源分项，说明当前我国财产性收入不平等程度最高，形势也最为严峻。同时，本书发现虽然地区间财产性收入变异系数呈现微弱的缩减趋势，但是按收入分组的组间差距并没有缩减，财产性收入变异系数继续维系在高位，2012 年农村居民和 2011 年城镇居民按收入分组的财产性收入不平等开始重新显现攀升苗头。由此，本书认为财产性收入差距尚未真正显现下降的趋势，反而有继续上升的势头。

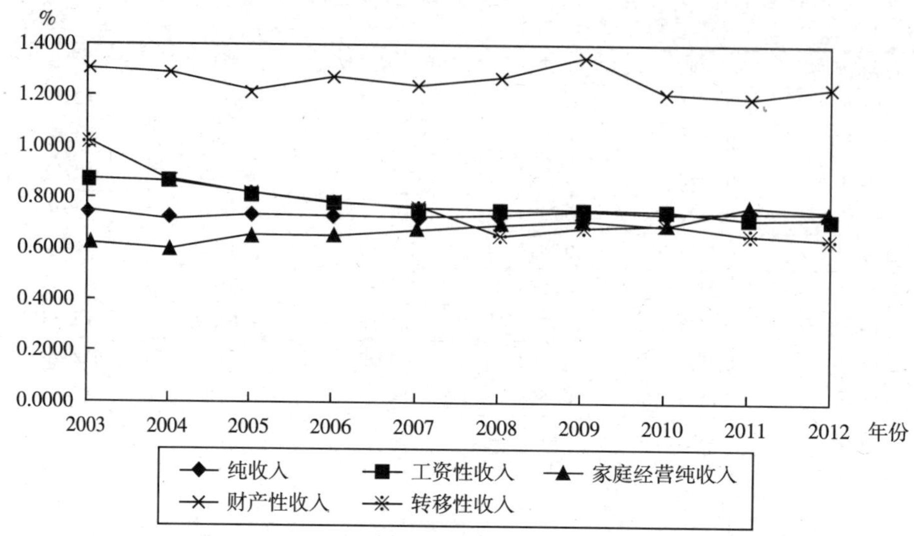

图 5-1　按收入分组的农村历年各收入构成的变异系数变化趋势

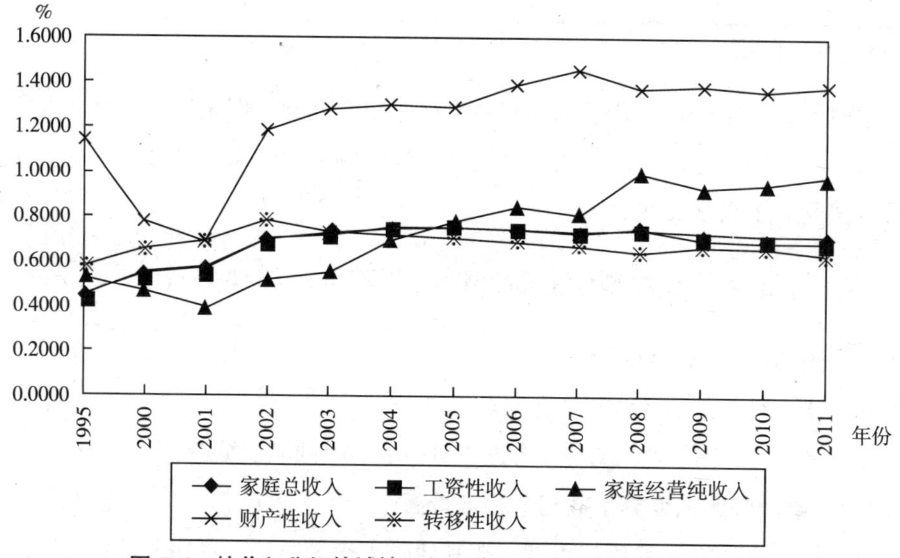

图 5-2　按收入分组的城镇历年各收入构成的变异系数变化趋势

（二）未来工资性收入不平等程度将显著缩减

按地区分组的城镇居民中工资性收入变异系数保持在低位稳定运行状态，按地区分组的农村居民、按收入分组的城镇居民和农村居民工资性收入变异系数虽然较高，但是呈现显著下降趋势，说明工资性收入差距随着改革开放的推进，差距逐年缩减，最终会维系在合意性的区间内运行。

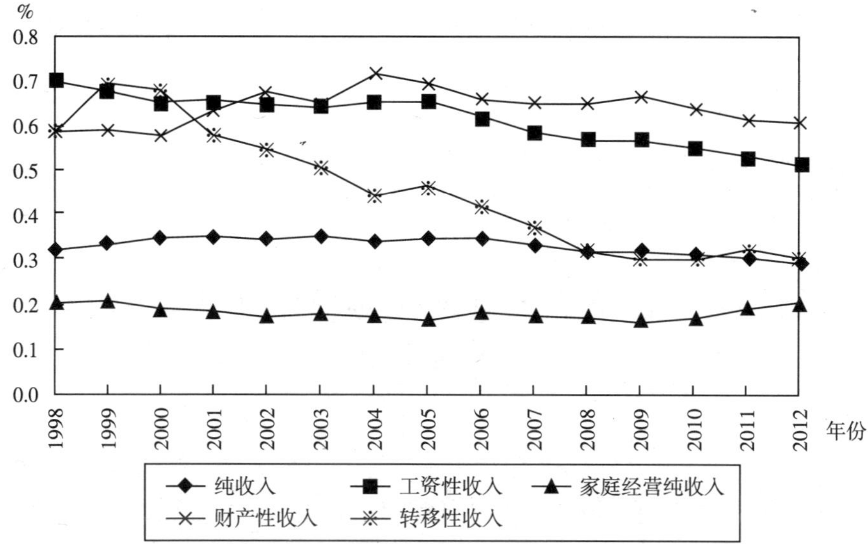

图 5-3　按地区分组的农村历年各收入构成的变异系数变化趋势

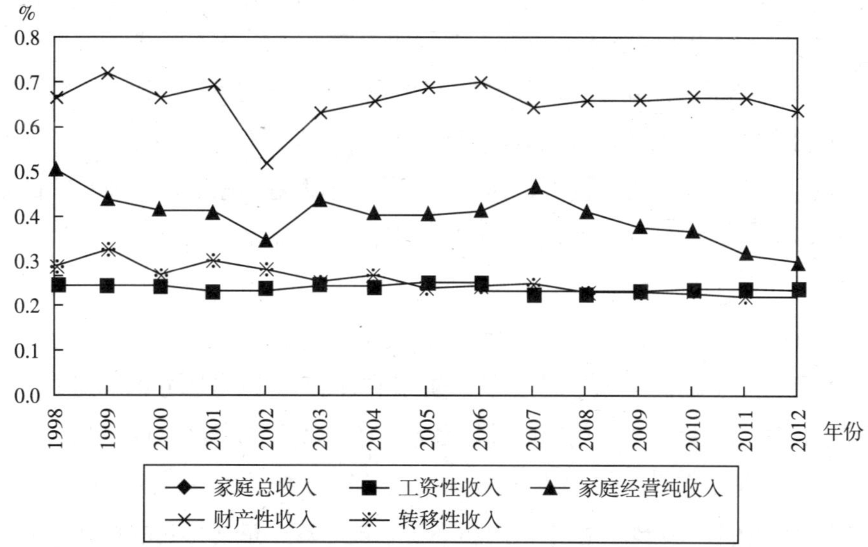

图 5-4　按地区分组的城镇历年各收入构成的变异系数变化趋势

（三）按收入分组的城镇居民家庭经营纯收入差距正在拉大，但低于财产性收入差距

按收入分组的城镇居民家庭经营纯收入差距呈现明显上升势头，按收入分组的农村居民、按地区分组的城镇和农村居民家庭经营纯收入呈现平稳运行态势或下降趋势，说明市场开放程度高的地方，即在城市中，个人才干对收入影响巨

大，随着我国人口城镇化水平的提升，其可能成为继财产性收入之外的不平等程度主要影响因子。

（四）转移性收入差距呈现明显下降态势

转移性收入成为缩减居民收入差距的主要因子，说明二次分配的意义所在。

第三节　基于基尼系数的财产性收入不平等测度与分解

基尼系数的计算一直以来都是研究不平等的最重要方法。受到样本的抽样方法、数据的来源等诸多因素影响，基尼系数的计算结果一直饱受争议，学者们和研究机构采用不同的数据和模型估算的基尼系数，有时存在较大差距，诸如我国国家统计局公布的数据是采用分组法得到的数据，基尼系数无法采用直接法计算，只能采用分组法计算，子群分解存在按人口、地区等不同方法，且按人口分组中又存在是按人口数还是家庭数的问题，因此，研究即便采用分组法计算基尼系数，也会受到分组标准不同、选择不同的估算模型等因素影响，所计算的基尼系数依然存在差异，熊俊（2003）的研究基本回答了如何破解该困境的方法："一般地，应按直接计算法、人口等分法、回归曲线法和城乡分解法的顺序优选基尼系数的估算方法[138]。"本书采用国家统计局公布的分组数据进行分析，按收入分组研究中，需要考虑不同组群户均人口数问题，按地区分组研究中，受到数据来源的影响，只考察了组间的基尼系数，也即不包括各经济区域组内的不平等和交错项问题。特别指出的是：按八大经济区分组后，各组的交错项比较严重，远远大于按收入分组，加上组内不平等未被估算，最终得到的按地区分组的基尼系数比较小，其仅仅解释了八大经济区间的差异，而非全国居民间的差异。

一、按收入分组的财产性收入不平等测度与分解

（一）按收入分组的农村居民财产性收入不平等测度与分解

农村数据位于 2003~2012 年间，本书通过计算得到表 5-3。总体上看，农村居民纯收入基尼系数维系在 0.322~0.3349 间，无明显向上或向下转折的拐点出

现。从纯收入来源构成分项的基尼系数看，财产性收入的基尼系数最高，处于0.4478~0.4974区间，不平等程度最为严重；工资性收入基尼系数和家庭经营纯收入基尼系数次之，分别处于0.3316~0.3852和0.2766~0.3395区间内；转移性收入基尼系数由高向低逐渐缩减，2008年后降到0.2860以下，是基尼系数最低的收入来源分项。由此可见，财产性收入不平等程度最高，转移性收入不平等程度最低。

从集中率看，财产性收入对农村居民收入不平等起到显著促增效应，历年集中率处于1.3371~1.4901区间内；工资性收入和家庭经营纯收入集中率分别处于0.9901~1.1795和0.859~1.0137区间内，其中工资性收入除了2011年外，其他年份具有微弱的促增效应；转移性收入2005年前具有微弱的促增效应，2005年后开始呈现持续的促减效应。

为何在财产性收入不平等对纯收入不平等具有如此重要促增作用的背景下，农村纯收入基尼系数2003~2012年依然维系在一个狭小空间内震荡，这需进一步考察基尼系数的贡献度大小。

表5-3列出各收入来源构成分项的贡献度，贡献度是在集中率基础上，以各分项收入占总收入比例为权重，经过计算得到的数值，它解释了分项收入不平等对总收入不平等的贡献程度。农村居民财产性收入2003~2012年的贡献度位于3.64%~4.83%，贡献度极小，即虽然财产性收入不平等程度最高，但是其对总收入不平等的影响力度依然是偏低；工资性收入和家庭经营纯收入的贡献度最大，分别处于39.95%~43.57%和45.56%~51.33%区间，两者之和处于88.45%~91.28%[①]区间，综合考虑工资性收入和家庭经营纯收入不平等程度的水平，本书认为这两项收入不平等是影响农村居民总收入不平等的主要因素；转移性收入贡献度在4.27%~7.01%，其不平等程度最低，同样地，转移性收入也难以有效发挥促增（促减）的效应。

可见财产性收入呈现不平等程度最高、促增效果最明显、对总收入不平等的贡献度最低等特征，这就部分解释了为何当前财产性收入差距如此之大，但是总收入差距依然保持相对平稳，抑或呈现略有下降态势。

---

① 根据表5-3的数据，经计算得到的两项合计数。

表 5-3 按收入分组的农村居民收入构成的基尼系数、贡献度和集中率

指标 \ 年份	2003	2004	2005	2006	2007	2008	2009	2010	2011	2012
全部 G	0.3322	0.3220	0.3270	0.3254	0.3248	0.3270	0.3338	0.3273	0.3349	0.3325
工资 G	0.3852	0.3798	0.3620	0.3518	0.3441	0.3421	0.3454	0.3418	0.3316	0.3327
工资贡献度	0.4061	0.4011	0.3995	0.4144	0.4084	0.4074	0.4139	0.4289	0.4205	0.4357
工资集中率	1.1595	1.1795	1.1070	1.0811	1.0594	1.0462	1.0348	1.0443	0.9901	1.0006
经营 G	0.2857	0.2766	0.2962	0.2980	0.3036	0.3131	0.3206	0.3116	0.3395	0.3353
经营贡献度	0.5055	0.5107	0.5133	0.4930	0.4952	0.4899	0.4709	0.4556	0.4681	0.4501
经营集中率	0.8600	0.8590	0.9058	0.9158	0.9347	0.9575	0.9605	0.9520	1.0137	1.0084
财产 G	0.4824	0.4763	0.4562	0.4801	0.4602	0.4735	0.4974	0.4532	0.4478	0.4573
财产贡献度	0.0364	0.0386	0.0379	0.0413	0.0439	0.0450	0.0483	0.0473	0.0438	0.0433
财产集中率	1.4521	1.4792	1.3951	1.4754	1.4169	1.4480	1.4901	1.3847	1.3371	1.3753
转移 G	0.4079	0.3498	0.3306	0.3145	0.3072	0.2700	0.2823	0.2860	0.2784	0.2686
转移贡献度	0.0453	0.0427	0.0458	0.0487	0.0508	0.0561	0.0653	0.0669	0.0671	0.0701
转移集中率	1.2279	1.0863	1.0110	0.9665	0.9458	0.8257	0.8457	0.8738	0.8313	0.8078

资料来源：经笔者计算所得。

结合本书前面章节按收入分组农村居民财产性收入的统计分析结论，本书认为我国农村居民的财产性收入及不平等的状况为：财产性收入总量低、增速快、不平等程度高、促增明显、贡献度偏低。

（二）按收入分组的城镇居民财产性收入不平等的测度与分解

表 5-4 的计算方法与过程和表 5-3 相同，城镇居民数据的时间跨度为 1995~2011 年。城镇居民总收入基尼系数 1995~2002 年处于上升期，2002~2011 年处于盘整期，运行在 0.2815~0.3002 区间内。从总收入来源构成分项的基尼系数看，财产性收入的基尼系数最高，处于 0.2753~0.4347 区间，不平等程度最为严重；转移性收入基尼系数、家庭经营纯收入和工资性收入基尼系数基本相当，不平等程度适中，分别处于 0.1993~0.3045、0.1888~0.3103 和 0.1874~0.3051 区间内。财产性收入和经营性收入基尼系数还表现为逐渐增长的态势，转移性收入和工资性

收入历年基尼系数则波动不大。由此可见，按收入分组的城镇居民财产性收入不平等程度最高，并与经营性收入一样呈现扩大态势，工资性收入和转移性收入不平等程度相对较低，且波动不大。

从集中率看，财产性收入对农村居民收入不平等起到显著促增效应，历年集中率处于1.0836~1.841间；转移性收入、工资性收入和家庭经营纯收入集中率分别为0.947~1.0992、0.6268~0.7685和0.4511~1.0693。工资性收入和转移性收入促减效应逐年加强，财产性收入和经营性收入促增效应逐年加强，财产性收入促增力度最大。

城镇居民四个分项收入中，财产性收入和经营性收入出现不平等差距扩大化趋势，而工资性收入和转移性收入保持相对稳定，并略有下降的趋势，总收入的不平等也未出现大幅上升的态势，这与各个分项的贡献度有关。虽然城镇居民财产性收入的差距和促增作用非常大，但是其贡献度在0.75%~1.18%间，对总收入不平等的影响力弱；家庭经营纯收入贡献度在1.6%~9.85%间，促增力度也很微弱，对总收入不平等的影响力非常低；工资性收入贡献度在62.68%~76.85%间，其促减力度最明显，因此工资性收入是缩减总收入不平等的主因；转移性收入的贡献度在19.93%–23.78%间，具有一定的促减力度，是总收入不平等缩减的次因。目前，两项具有促减效应的收入在促减力度上处于占优地位，城镇居民总收入不平等呈现先升后降局面，该局面既值得高兴，又令人担忧，只要财产性收入数量增长到一定阈值，位居占优地位后，未来总收入不平等还将持续扩大。

表5–4 按收入分组的城镇居民收入构成的基尼系数、贡献度和集中率

年份 指标	1995	2000	2001	2002	2003	2004	2005	2006	2007	2008	2009	2010	2011
全部G	0.1932	0.2284	0.2370	0.2815	0.2895	0.2951	0.3002	0.2969	0.2930	0.2966	0.2916	0.2872	0.2874
工资G	0.1874	0.2258	0.2363	0.2792	0.2916	0.2982	0.3051	0.2988	0.2928	0.2946	0.2872	0.2801	0.2803
工资贡献度	0.7685	0.6388	0.6317	0.6961	0.7124	0.7137	0.7000	0.6936	0.6862	0.6576	0.6469	0.6356	0.6268
工资集中率	0.9700	0.9883	0.9971	0.9917	1.0071	1.0107	1.0162	1.0063	0.9995	0.9933	0.9852	0.9753	0.9753
经营G	0.1888	0.1291	0.1069	0.1372	0.1561	0.1938	0.2359	0.2517	0.2455	0.3103	0.2974	0.3033	0.3073
经营贡献度	0.0166	0.0576	0.0475	0.0198	0.0240	0.0320	0.0472	0.0540	0.0529	0.0891	0.0827	0.0860	0.0985
经营集中率	0.9771	0.5653	0.4511	0.4875	0.5393	0.6569	0.7858	0.8478	0.8381	1.0464	1.0201	1.0562	1.0693

续表

年份 指标	1995	2000	2001	2002	2003	2004	2005	2006	2007	2008	2009	2010	2011
财产 G	0.3557	0.2753	0.2568	0.3672	0.3919	0.4026	0.4112	0.4347	0.4427	0.4300	0.4278	0.4368	0.4370
财产贡献度	0.0075	0.0056	0.0050	0.0046	0.0058	0.0064	0.0070	0.0083	0.0103	0.0098	0.0098	0.0108	0.0118
财产集中率	1.8410	1.2052	1.0836	1.3044	1.3536	1.3645	1.3696	1.4641	1.5111	1.4500	1.4671	1.5210	1.5207
转移 G	0.1993	0.2506	0.2592	0.3094	0.2941	0.3045	0.2936	0.2911	0.2889	0.2809	0.2857	0.2821	0.2778
转移贡献度	0.1750	0.2539	0.2643	0.2693	0.2368	0.2364	0.2290	0.2234	0.2239	0.2180	0.2346	0.2378	0.2301
转移集中率	1.0315	1.0972	1.0939	1.0992	1.0158	1.0319	0.9778	0.9804	0.9861	0.9470	0.9798	0.9824	0.9667

资料来源：经笔者计算所得。

（三）按收入分组的全国居民财产性收入不平等测度与分解

Sundrum（1990）在《欠发达国家的收入分配》一书中，提出了基于国家和地区的子群分解方法，该方法简单明了，且符合子群分解的初步定义与内涵，从目前国内外文献看，其被广泛应用于子群分解的实证研究中，该方法数理表达式为：

$$G = f_1^2\frac{\mu_1}{\mu}G_1 + f_2^2\frac{\mu_1}{\mu}G_2 + f_1f_2\left|\frac{\mu_1-\mu_2}{\mu}\right| \tag{5.4}$$

其中 G_1 和 G_2 为城镇和农村基尼集中度，$f_j(j\in 1, 2)$ 是人口比例，μ 和 μ_j（$j\in 1, 2$）为总收入均值和各子群收入均值。

本书采用该公式计算按收入分组的全国基尼系数，得到表 5–5 和图 5–5。为保持城镇与农村的时间跨度一致性，便于进行基尼系数分解计算，研究数据的时间区间确定为 2003~2011 年。

观察表 5–3、表 5–4 和表 5–5 的数据，可以发现全国财产性收入基尼系数并不是最高的，在 0.3901~0.4591 间，低于按收入分组的农村居民财产性收入不平等程度水平，说明目前我国城乡间财产性收入差距不大，原因是低水平的财产性收入尚未体现城乡间差距，一旦财产性收入水平上升，全国财产性收入差距必将扩大，这也提醒我们在问题萌芽时，预先储备或实施调控政策的意义显著。同时，全国财产性收入基尼系数 2005 年后一直位于 0.4 的国际警戒线之上，集中率大于 1,[①] 对全国总收入不平等的促增力度正在加强。

① 根据表 5–5 的数据，经笔者计算所得。

表 5-5 按收入分组的历年全国收入及其构成分项的基尼系数

年份	全国	工资性收入	家庭经营纯收入	财产性收入	转移性收入
2003	0.4379	0.5584	0.4076	0.3901	0.6586
2004	0.4362	0.5597	0.3966	0.3954	0.6496
2005	0.4390	0.5473	0.3667	0.4002	0.6319
2006	0.4397	0.5350	0.3453	0.4339	0.6164
2007	0.4390	0.5282	0.3427	0.4556	0.6042
2008	0.4382	0.5191	0.2829	0.4454	0.5781
2009	0.4386	0.5104	0.2797	0.4454	0.5693
2010	0.4285	0.4942	0.2773	0.4408	0.5598
2011	0.4214	0.4792	0.2557	0.4591	0.5434

资料来源：经笔者计算所得。

图 5-5 直观反映了总收入及其构成分项基尼系数的变化趋势。工资性收入、家庭经营纯收入和转移性收入的基尼系数呈明显下降态势，财产性收入则处于上升态势，且是唯一上升的收入分项，说明财产性收入不平等在持续加剧，只是目前贡献度尚低，促增效应并未占优，真正对贫富差距扩大起关键作用还尚待时日。

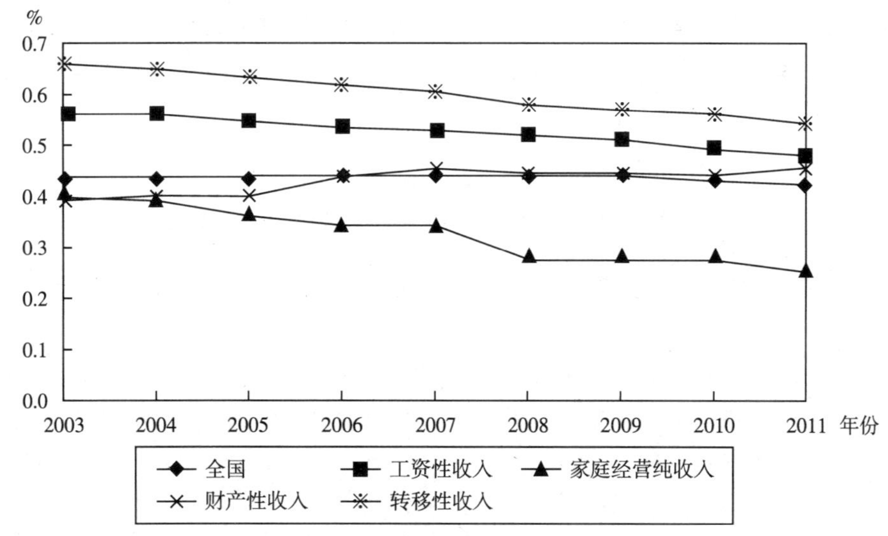

图 5-5 按收入分组的历年全国收入及其构成分项基尼系数的变化趋势

依据上述研究结论，本书认为从长期视角看，财产性收入不平等程度及其促增效应必定呈现持续扩大和加强的态势，我国贫富鸿沟还将阶段性扩大。

二、按地区分组的财产性收入不平等测度与分解

按地区分组的基尼系数分解公式如下：

设 G 为总体不平等，G_A 为子群内不平等，G_B 为子群间不平等，则有：

$$G = G_A + G_B + \xi \tag{5.5}$$

其中，ξ 为交错项，设有 S 个子群的情况下，$G_A = \sum_{j=1}^{s} f_j G_j$，$f_j$ 为第 j 个子组的权重，G_j 为第 j 个子组的基尼系数，f_j 是第 j 个子组收入占总收入比例和人口占总人口比例的乘积，当组群的收入不存在跨群交错时，也即所有子群的收入分布不重叠时，ξ≠0。

按八大经济区划分后，地区之间的收入分布存在严重重叠现象，因此，ξ≠0，并且其数值还不小，同时，每个经济区内部包含若干子群（省份），而每个子群内部的不平等程度也相当可观，由此，总体不平等 G 将远远大于八大经济区组间的 G_B，本书估算的 G_B 数值将比真实的 G 小很多，其仅仅反映地区间的差异。

在基尼系数估算中，分地区估算的基尼系数受比较严重的交错项问题干扰，故在无法获得总体样本的每个特征值时，一般用按收入分组估算的基尼系数能更好地消除交错项影响，其估算的基尼系数也更接近真实的基尼系数。

本书之所以按八大经济区估算基尼系数，真实目的仅仅是考察八大经济区组间的差异，由于研究中数据获取受到限制，只能采用 G_B 代表 G，也即下文所提到的总体基尼系数即为按地区分组的组间差异。

（一）按地区分组的农村居民财产性收入不平等测度与分解

按地区分组，农村居民的财产性收入不平等程度最高，表 5-6 数据显示历年财产性收入基尼系数在 0.3348~0.4064、工资性收入基尼系数在 0.2806~0.3532、家庭经营纯收入基尼系数在 0.0879~0.1308 和转移性收入基尼系数在 0.1241~0.3899，其中工资性收入、家庭经营纯收入和转移性收入基尼系数处于下降通道中，唯有财产性收入高位震荡，且于 2012 年出现了上升趋势，说明地区间农村居民最大的不平等是财产性收入，并有恶化的趋势。

从集中率看，地区间农村居民财产性收入基尼系数集中率收敛在 2.0 左右，远远高于转移性收入和家庭经营纯收入的集中率，略高于工资性收入的集中率，说明财产性收入和工资性收入具有较强的促增作用，且财产性收入促增作用最

表 5-6　按地区分组的农村居民收入及其构成分项的基尼系数、集中率和贡献度

年份	纯收入 G	拟工资性收入 G	集中率	贡献度	拟家庭经营纯收入 G	集中率	贡献度	拟财产性收入 G	集中率	贡献度	拟转移性收入 G	集中率	贡献度
1998	0.1882	0.3532	1.8767	0.5222	0.1292	0.6865	0.4534	0.3773	2.0051	0.0275	0.3350	1.7802	0.0244
1999	0.1923	0.3347	1.7409	0.5290	0.1308	0.6805	0.4300	0.3688	1.9183	0.0274	0.3825	1.9896	0.0284
2000	0.1935	0.3127	1.6162	0.5359	0.1232	0.6369	0.3892	0.3348	1.7304	0.0674	0.3899	2.0152	0.0785
2001	0.1917	0.3112	1.6236	0.5645	0.1185	0.6185	0.3671	0.3632	1.8951	0.0750	0.3266	1.7041	0.0674
2002	0.1897	0.3088	1.6274	0.5962	0.1110	0.5853	0.3344	0.3828	2.0179	0.0839	0.3022	1.5927	0.0662
2003	0.1935	0.3142	1.6234	0.6141	0.1123	0.5803	0.3238	0.3752	1.9384	0.0742	0.2732	1.4118	0.0541
2004	0.1849	0.3124	1.6895	0.6260	0.1037	0.5607	0.3166	0.4064	2.1982	0.0847	0.2441	1.3202	0.0509
2005	0.1873	0.3287	1.7553	0.6824	0.0958	0.5118	0.2774	0.3639	1.9431	0.0857	0.2629	1.4037	0.0619
2006	0.1876	0.3108	1.6572	0.6802	0.1064	0.5671	0.2917	0.3697	1.9711	0.0954	0.2369	1.2629	0.0611
2007	0.1751	0.2949	1.6844	0.6916	0.0975	0.5566	0.2825	0.3731	2.1308	0.1094	0.1901	1.0856	0.0557
2008	0.1678	0.2897	1.7264	0.7139	0.0879	0.5241	0.2588	0.3616	2.1550	0.1347	0.1589	0.9472	0.0592
2009	0.1708	0.2942	1.7217	0.7263	0.0870	0.5095	0.2424	0.3540	2.0718	0.1469	0.1459	0.8540	0.0606
2010	0.1639	0.2844	1.7356	0.7526	0.0896	0.5470	0.2525	0.3354	2.0469	0.1464	0.1382	0.8433	0.0603
2011	0.1607	0.2788	1.7349	0.7831	0.0879	0.5468	0.2416	0.3379	2.1030	0.1558	0.1246	0.7755	0.0575
2012	0.1592	0.2806	1.7632	0.8223	0.0905	0.5688	0.2410	0.3551	2.2308	0.1744	0.1241	0.7795	0.0610

资料来源：经笔者计算所得。

大，而家庭经营纯收入和转移性收入起到促减作用，转移性收入自 2008 年后开始形成促减效应。

从贡献度看，财产性收入的贡献度在 2.74%~17.44%，2007 年后达到 2 位数，应该说地区间财产性收入已经在我国农村居民纯收入不平等中显现影响力，且影响力呈现持续上升的态势。相比之下，目前起到重要贡献度的因素依然是工资性收入和家庭经营纯收入，从趋势看，它们的影响势头已经开始削弱，转移性收入的贡献度很小。由此可见，农村居民纯收入差距的影响因子的强弱关系已经开始发生微妙的变异，虽然目前工资性收入占优，但是财产性收入已经成为一支新崛起力量，以其发展势头看，未来也将成为影响农村居民纯收入不平等的重要因子之一。在未来可预见的时间跨度内，地区间农村居民财产性收入不平等程度将进一步加深，其对地区间农村居民纯收入不平等的影响也就不容小觑。

（二）按地区分组的城镇居民财产性收入不平等测度与分解

表 5-7 是按地区分组的城镇居民收入构成分项的基尼系数、集中率和贡献度。从不平等程度看，城镇居民地区间财产性收入基尼系数略小于农村居民，在 0.2348~0.3268，其是总收入中最不平等的收入分项，并呈现微弱的上升态势，工资性收入基尼系数在 0.1131~0.1288、家庭经营纯收入基尼系数在 0.1391~0.2135 和转移性收入基尼系数在 0.1022~0.1496，工资性收入基尼系数一直维持在低位盘整，家庭经营纯收入和转移性收入基尼系数呈现持续下降态势，2007 年后经营性收入基尼系数进入较快的下降通道中。由此可见，城镇居民地区间财产性收入差距最大，且呈现扩大的态势。

从集中率看，财产性收入的集中率最高，处于 2.2115~2.7587，远远大于农村的情况，也高于其他收入分项的集中率，可见其对城镇居民总收入不平等的促增效应之高，已经到了令人担忧的地步；工资性收入集中率处于 0.9831~1.0942，具有微弱的促增效应；家庭经营纯收入集中率处于 1.2198~1.8094，具有较强的促增效应，但是促增效应逐年递减；转移性支付收入集中率处于 0.8658~1.2514，2005 年后下降到 1 以内，起到促减效应，说明我国当前执行的民生政策具有积极的意义。在集中率研究中，财产性收入促增效应之强超出意料。

当然，财产性收入不平等对总收入不平等能否发挥其影响力，还要考察贡献度。历年分地区的城镇居民财产性收入基尼系数贡献度在 4.95%~6.85%，已经形成初步的影响力，和农村居民一样，城镇居民财产性收入不平等的促增效应也开

表 5-7　按地区分组城镇居民收入及其构成分项的基尼系数、集中率和贡献度

年份	家庭总收入 G	拟工资性收入 G	集中率	贡献度	拟家庭经营纯收入 G	集中率	贡献度	拟财产性收入 G	集中率	贡献度	拟转移性收入 G	集中率	贡献度
1998	0.1140	0.1173	1.0288	0.7282	0.2021	1.7722	0.1290	0.2522	2.2115	0.0554	0.1273	1.1161	0.2169
1999	0.1124	0.1209	1.0760	0.7463	0.1829	1.6274	0.1243	0.2570	2.2868	0.0523	0.1372	1.2204	0.2529
2000	0.1188	0.1254	1.0553	0.6950	0.1916	1.6124	0.1576	0.2726	2.2945	0.0495	0.1332	1.1212	0.2490
2001	0.1195	0.1207	1.0094	0.6512	0.1906	1.5949	0.1620	0.2910	2.4342	0.0516	0.1496	1.2514	0.2905
2002	0.1200	0.1244	1.0367	0.7231	0.1726	1.4383	0.0594	0.2348	1.9567	0.0238	0.1425	1.1880	0.2959
2003	0.1198	0.1257	1.0492	0.7391	0.2168	1.8094	0.0846	0.2892	2.4137	0.0368	0.1261	1.0523	0.2457
2004	0.1205	0.1241	1.0302	0.7241	0.2047	1.6987	0.0865	0.3077	2.5539	0.0415	0.1329	1.1029	0.2536
2005	0.1234	0.1278	1.0358	0.7122	0.1921	1.5570	0.0981	0.3230	2.6177	0.0461	0.1151	0.9333	0.2163
2006	0.1228	0.1266	1.0309	0.7073	0.1975	1.6087	0.1070	0.3176	2.5871	0.0522	0.1185	0.9649	0.2193
2007	0.1155	0.1135	0.9831	0.6758	0.2135	1.8484	0.1172	0.2961	2.5636	0.0601	0.1157	1.0019	0.2262
2008	0.1111	0.1131	1.0182	0.6734	0.1881	1.6931	0.1428	0.3065	2.7587	0.0620	0.1044	0.9397	0.2179
2009	0.1180	0.1228	1.0406	0.6850	0.1804	1.5289	0.1232	0.3245	2.7496	0.0630	0.1068	0.9050	0.2156
2010	0.1190	0.1246	1.0472	0.6838	0.1776	1.4919	0.1208	0.3268	2.7458	0.0683	0.1030	0.8658	0.2088
2011	0.1178	0.1288	1.0928	0.7039	0.1539	1.3065	0.1194	0.3257	2.7646	0.0754	0.1025	0.8697	0.2063
2012	0.1140	0.1248	1.0942	0.7047	0.1391	1.2198	0.1146	0.2969	2.6041	0.0685	0.1022	0.8963	0.2112

资料来源：经笔者计算所得。

始发挥作用；工资性收入贡献度在65.12%~74.63%，历年保持相对稳定性，说明城镇居民工资性收入是总收入不平等的最主要原因；家庭经营纯收入贡献度在5.94%~16.2%，呈现先高后低再高的格局，说明家庭经营纯收入对总收入不平等具有一定影响力，且其差距随着经济增长速度变化而变化；转移性收入贡献度在20.63%~29.59%，历年保持相对稳定性，对总收入不平等具有较强的影响力。可见，工资性收入和转移性收入是影响总收入不平等的两个主因，其中转移性收入起到明显的促减作用，而财产性收入的影响力已经开始崭露头角，起到一定程度的促增作用，虽然该结论有别于农村居民的情况，也有别于按收入分组的研究，但是它让我们探窥了财产性收入不平等对经济、社会层面的影响；家庭经营纯收入也具有一定的促增效应，其影响力呈现下降态势。

三、基于基尼系数测度的财产性收入不平等趋势分析

图5–6、图5–7和图5–8是以按收入和地区分组的历年全国、城镇和农村居民财产性收入基尼、集中率和贡献度数据绘制的趋势图。观察图5–6、图5–7和图5–8，可以得到以下结论：

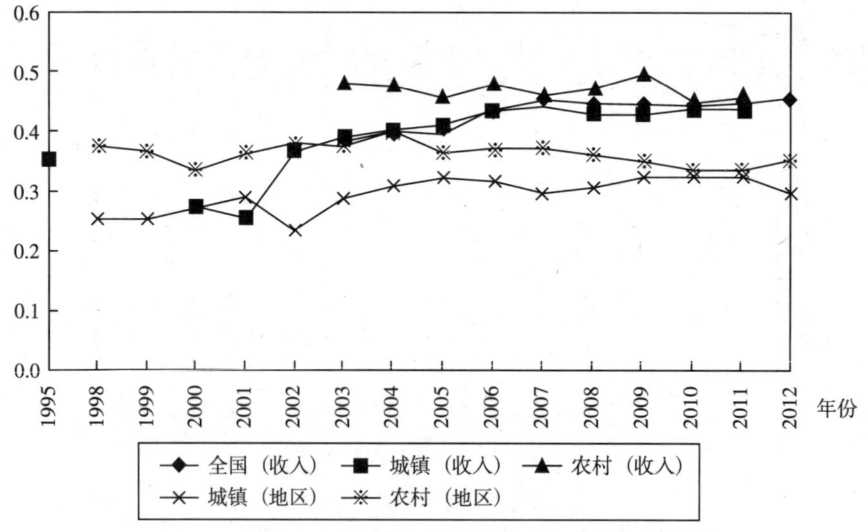

图5–6 按收入和地区分组的财产性收入基尼变化趋势

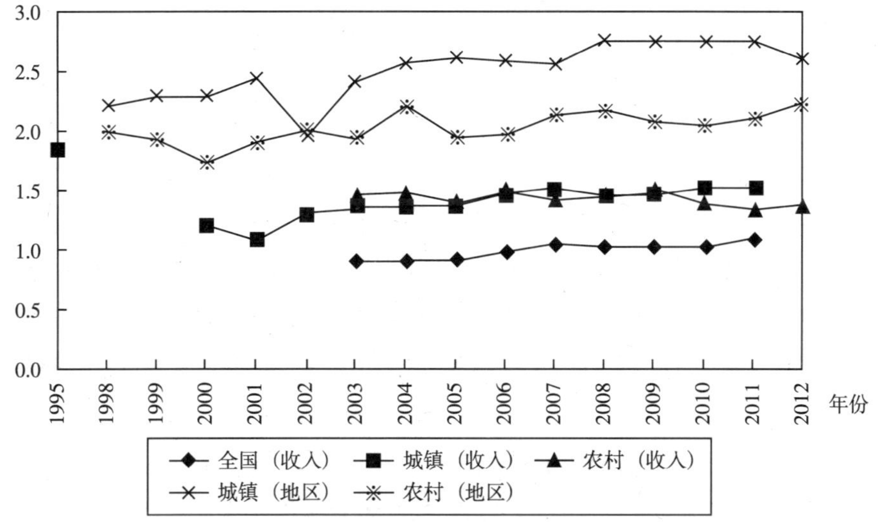

图 5-7　按收入和地区分组的财产性收入集中率变化趋势

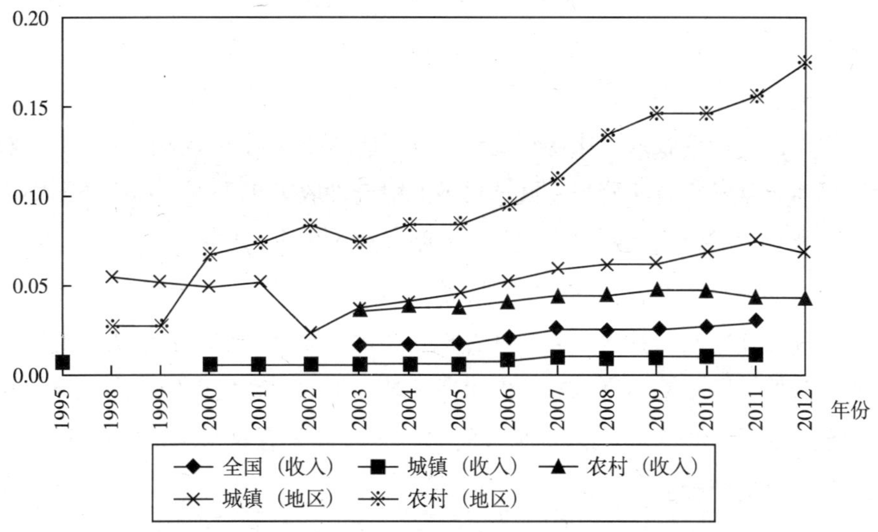

图 5-8　按收入和地区分组的财产性收入贡献度变化趋势

（一）按收入分组的财产性收入基尼系数大于按地区分组的财产性收入基尼系数

这说明当前我国居民收入组群间的财产性收入不平等问题更突出，也即富人与穷人之间的财产性收入不平等尤为突出。同时，按地区分组的财产性收入基尼系数也不低，说明不同经济发展区域间财产性收入不平等差距也较高，地区间不平等催化了富人与穷人之间财产性收入不平等，全国范围内穷人与富人间的财产性收入两极化现象被进一步放大。

（二）按地区分组的财产性收入不平等对总收入不平等的促增作用大于按收入分组

这说明发达地区与欠发达地区的差异依然巨大，反映在财产性收入上，恰恰表现为地区间财产性收入不平等的促增作用高于按收入分组的促增作用，也即协调我国各地区经济发展水平是舒缓总收入不平等的有效路径之一。

（三）地区间财产性收入不平等对总收入不平等贡献度较大，且已经在我国形成影响力

图 5-8 显示按地区分组的财产性收入贡献度较大，高于按收入分组的财产性收入贡献度，尤其地区间的农村居民财产性收入贡献度不仅超过 10%，已经逼近 20%，可见消除二元经济的意义是如此重大。

（四）从按收入分组看，我国城镇居民财产性收入贡献度小于农村居民

从收入分组看，城镇居民财产性收入贡献度小于农村居民，其集中率大于农村居民，究其原因是城镇居民财产性收入占总收入比例低于农村居民，换言之，如果城镇居民财产性收入占比得到提升，其对收入不平等的影响力度将大于农村居民。同时，这并不意味着当前城镇居民的财产性收入不平等的程度作用小于农村，恰恰相反，城镇居民的财产性收入差距远远大于农村居民。

总之，当前财产性收入的不平等问题是错综复杂的，区域经济因素与收入来源、构成和占比因素交错在一起，两者相互作用，相互影响，要解决好财产性收入不平等问题，既要从国家战略角度思考区域经济的平衡发展问题，也要从收入分组角度考量居民财产性收入不平等的化解之道，只有纵横两条线作战，[①] 才有可能找到突破的路径。

① 本书把地区分组看成横轴，作为横截面数据；把收入分组看成纵轴，作为时间序列数据。两者形成剖面数据，研究据此展开。

第六章　我国居民财产性收入不平等影响和决定因素分析

第五章对财产性收入不平等进行了科学测度，本章将继续探究财产性收入不平等的影响因素和决定因素。按“收入决定财产积累水平、财产决定财产性收入”的逻辑，财产性收入不平等成因的根本性源头是城乡居民收入水平，也即居民总收入是决定财产性收入水平高低的根本性因素。我们不难理解这一判断，难以想象没有足够收入的人会存在财产性收入，由于这部分人基本不存在财产，也就没有财产性收入。[①] 然而，如果居民获得了一定收入，也积累了一定水平的财产，就一定能够获得合意性的财产性收入吗？答案是否定的，财产仅仅是财产性收入的必要条件，不是充要条件，财产性收入水平高低与内外部条件密切联系，只有当外部环境、个人禀赋处于一个最佳均衡点时，我们期待的居民合意性财产性收入水平才可能真正实现。由此可见，我国居民财产性收入不平等的起因是非常复杂的，本书认为大致上可以从四个视角进行探究：①从总收入角度分析，也即初次分配中劳动者报酬总水平高低将决定居民财产性收入差距程度。②基于财产性收入来源构成分项的不平等成因探究，本书将财产性收入不平等分解成不同财产性收入来源构成分项的不平等，深入分析金融、保险、证券和房地产等行业政策和我国创新驱动导向对居民财产性收入不平等的影响。③基于个人（或家庭）因素的财产性收入不平等起因分析，从个人角度看，财产运营效率是居民获得财产性收入多寡的决定因素之一，而财产运营效率取决于个人禀赋，禀赋是先天的，但后天的改造也对它有重要影响，尤其在代际之间，禀赋的后天改造落脚点是父辈对子辈的人力资本投资强度，涉及家庭和教育问题，研究将不可回避地

① 在这部分人中，个别人会因继承等原因获得财产，这部分人只能当作特例处理。同时，因“贫困文化”的存在，穷人能够获得数额较大遗产的概率几乎趋向于0，也即小概率事件。

面对起点平等和机会平等的问题，本书对此进行定性分析，提取影响财产性收入不平等影响的个人方面因素。④其他因素，本书也兼评其他宏观政策对财产性收入不平等的影响。

通过上述视角的研究，本书基本可以厘清我国居民财产性收入不平等的起因。

第一节　基于收入视角的财产性收入不平等影响和决定因素分析

对于多数居民而言，财产性收入不是凭空而来，是居民拥有一定财产后，通过让渡财产权利或出售财产所获得的资本利得而形成的，财产性收入和财产密切联系在一起，而财产是居民[①]在初次分配中获得的劳动者报酬被推迟消费而形成的存量财富，财产水平高低取决于流量财富收入水平高低和居民边际消费倾向，假定居民边际消费倾向保持不变，则财产取决于收入水平，该逻辑思维在学理上成立，如果源自经验的数据能够佐证，我们就有充足理由相信影响我国居民财产性收入不平等的根本性因素是居民部门的收入水平，以及初次分配中劳动者报酬占比大小。

为了验证该观点，本书对第四章的数据进行整理，获得本章研究的基础数据，通过 SPSS18.0 统计软件分析，得到本章研究所需数据的均值、标准差、变异系数和相关系数等，据此本书分析收入、财产和财产性收入间的关系。

一、收入、财产和财产性收入关系的定量分析

数据源自国家统计局和人民银行发布的各类统计年鉴，依据本书第四章的数据和相关计算得到有关数据，本章再通过数据的选择、整理和计算，得到表 6–1。

表 6–1 显示 1985~2012 年全国居民人均劳动者报酬、财产积累和财产性收入均实现快速增长，且基本保持着相同的增长趋势，仅在增速上有所不同，据此，

① 此处的居民是狭义的概念，是愿意就业并获得就业岗位的人，包括临时失业人群，但是不指向无就业意愿且从来无就业岗位的懒惰者。

表 6-1　1985~2012 年全国居民人均劳动者报酬、财产总值和财产性收入数据

单位：元

年份	人均劳动者报酬	财产总值	财产性收入
1985	4446.53	991.07	23.37
1990	9601.47	3689.19	25.43
1995	29596.80	11810.12	66.90
1998	41960.46	21246.73	105.65
1999	45926.43	22325.85	110.08
2000	49948.07	24063.56	75.23
2001	54934.65	26429.02	79.98
2002	60099.14	32101.19	70.79
2003	67260.69	34051.13	93.81
2004	69639.64	43888.72	111.91
2005	81888.02	53527.07	133.36
2006	93822.83	57889.32	164.14
2007	109532.27	72287.04	229.32
2008	150701.80	77019.62	260.36
2009	170299.71	97137.77	295.13
2010	196714.07	112760.21	361.13
2011	234310.26	125728.50	444.11
2012	262864.06	140882.33	489.78

资料来源：笔者整理所得。

本书初步判断三者可能存在一定的内在联系。

为进一步揭示人均劳动者报酬、财产总值和财产性收入的关系，以及比较三者增速的差异，本书使用 SPSS18.0 统计软件包，对表 6-1 的数据进行描述性统计分析，得到表 6-2 和表 6-3。

从表 6-2 的数据上看，财产性收入总量非常低，其均值仅占收入均值的 1.81‰，占财产均值的 3.32‰；从标准差变异系数看，财产性收入变异系数为 0.8096，略微大于人均劳动者报酬的 0.7896 和财产总值的 0.7987，这说明三者的样本观察值偏离各自均值的程度没有显著性差异，也即三者变化趋势基本保持相同，初次分配中劳动者报酬水平决定财产分布差异，财产分布差异决定财产性收入差异。

表 6-3 是人均劳动者报酬、财产总值、财产性收入的相关性分析数据。观察表 6-3 数据，可以发现劳动者报酬与财产总值具有高度相关性，置信水平在 0.01 上显著正相关，相关系数为 0.993，显然地，没有收入，哪来财产。从人均劳动

表 6–2 人均劳动者报酬、财产总值和财产性收入的描述性统计值

指标	均值	标准差	变异系数
人均劳动者报酬	96308.16	76047.70	0.7896
财产总值	53212.69	42501.83	0.7987
财产性收入	174.47	141.25	0.8096

资料来源：经笔者计算所得。

表 6–3 人均劳动者报酬、财产总值和财产性收入的相关性分析

指标		劳动者报酬	财产总值	财产性收入
人均劳动者报酬	Pearson 相关性	1	0.993**	0.989**
	显著性（单侧）	—	0.000	0.000
财产总值	Pearson 相关性	0.993**	1	0.983**
	显著性（单侧）	0.000	—	0.000
财产性收入	Pearson 相关性	0.989**	0.983**	1
	显著性（单侧）	0.000	0.000	—

注：** 表示在 0.01 水平（单侧）上显著相关；数据经笔者计算所得。

者报酬与财产性收入关系看，人均劳动者报酬在 0.01 置信水平上与财产性收入显著正相关，相关系数为 0.989，也即收入通过中间变量——财产，对财产性收入形成间接影响，因此，收入是影响居民财产性收入及其不平等源头的结论得以确认，财产则是中间变量。

二、收入视角的财产性收入不平等起因分析

通过实证分析，本书验证了人均劳动者报酬、财产总值和财产性收入的关系。该关系背后所折射的是一个简单又明了的事实，即一定量水平的收入是居民获得财产性收入的必要条件，显然地，微薄收入的居民是无资格探讨宛如奢侈品的“财产性收入”，当居民收入与维系生存必需的收入水平相当时，全部收入将被用于生存需要的支出，居民的财产无从积累，财产性收入也就遥不可及。目前，我国的现状就是这种假设的真实写照，部分居民总收入水平极低，难以积累财产，被隔绝于财产性收入大门之外，高收入居民则开始获得财产性收入，并与总收入形成正向反馈机制，周而复始地相互促进，最终在不同组群中形成程度严重的财产性收入不平等。因此，财产性收入不平等与居民收入水平和组群间收入差异有着密切的联系，随着经济的进一步发展，我国居民的总收入水平还会持续增长，这意味着部分低收入组群将开始拥有少量财产，获得参与财产性收入分配

的资格，然而居民财产性收入数量上的增长并不意味着财产性收入不平等的舒缓，结局可能更恶化，也即会出现“倒U型假设”描述的现象。究其原因，一方面是低收入组群和高收入组群的财产性收入数量增长是同时发生的，不存在低收入组群财产性收入数量增加时，其他组群的财产性收入在数量上削减或停止；另一方面不同组群的财产性收入增长速率是不一样的，这与居民的初始财产水平相关，而初始财产水平又与居民前置的收入水平相关，也即形成“马太效应”。由此可见，收入对居民财产性收入水平和不平等程度均起到决定性影响。

一般而言，在财产性收入起步阶段，居民收入水平的提升会加剧居民财产性收入不平等程度，增加收入看似不是解决财产性收入不平等的有效方法，然而，该看法也不一定准确，其只是解释了初次分配中劳动者报酬在不同组群间保持原有分配比例下的收入对财产性收入不平等的影响。换个角度思考该问题，得到的结论是大相径庭的，即便初次分配中劳动者报酬在不同组群间保持原有分配比例，收入的增长可以为低收入组群打开财产性收入大门，为改善财产性收入不平等提供物质基础，低收入组群的财产经过一段时间的积累，会因为财产性收入增加而提高收入水平，周而复始地循环，低收入组群会因此而改变收入分配地位，当低收入组群的财产得到一定的积累后，财产性收入大小影响因素就转变为政策和财产运营能力等方面，这就为改善财产性收入不平等提供了一定的基础。进一步而言，如果不同组群间的收入增长速度也发生变化，财产性收入不平等程度就更有可能被舒缓。因此，收入水平提高短期内会促增不平等程度，从长期看，则可能会促减不平等程度，同时，国家在中短期内还可以实施纠偏政策，通过调节分配比例改善低收入组群在初次分配中的分配份额，在源头上舒缓财产性收入不平等程度。

初次分配中居民收入水平高低受经济发展水平、劳动者报酬占比和劳动者报酬总量在居民间分配政策等因素约束，在经济发展水平稳定的条件下，劳动者报酬占比高低决定劳动者报酬总量水平，而居民间分配政策则是不同组群间收入水平差异的调节变量。因此，促减财产性收入不平等的前提条件是增加居民收入，而增加居民收入取决于经济发展水平、劳动者报酬占比和劳动者报酬总量在居民间分配政策，在经济发展水平既定条件下，劳动者报酬占比是最具影响力的因素，劳动者报酬总量在居民间分配政策则是重要的调节变量。

目前，我国依然存在近1.28亿的低收入人群，集中在贫困连片的西南地区、长江中游、黄河中游、大西北地区等欠发达地区，众多的贫困人口和广袤的地域分布，使得解决财产性收入不平等问题更为棘手，解决路径也无他国成功经验可借鉴。2012 年我国西南地区和大西北地区的居民人均劳动者报酬为 7233 元和 2685 元，南部沿海和东部沿海为 21490 元和 16866.72 元，欠发达地区和发达地区居民人均劳动者报酬的差距巨大，而 2011 年我国公布的农村居民贫困线为 2300 元/人，欠发达地区人均劳动者报酬与此相距不大。这说明我国存在大量的贫困人口，过亿的贫困居民依然为生存需要而挣扎，[①] 这一部分居民基本不存在任何意义上的财产，对于他们来说，财产性收入只是一个空中楼阁，遥远的“香格里拉”，并没有任何的现实意义。同时，经济发达地区的组内财产性收入水平也存在种种问题，因劳动者报酬总量在居民间分配政策存在失灵的地方，初次分配中居民间收入水平也呈现巨大落差，直接导致不同组群间财产性收入不平等程度高，形成相对贫困现象。因此，我国面临着绝对贫困和相对贫困交织在一起的复杂现象，该现象与区域经济发展水平、初次分配政策和居民参与劳动者报酬总量分配的地位相关。

目前，我国经济依然处于工业化发展阶段，各经济区域的发展水平参差不齐，一部分地区还处于工业化起步阶段，经济初期财产有无和分布必定存在差异，部分居民甚至没有任何财产，集中连片贫困地区现状成为客观的经济规律。值得注意的问题是在该阶段劳动者报酬占比收敛在 40 左右，被严重挤占，成为我国居民在初次分配中收入偏低的主要推手之一。抑制了居民财产积累和财产性收入增长的机会，这是人为因素造成的，也是可以被消除的不平等成因。当然，劳动者报酬总量在居民间分配政策也是重要原因之一，规范行业间和岗位间的收入分配政策也显得尤为重要，同时，需要指出的是该原因不仅仅是人为因素造成的，也存在某些客观原因，我们需要从平等与效率相均衡观出发，统筹考虑。

综上所述，从财产性收入源头看，劳动者报酬占比是影响居民财产性收入数量增长和不平等程度的主因，经济发展和劳动者报酬总量在居民间分配政策起到间接影响作用。

---

① 中国国家主席习近平于 2013 年 3 月 25 日访问非洲国家时说：“中国还有 1.28 亿人生活在贫困线以下。”

第二节　基于财产性收入来源构成分项的财产性收入不平等影响和决定因素分析

本节将分析财产性收入来源构成分项的不平等程度，论证财产性收入来源构成分项对财产性收入不平等的影响效应和贡献度。

国家统计局未公布农村居民财产性收入来源构成分项的具体数据，本节研究数据为《中国城市（镇）与物价统计年鉴》公布的城镇居民财产性收入来源构成分项的数据，因此，本节仅从城镇居民角度论证财产性收入来源构成分项对财产性收入不平等的影响程度和贡献度。同时，在城乡一体化持续推进的阶段，我国城镇化率已经突破 50%，[①] 未来中国的城镇化率将进一步提高，因此，虽然采用城镇居民数据的研究存在一定的缺陷，但是在解析财产性收入不平的影响因素时，基于城镇居民数据的研究结论依然具有普遍性和具有重要的现实指导意义。

《中国城市（镇）与物价统计年鉴》把财产性收入定义为“家庭拥有的动产（如银行存款、有价证券）、不动产（如房屋、车辆、土地、收藏品等）所获得的收入。包括出让财产使用权所获得的利息、租金、专利收入；财产营运所获得的红利收入、财产增值收益等”，该定义不仅包含财产权利让渡所获得的收益，也包括财产增值所获得的资本利得。根据定义，《中国城市（镇）与物价统计年鉴》把财产性收入来源划分为七大类：

（1）利息收入，是指资产所有者按预先约定的利率获得的高于存款本金以外的那部分收入，包括各类定期和活期存款利息、债券利息、存蓄性奖券和存款的“中奖收入”。

（2）股息与红利收入，是指购买公司股票获得的各种收益，包括股息、红利和资本利得的净收入（或正或负）。

（3）保险收益，是指家庭参加存蓄性保险，扣除交纳的保险本金后，所获得

① 国家统计局公布 2013 年中国城镇化率为 53.73%。

的保险净收益，不包括保险理赔收入。

（4）其他投资收入，是指家庭从事股票投资、保险以外的投资行为所获得的投资收益，包括财产转让溢价部分（如房地产）、出售收藏品的溢价部分、投资各种经营活动（自己不参与经营）所获得的利润等，其中出售房屋的溢价部分是其主要构成分项。

（5）出租房屋收入，是指出租房屋所得到的租金净收入。

（6）知识产权收入，是指出让家庭或家庭成员拥有的专利、版权等知识产权所获得的净收入。

（7）其他财产性收入，是指家庭所得的除上述以外的各种财产性收入。

七大财产性收入来源反映了我国金融、地产、产权等政策对于财产性收入的影响，本书通过测度财产性收入来源构成分项的不平等程度，分析这些政策对于居民财产性收入不平等的影响力，梳理出财产性收入来源构成分项视角的财产性收入不平等成因。

一、财产性收入来源构成分项的不平等实证分析

国家统计局在2006~2012年发行了《中国城市（镇）与物价统计年鉴》，年鉴共有7部，依据该年鉴得到的研究数据时间跨度为2005 ~2011年间，其中城镇居民财产性收入总额和来源构成分项数据是以家庭数为单位，按收入分组法分成八等份，不同组群的家庭具有不同的户均人口数，在本节定量分析中，本书采用人口数而非家庭数作为权重，计算得到城镇居民财产性收入及其来源构成分项的基尼系数，该基尼系数比按家庭数为权重计算的基尼系数要小，其估算的基尼系数偏差仅仅受到数据本身和分组抽样方法的科学性影响。基尼系数估算公式采用式5.3。

（一）城镇居民财产性收入和来源构成分项的概况

本书依据《中国城市（镇）与物价统计年鉴（2006~2012）》的数据，经过整理和归类得到城镇居民财产性收入总额、利息收入、股息与红利收入、保险收益、其他投资收入、出租房屋收入、知识产权收入和其他财产性收入等历年数据（见表6–4）。

表6–4数据显示我国城镇居民财产性收入主要来源利息收入、股息和红利收入、其他投资收入和出租房屋收入等四项，从四项财产性收入来源归属的行业

看，金融市场和房地产市场是两个主要影响财产性收入水平的行业环境。保险收益、知识产权收入和其他财产性收入的水平较低，是城镇居民财产性收入的非主要来源，尤其知识产权收入在2010年前人均不足1元，说明我国创新的动力不足。由此可见，从传统投资渠道获得的收入是当前我国居民财产性收入的主要来源。

表6–4　2005~2011年我国城镇居民财产性收入及其来源构成分项数据

单位：元

年份	财产性收入总额	利息收入	股息与红利收入	保险收益	其他投资收入	出租房屋收入	知识产权收入	其他财产性收入
2005	192.91	20.52	35.89	2.96	18.16	112.24	0.13	3.01
2006	244.01	26.19	55.93	4.53	25.54	126.42	0.86	4.53
2007	348.53	38.03	96.21	5.91	42.16	155.71	1.09	9.42
2008	387.02	43.70	75.52	6.60	42.58	203.75	0.16	14.70
2009	431.84	60.54	76.43	5.53	53.73	222.05	0.28	13.28
2010	520.33	65.64	88.06	4.84	65.54	275.26	0.66	20.31
2011	648.97	85.17	100.11	5.78	93.79	332.59	2.37	29.16

资料来源：《中国城市（镇）与物价统计年鉴》。

（二）我国城镇居民财产性收入及其来源构成的不平等测度

本书采用基尼系数指标测度城镇居民财产性收入及其来源构成的不平等，经计算得到表6–5和表6–6。

表6–5显示城镇居民财产性收入及其来源构成的不平等程度均很高，历年城镇居民财产性收入的基尼系数在0.4634~0.4995，波动幅度不大，说明2005~2011年城镇居民财产性收入差距一直很大，未得到明显缩减。从来源构成分项数据看，知识产权收入、其他投资收入、股息与红利等收入的基尼系数分别在0.4584~0.6699、0.5770~0.5998、0.5286~0.5595，除2005年知识产权收入基尼系数低于0.5外，不同年份的三个分项收入基尼系数均大于0.5，该三项是不平等程度最高的财产性收入来源构成分项，利息收入、出租房屋收入和其他财产性收入的基尼系数相对偏低，分别在0.4571~0.4956、0.4170~0.4579、0.3662~0.4797，均低于0.5，基本高于0.4，说明它们的不平等程度也很高，其中利息收入2005~2011年的基尼系数呈明显下降趋势，且2007年后利息收入的基尼系数低于城镇居民财产性收入的基尼系数，这间接说明收入对财产性收入的影响，也说明利息收入不平等程度虽然高，但是其不是造成财产性收入不平等扩大的主要推手之一。

表 6-5　2005~2011 年城镇居民财产性收入及其来源构成的基尼系数

年份	财产性收入总额	利息收入	股息与红利收入	保险收益	其他投资收入	出租房屋收入	知识产权收入	其他财产性收入
2005	0.4634	0.4774	0.5286	0.4998	0.5770	0.4170	0.4584	0.4539
2006	0.4895	0.4956	0.5425	0.4821	0.5784	0.4432	0.6699	0.4797
2007	0.4995	0.4760	0.5595	0.5352	0.5998	0.4321	0.6366	0.4787
2008	0.4837	0.4760	0.5338	0.4641	0.5917	0.4400	0.5554	0.4626
2009	0.4815	0.4669	0.5380	0.4419	0.5955	0.4388	0.5209	0.3755
2010	0.4919	0.4690	0.5503	0.4859	0.5901	0.4579	0.6293	0.3662
2011	0.4893	0.4571	0.5576	0.4992	0.5975	0.4384	0.6366	0.4574
均值	0.4855	0.4740	0.5443	0.4869	0.5900	0.4382	0.5867	0.4391

资料来源：笔者计算所得。

表 6-6 给出了城镇居民财产性收入及其来源构成的基尼系数集中率和贡献度。从集中率看，股息与红利收入、其他投资收入、知识产权收入具有明显的促增作用；出租房屋收入、其他财产性收入具有明显的促减作用；利息收入先促增后促减，2005 年和 2006 年的利息收入起到微弱的促增作用，2007~2011 年利息收入起到微弱的促减作用；保险收益促增（促减）效应不确定，也不显著。从贡献度看，城镇居民财产性收入来源构成分项的贡献度排序是：出租房屋收入、股息与红利收入、其他投资收入、利息收入、其他财产性收入、保险收益和知识产权收入，其中后三项的贡献度均不超过 5%，前四项历年的贡献度分别在 38.7%~52.4%、17.6%~30.9%、11.7%~17.64%、10.4%~13.6%，成为影响城镇居民财产性收入不平等的主要收入分项，同时，从四项收入贡献度变化趋势看，股息和红利

表 6-6　2005~2011 年城镇居民财产性收入来源构成分项的基尼系数、集中率和贡献度

利息收入		股息与红利收入		保险收益		其他投资收入		出租房屋收入		知识产权收入		其他财产性收入	
集中率	贡献度	集中率	贡献度	集中率	贡献度	集中率	贡献度	集中率	贡献度	集中率	贡献度	集中率	贡献度
1.030	0.110	1.141	0.212	1.079	0.017	1.245	0.117	0.900	0.524	0.989	0.001	0.980	0.015
1.012	0.109	1.108	0.254	0.985	0.018	1.182	0.124	0.905	0.469	1.368	0.005	0.980	0.018
0.953	0.104	1.120	0.309	1.072	0.018	1.201	0.145	0.865	0.387	1.275	0.004	0.958	0.026
0.984	0.111	1.104	0.215	0.960	0.016	1.223	0.135	0.910	0.479	1.148	0.000	0.956	0.036
0.970	0.136	1.117	0.198	0.918	0.012	1.237	0.154	0.911	0.469	1.082	0.001	0.780	0.024
0.953	0.120	1.119	0.189	0.988	0.009	1.200	0.151	0.931	0.492	1.279	0.002	0.744	0.029
0.934	0.123	1.139	0.176	1.020	0.009	1.221	0.176	0.896	0.459	1.301	0.005	0.935	0.042

资料来源：笔者计算所得。

收入、出租房屋收入的贡献度处于下降通道，利息收入和其他投资收入的贡献度呈现上升趋势，也就是未来利息收入和其他投资收入对财产性收入不平等的解释力度会进一步加强。

（三）研究小结

综合考虑财产性收入来源构成分项的绝对值、基尼系数、集中率和贡献度等四项数据，本书认为利息收入、股息与红利收入、其他投资收入、出租房屋收入是构成当前我国城镇居民财产性收入的主要来源和影响不平等程度的重要因素。历年利息收入占财产性收入比例在11%~14%，波动性不大，不平等程度适中，对财产性收入不平等起到微弱的促减效应，贡献度在逐年提升，这说明利息收入作为传统型的财产性收入，是改善居民财产性收入水平和舒缓不平等的有效稳定器；历年股息与红利收入占财产性收入比例在15%~28%，不平等程度仅次于其他投资收入，具有一定的促增作用，贡献度呈现显著下降态势，这说明该分项对财产性收入不平等具有一定的影响，但是影响力已经开始式微了，其原因与资本市场现状有关；其他投资收入呈快速攀升态势，占财产性收入比例在9%~14%，其不平等程度也非常高，起到显著的促增效应，贡献度逐年上升，是影响财产性收入不平等的重要收入来源分项；历年出租房屋收入占财产性收入比例在45%~58%，其不平等程度最低，起到明显的促减效应，贡献度约在50%，对财产性收入不平等具有重大影响力；保险收益、知识产权收入和其他财产性收入占财产性收入比例均很低，虽然知识产权收入具有最高的不平等程度和最大的促增效应，但是历年贡献度不足0.5%，本书认为可以关注其未来变化趋势，保险收益的促增（促减）效应不明显，贡献度不足2%，并呈逐年下降趋势，对财产性收入不平等不具有影响力，其他财产性收入贡献度也仅在5%之内，具有一定的促减效应，对财产性收入不平等具有微弱影响力。

二、财产性收入来源构成分项的不平等成因分析

通过实证分析，本书基本厘清城镇居民财产性收入来源构成分项不平等程度及其对财产性收入不平等影响力。据此，本书通过城镇居民财产性收入来源构成分项深入剖析影响财产性收入及其不平等的成因。

（一）利息收入视角的不平等成因分析

利息收入源自我国居民各类存款的收益，利息收入水平受到储蓄余额和利率

共同约束，在利率管制的条件下，我国居民存款收益是偏低的，偏低的利息收入水平直接导致居民财产性收入总量偏低。利率水平虽然影响到居民利息收入水平，但是对利息收入不平等程度的影响并不明显，从实证数据看，2007 年后利息收入不平等没有加剧，深究原因是居民收入水平的提高。当居民收入偏低时，最低收入和较低收入组群居民收入基本用于生存开支，无法形成存款，这部分居民难获得利息收入，组群间的利息收入不平等程度就大，当中低收入组群的收入水平得到提高后，扣除生存开支后，收入剩余成为可能，并形成储蓄余额，由此，中低收入组群获得了一定数量的利息收入，改变之前的不同组群利息收入差距状况，利息收入不平等就自然舒缓了。因此，利率可以改变利息收入的极值差，收入才是形成利息收入不平等的根本原因。

表 6–7 列出了 2005 年和 2011 年各收入组群的利息收入，其中 2005 年困难户和最低收入户的利息收入仅仅为 2.09 元和 2.65 元，到了 2011 年分别为 17.84 元和 15.67 元，低收入组群的收入上升改变了利息收入差距现状，最高收入组群与最低收入组群的利息收入倍数从 2005 年的 28.89 倍下降到 2011 年的 23.75 倍，利息收入的基尼系数也从 2005 年的 0.4774 下降到 2011 年的 0.4571，利息收入不平等程度得到了收敛。

因此，本书认为从贡献度角度看，收入是影响利息收入不平等的直接原因，利率只是影响利息收入的绝对值差距，并不影响不同组群间的利息收入不平等程度。

表 6–7　2005 年和 2011 年的利息收入数据

年份	困难户	最低收入户	低收入户	中等偏下户	中等收入户	中等偏上户	高收入户	最高收入户	最高/最低
2005	2.09	2.65	3.67	6.74	15.40	26.61	40.96	79.22	29.89
2011	17.84	15.67	22.57	31.37	51.58	95.32	182.16	372.13	23.75
增速倍数	8.54	5.91	6.15	4.65	3.35	3.58	4.45	4.70	—

资料来源：中国城市（镇）与物价统计年鉴；笔者计算所得。

（二）股息与红利收入视角的不平等成因分析

股息和红利收入与风险直接挂钩，其风险程度大于不动产投资的风险。按风险收益均等原则，高风险对接高收益，换言之，风险是一把双刃剑，包含收益和损失两部分，高风险也对接高损失。因此，偏好高风险的人必定不是低收入组

群，应该是高收入组群，风险性质决定了股息和红利收入在不同组群中分配存在严重的不平等。现实中，我国低收入组群的居民也参与股票等有价证券交易，他们的收益境况并不佳，在当前严重缺乏中小投资者保护，以过度融资为根本目的和弱式有效的中国股票市场，中低收入组群恰恰被喻为“羊群”存在于中国股票市场，他们的期望收益可以想象。综上所述，我们认为风险性质是决定股息与红利收入水平及不平等的根本性因素，资本市场规范化与投资渠道的宽泛是左右股息与红利收入水平及不平等的重要因素，其中前者是客观的，后者具有主观能动性。

（三）保险收入视角的不平等成因分析

保险收入水平取决于理财观念和保险行业规范。我国保险理财尚未成为居民理财的主要形式之一，一方面是理财观念落后所致，另一方面与保险行业在我国发展中的规范性有关，两者共同制约了保险收入水平，所体现的不平等也恰恰是在风险收益均衡下高净值组群率先接纳保险理财所导致的，这进一步说明了我国多层次投资渠道的匮乏，当前居民主要的理财形式以存储和房屋投资为主，并兼顾风险程度高的有价证券，依然没有其他具有高度认同的理财产品，金融市场不发达制约了当前居民财产性收入水平，也制约了保险收入水平。因此，本书认为理财观念、行业规范和金融市场发展是约束保险收入水平及不平等的主因，其背后的原因还在于市场化程度的高低。

（四）其他投资收入视角的不平等成因分析

其他投资收入主要包括收藏品交易的溢价、产权投资收益和房屋交易溢价等，其中收藏品与产权投资是极少数高净值人群涉足的领域，其他收入组群基本没有该部分的财产性收入，在实践中，收藏品交易的溢价和产权投资收益也难以获得相关的统计数据。因此，本书把其他投资收入仅仅指向房屋交易溢价。房屋交易是我国居民参与度极高的一项财产交易活动，财产分布研究结论显示我国城镇居民近八成财产是房屋价值，农村居民近六成财产为房屋价值，居民房屋交易溢价大小决定其他投资收入水平和差异。虽然多数居民的住房是以自住目的为主，但是房屋兼具消费和投资两重属性，不管居民以何种目的交易房屋，就会以交易溢价形式成为居民的其他投资收入。由此可见，居民其他投资收入水平取决于是否拥有可交易房屋和房屋交易溢价水平，其中交易溢价受房地产市场价格体系约束，即受到房地产政策的影响。

我国以往房地产政策刺激了我国房地产市场的过度投资行为，由此形成交易价格持续上涨和房屋财产在不同组群间分布严重不均的现象。高收入组群也因此获得丰厚的收益，中低收入组群各方面处于劣势，除一部分中低收入组群居民获得该阶段的其他投资收入外，多数中低收入组群无缘这场盛宴，表现为居民其他投资收入的不平等现象。

表 6-8 比较了 2005 年和 2011 年其他投资收入数据，高收入组群的其他投资收入增速最快，增速为 5.50 倍，低收入组群、最低收入组群和困难户的增速分别为 1.88 倍、1.59 倍和 2.13 倍。从横向对比看，最高收入组群与最低收入组群其他投资收入的倍数关系从 2005 年的 124.14 倍跃升到 2011 年的 429.39 倍，差距之大足以让人瞠目结舌。因此，本书认为我国中长期房地产市场政策导向是形成其他投资收入不平等的主因。

表 6-8　2005 年和 2011 年的其他投资收入数据

年份	困难户	最低收入户	低收入户	中等偏下户	中等收入户	中等偏上户	高收入户	最高收入户	最高/最低
2005	1.05	1.24	2.30	2.75	5.72	3.89	25.45	153.93	124.14
2011	2.24	1.97	4.32	9.87	18.31	40.72	118.81	845.89	429.39
增速倍数	2.13	1.59	1.88	3.59	3.20	10.47	4.67	5.50	—

资料来源：《中国城市（镇）与物价统计年鉴》，经笔者计算所得。

（五）出租房屋收入视角的不平等成因分析

该分项具有三个典型特点，首先是它的贡献度最大，历年贡献度占 5 成左右；其次是具有最强的促减效应，历年集中率均为各财产性收入来源分项中的最低值；最后是基尼系数处于最低水平，2011 年为 0.4382，并呈逐年下降态势。同时，表 6-9 的数据显示不同群组都存在一定数量的出租房屋收入，各组群的出租房屋收入增速差异细微，这一现象值得反思，为什么低收入组群也存在为数不低的出租房屋收入？为什么出租房屋收入成为各组群财产性收入的主要来源？也即是什么原因导致的。

如果上述问题得到回答，出租房屋收入及其不平等的影响和决定因素也即浮现出来。按“收入、财产和财产性收入”的逻辑关系，穷人收入少，财产也稀薄，财产性收入也就低。然而，国家统计局资料显示最低收入组群的财产性收入确实很少，2005 年困难户财产性收入为 23.06 元，也就是说明穷人的财产水平很

表 6-9　2005 年、2011 年出租房屋收入数据

年份	困难户	最低收入户	低收入户	中等偏下户	中等收入户	中等偏上户	高收入户	最高收入户	最高/最低
2005	18.45	24.07	43.68	59.59	70.35	107.14	194.38	479.14	19.91
2011	60.93	65.36	98.57	137.80	243.39	389.41	587.82	1379.57	21.11
增速倍数	3.30	2.72	2.26	2.31	3.46	3.63	3.02	2.88	—

资料来源：《中国城市（镇）与物价统计年鉴》，经笔者计算所得。

低，继续考察出租房收入状况，仅 2005 年困难户的出租房屋收入就达 18.45 元，该现象形成一个迷局，即穷人何以得到出租房屋收入。合乎逻辑的问题分析要从中国国情出发进行，住房属于中国的根文化，是我国公民终生奋斗的目标，“居者拥其屋”的观念深入公民的骨髓中，哪怕是以家庭资产负债表严重失衡为代价，我国公民也将通过各种努力获得房屋，甚至是多套房屋。因此，住房消费的根文化催生了我国居民拥有房屋的原始动力，也正是这种根文化的效应，包括低收入和中等收入组群在内的我国多数居民一旦拥有房屋后，并不想通过交易获得资本利得，而是长期拥有房屋。同时，为了应对家庭资产负债表带来的压力，低收入组群的房屋出租成为唯一选择，这就构成了他们财产性收入的主要来源，但是他们低资产净值的境况并未得到改善，部分公民甚至处于负资产净值的境地。这既解释了住房为何是我国居民首要财产形式，也解释了困难户也拥有出租房收入之谜。

基于文化背景的租金收入高度依赖房屋本身，居民租金水平也就取决于宏观经济运行、房地产行业发展和居民住房财产积累水平，其中居民住房财产积累水平是导致租金收入差距的主因，宏观经济政策和房地产行业政策则成为调节变量。

（六）知识产权收入视角的成因分析

创新并非一般人所能为的，需借助良好的教育背景和资本优势才能实现，具备该条件的人一般是高净值人群，中低收入组群基本与之隔绝。表 6-10 列出历年知识产权收入在不同组群中的数据，数据显示中低收入组群基本没有此项收入，中高收入组群也非常微薄，只有最高收入组群才有一定知识产权收入，知识产权收入不平等的原因非常清晰。

表 6-10 历年不同组群的知识产权收入数据

年份	困难户	最低收入户	低收入户	中等偏下户	中等收入户	中等偏上户	高收入户	最高收入户
2005	0.01	0.01	0.00	0.05	0.18	0.21	0.17	0.31
2006	0.00	0.00	0.03	0.06	1.12	0.35	0.00	6.47
2007	0.00	0.00	0.10	0.03	0.38	0.05	0.18	10.94
2008	0.02	0.01	0.05	0.01	0.16	0.15	0.07	1.09
2009	0.00	0.00	0.00	0.10	0.31	0.26	0.32	1.42
2010	0.00	0.00	0.00	0.00	0.00	0.09	0.64	7.09
2011	0.00	0.00	0.00	0.00	0.06	0.06	0.08	28.38

资料来源：《中国城市（镇）与物价统计年鉴》。

同时要说明的是最高收入组群并非一定是创新的主体，其凭借资本优势占有知识产权交易收益，但是创新主体可能是拥有良好教育背景又不具备资本优势的人，包含了中低收入组群的居民，这说明了全社会的创新环境和政策有偏差。因此，我们认为教育、资本和创新政策是知识产权收入水平及不平等的决定因素。

（七）其他财产性收入视角的成因分析

其他财产性收入是除其他分项外的财产性收入，包含多个子项，其收入水平和不平等的影响因素也就多，综合考虑其极低的贡献度和变化趋势，本书对其仅仅关注而已。

总之，从财产性收入来源构成分项看，各类政策因素对财产性收入及其不平等的作用显著，诸多政策因素通过影响居民财产性收入形成过程，扩大了居民间财产性收入差距，加剧了居民财产性收入不平等。

第三节 基于个体约束的财产性收入不平等影响和决定因素分析

第一节分析了收入与财产性收入关系，得到了收入是决定财产性收入水平及不平等的决定性因素；第二节在测度财产性收入来源构成分项的基尼系数基础上，论证了各类政策因素对财产性收入的重大影响。除此之外，还有一个关键问题没有得到解决，即影响居民初始财产水平的主因是什么，以及财产到财产性收

入是如何实现的。本书已经从学理上论证了收入是决定财产的逻辑，而财富代际流动则是形成居民初始财产水平差异的另一重要原因。目前，我国居民财富代际流动问题已经开始显现，财富代际流动发生在创业的第一代与第二代之间，有些甚至到第三代之间流动，居民初始财富来源的差别极度扭曲了收入与财产的关系，形成财产分布的新差距。因此，仅从收入角度，也即劳动者报酬角度分析财产水平及差距，研究结论将出现一定的误差，研究还需要将财富代际流动问题纳入到研究范畴中。另外，从财产到财产性收入形成过程看，财产是不会自动转化为财产性收入的，假定其他条件不变，等量财产在不同人的运营下，所形成的财产性收入也必然存在差异，财产运营效率也就浮现到研究的视野中，财产运营效率与个人禀赋是挂钩的，虽然先天的禀赋在客观上存在差异，但是后天改造也可以影响它，而后天改造的主要手段就是人力资本投资，人力资本投资包括未成年时期的投资阶段和终身教育阶段，其中未成年时期是最为关键的阶段。然而，个人处于年幼时期无能与无力进行自身的人力资本投资，投资主体是其依附的家庭，也即是父辈对子辈的人力资本投资，同时，家庭的人力资本投资效率也受到社会政策导向的约束。因此，个人（家庭）和社会均对财产运营效率具有重大的影响力。

一、财富代际转移（流动）对财产性收入及其不平等的影响

综观整个社会，20 世纪 80 年代开始创业的第一代，以及受惠于 1998 年后第二波经济快速增长期的改革红利的既得利益者，已经积累了大量的财产，目前正是财富从父辈向子辈转移的时期，子辈全部或者部分继承了父辈所创造出的财产，这些财产并非是子辈通过勤奋和努力所获得的，是凭空得到的。[①] 虽然他们的继承行为并不违法，但结果是天生注定不同人在财产拥有上存在差异，而这部分人往往是高收入组群的家庭成员，只要他们具有社会平均水平的智力和财产运营能力，其财产性收入占优也就显得如此之容易，“富者恒富”效应将被扩大。这对低收入组群来说，是一种致命的噩耗，尤其是我国经济发展进入后工业化时代，资本市场的逐步繁荣将更有利于拥有更多财产的人群，而非希望通过勤劳努

① 虽然从伦理和法理角度上看，“富二代”、“富三代”继承这些财产是合理的和合法的，但从人类社会发展角度看，依然存在讨论的空间。

力改善自身境况的低收入组群。因此，财产继承是对私有产权的一种有效保护制度，我们不能否认与摒弃它，由此带来的问题是财产性收入的绝对平等仅仅是一种追求，无法强求。然而，这并不意味着人类社会就不能对此进行调节，关注财富代际转移，及其引发的财产性收入不平等问题，是国家必须正视和干预的。我国正在通过推进城镇化改善城乡二元经济形成的各种差距，无论未来我国城镇（市）化率到达65%，还是80%，如果财富代边际转移效应不受到控制，城市的贫民与富人的对峙将取代城乡差距成为未来我国公共事务管理的主要问题，社会动荡将使整体社会福利削减，无论是穷人，还是富人均将为此付出代价。由此可见，财富代际转移通过影响居民初始财产水平，进而影响到居民财产性收入及其不平等，并将带来严重的社会问题。

二、人力资本投资对财产性收入及其不平等的影响

人力资本投资与财富代际转移有相似之处，区别在于它不是简单地坐享其成。从结果看，该问题依然秉承了收入、财产、财产性收入的逻辑关系，也即个人基于财产运营能力水平，通过勤奋和努力改善本人财产性收入状况；从过程看，存在机会不平等的因素，人力资本投资的最主要阶段不是成年时期，而是未成年时期，因此，人力资本投资主体不是受益者本人，而是受益者所归属的家庭，同时，社会对人力资本投资也具有明显的间接影响，这种看似天生注定的现象实质是起点的机会不平等；从实际效果看，国外研究成果揭示家庭留给后代的最大财富不是物质性财富而是教育，也即"授予渔而非鱼"，父辈给予子辈直接的物质财富，子辈可能坐吃山空，父辈以教育的形式对子辈进行人力资本投资，则给予子辈持续创造财富的机会。

穷人与非穷人给予后代的教育概率和教育水平是不一样的，即便在我国目前推行的普及教育基础上，教育质量依然存在显著区别。优质教育不仅可以提高后代财产运营能力，而且会给后代带来因教育形成的人脉关系的社会资本，该资本同样对于个人财富创造具有不可低估的影响。两个因素的综合作用下，社会因此产生分层现象，财富和财产性收入水平在不同社会阶层上产生巨大差异，我国社会阶层板结化倾向越来越明显，穷人因不具备给予后代人力资本投资的实力，哪怕子辈获得诸如土地流转形成的一次性财产性收入，也容易陷入坐吃山空的局面，返贫是必然现象。而人力资本投资作为个人禀赋改造的重要手段，需要持续

几代的努力，处于劣势的穷人是无力也无心承担的，穷人代代在财产运营能力上形成的落差，结果是持续加剧财产性收入不平等程度。

从社会角度看，教育普及和教育质量的改变是非个人所能为的，教育的供给及其质量保障是社会应该承担的责任与义务，社会可以通过完善教育政策来改善劣势组群的人力资本投资不足问题，进而舒缓不同组群间个人禀赋的差距，起到促增居民财产性收入水平和促减居民财产性收入不平等的效果。

综上所述，本书认为人力资本投资对财产性收入不平等有显著影响，而家庭与社会对人力资本投资起到关键性影响作用，进而影响到我国居民财产性收入及其不平等。

第七章　我国财产性收入不平等的形成机理

上述研究得到了影响财产性收入及其不平等主要影响因素，本章将深入分析这些因素对财产性收入及其不平等的作用机理。财产性收入是一系列事件的结果，首先是居民经过初次分配提升当期收入；其次是伴随着居民收入增加，居民财产积累水平开始上升，并受到居民收入差距的影响，居民财产分布的差距也加大；最后是居民财产中的一部分形成资本（生产性财产），资本在再生产中获得收入，其中部分收入作为资本的代价支付给让渡生产性财产权利的所有者，居民财产性收入由此形成，受居民财产分布的差距影响，在其他条件不变下，居民财产性收入也形成差距。进一步考虑政策和个人约束因素的影响，则居民财产性收入的离差会偏离财产分布差距下形成的居民财产性收入离差，也即政策和个人约束会扩大（缩小）居民财产性收入的差距。同时，因为财产性收入和收入具有正反馈机制，财产性收入数量增长也能通过收入对不平等形成间接影响。

在这一系列事件中，财产性收入存在两种效应，即财产性收入数量增长效应和财产性收入的分配效应。从数量增长看，居民财产性收入水平提升可以增加居民收入，改善居民的生活水平，尤其对低收入组群而言，财产性收入数量增长是他们拓宽收入渠道的有效路径；从分配效应看，实证研究结论显示财产性收入数量增长偏好非穷人，尤其偏好富人，穷人仅仅获得少量的财产性收入，甚至没有（诸如知识产权收入），财产性数量增长不仅没有改善穷人的分配境况，反而扩大了不等程度，当然，消除不平等不能采取直接取消财产性收入的手段来实现，这违背经济发展规律，也是因噎废食的方法，我们希望的措施是既能促增财产性收入数量增长，也能抑制居民间财产性收入不平等，而要寻找到如此合意性的措施需要从系统的有机视角出发，解析财产性收入不平等的形成机理。

为此，本书沿着“收入—财产—生产性财产（资本）—财产性收入”的分析脉络，解析财产性收入不平等的机理（见图 7–1）。

图 7–1 勾勒出财产性收入不平等形成机理的概貌。财产性收入不平等形成的一般逻辑是收入决定存量财富（静态财产）的大小、存量财富决定生产性财产大小、生产性财产决定财产性收入大小。政策因素和个体约束因素作为调节变量，对收入水平、收入和财产与财产和财产性收入间的转换起到约束作用，财产性收入在收入差异、财产分布差异、政策约束和个体约束的共同作用下，一方面呈现出财产性收入的数量增长，[①] 另一方面则是居民间财产性收入极差值加大和不平等程度扩大。由此可见，财产性收入不平等的形成贯穿于整个分配环节，包括初次分配和再分配领域，分析财产性收入不平等的形成机理要溯源到初次分配领域，需要分别考察收入、财产等变量和政策、个体约束等调节变量对财产性收入不平等的作用机理，才能全面洞察和勾勒出财产性收入不平等形成机理的轮廓。

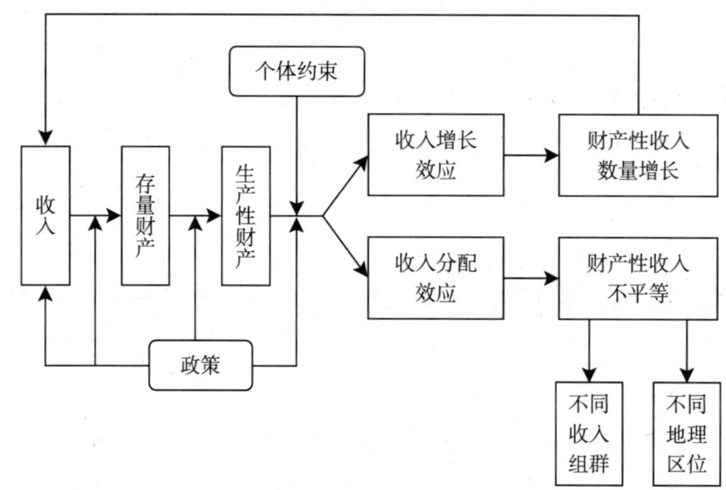

图 7–1　财产性收入不平等形成机理

一、初次分配中不平等对财产性收入不平等的作用机制

初次分配中不平等属于功能性分配范畴，生产要素投入到生产体系中，共同运作，创造出新增价值，并以要素贡献率为分配标准，生产要素得到各自的份

① 按帕累托改进的定义，当所有的居民财产性收入均得到改进时，个体的福利和整个社会的福利也均得到增进，显然，这是好的事情，但是其不意味着是最优的结局，抑或是并不能说明不平等被收敛。

额，初次分配体现了效率原则，具有合法性与合意性。如果一个社会最根本的激励手段都被否定，那么整个社会将失去前进的动力，因此，在人类社会文明的进步历程中效率是不能被否决的。按初次分配中效率原则，本书关注我国初次分配中两个焦点问题：其一是我国生产要素的边际生产力有没有得到科学的界定，换言之，劳动者报酬有没有得到压制；其二是如果劳动者报酬受到压制，则谁挤占了劳动者报酬。虽然两个问题似乎与财产性收入不平等没有关联，但是它们通过影响居民收入水平，对财产性收入不平等的形成产生作用。

（一）收入对财产性收入不平等的作用机理

假定其他条件不变，收入作为唯一的自变量，财产性收入随收入变动而变动。收入是财产积累的直接源泉，[①] 居民收入扣除生存所必需的支出后，如果不存在其他消费支出，则剩余的全部均转化为财产。在这一转化过程中，不同收入组群因收入水平差异而形成财产分布差距，低收入组群的收入水平很低，扣除生存支出后，所剩无几，财产的积累水平也很低，一些低收入者甚至零财产或者负财产，高收入组群的收入水平极高，哪怕扣除生存开支后存在其他消费支出，依然存在大量剩余，能够形成高水平的财产积累，由此形成了高收入组群的财产处于高位、低收入组群的财产处于低位的财产分布格局。而财产是财产性收入的客体，财产性收入是让渡财产权利，或者出售财产所获得的回报，在其他条件给定下，居民财产水平高低决定其获得回报的高低，也即形成财产性收入的差距。

由此可见，收入不平等并不直接决定财产性收入不平等，而是通过中间变量——财产——对财产性收入及其不平等产生影响，这一关系也解释了财产性收入不平等形成的源头是收入水平及差距。

（二）收入水平提升对财产性收入不平等的作用机理

财产性收入不平等的根源是收入，具体而言，中低收入组群的收入水平过低导致他们无法积累起财产，或者所积累的财产数量有限，高收入组群则因收入水平处于高位，财产积累水平也高，由此形成了财产性收入的差距。随着居民收入水平提升，中低收入组群居民将有更多的剩余，所能积累的财产也得到提升，其中，居民收入水平提升对低收入组群意义更为显著，低收入组群将摆脱无财产的痛苦困境，财产性收入也是从无到有，并随着收入水平上升而逐步增加，居民财

① 此处假设没有财富代际流动性问题。

产性收入不平等差距的缩减就具备了解决的物质基础。因此，基于我国依然是发展中国家和劳动者报酬依然偏低的事实，要提高收入剩余，唯一与之可行的路径是提高收入水平，尤其是通过提升底层居民收入和扩大中低层居民的收入，使得多数人具有衍生财产性收入的基础，这才有可能收敛财产性收入不平等程度，反言之，则会持续扩大财产性收入不平等程度。

（三）初次分配中劳动者报酬改善对财产性收入不平等的作用机理

厘清了收入、收入提升对财产性收入不平等的作用机理后，剩下的问题就是如何提升居民收入水平，也即回到两个聚焦的问题上。居民收入水平提升可以在存量和增量两个方面进行，从存量视角看，提升中低收入组群的居民收入，必然是采用极端的均贫富手段，穷人通过掠夺非穷人的存量份额实现自身收入水平提升，这一手段是不合意的，在效率上、法理上和正义上都是不具备逻辑性的，一般而言，非穷人获得的高收入也是通过个人的勤奋和节俭所得到的，应该受到承认和保护，也即随意改变合意与合规的初次分配中规模性分配格局不是一个合适的方法；从增量角度看，则考察居民收入总水平能不能得到有效增长，也即我国劳动者报酬在初次分配中是不是合理的，有没有被挤占，如果存在这两个问题，则哪怕经济增长处于停滞状态，居民总收入水平也将得到提升，虽然非穷人也会受益，但是穷人将获得更大的利益，从较长时间跨度看，随着穷人收入增加，其财产境况也得到改善，穷人的财产性收入也必将提升，而财产性收入与收入存在正反馈机制，穷人的财产性收入边际弹性也大，上述事件一旦发生，我国居民财产性收入不平等必将被缩减。因此，初次分配中劳动者报酬的改善通过调节居民收入水平，最终对财产性收入不平等形成作用。

二、政策对财产性收入不平等的作用机制

政策对财产性收入不平等的作用机制有四类：①宏观政策对初次分配中居民收入水平的作用机制。②民生、税收政策对居民财产积累水平的作用机制。③金融、地产等行业政策对生产性财产形成过程的作用机制。④教育等政策对居民财产营运能力的作用机制。

（一）宏观政策通过对初次分配中居民收入水平的作用，形成对居民财产性收入不平等的影响

前面我们已经讨论了收入对财产性收入不平等的作用机理，仍存在一个关键

问题没有得到解决，即居民不可能通过自身力量改变初次分配中收入分配格局，只能是以工资协商、罢工，甚至演变为社会不稳定因素来表达改善劳动者报酬份额的强烈意愿，该意愿能否得到最终解决，需要依靠国家的宏观政策调整，换言之，不同的宏观政策会导致不同的功能性分配格局，也即政府、企业和居民部门占国民收入比重将不一样。如果宏观政策的修正有利于劳动者，则新的初次分配格局中劳动者报酬占比将有所提升，沿着收入对财产性收入不平等影响的作用路径，宏观政策将发挥其自身的影响力。

（二）民生、税收政策通过对居民财产积累水平的作用，形成对居民财产性收入不平等的影响

1. 民生政策对财产性收入不平等的作用机理

收入是财产积累的基础，而财产积累比率水平取决于边际消费倾向，对于富人来说，其消费意愿是在奢侈与节俭所带来的两种愉悦间的选择。一般而言，除了像封建庄园主一样极度奢靡之外，正常的奢侈对富人财产积累的影响程度极低，低边际消费倾向使得富人财产积累处于惯性的增长路径中，对于穷人而言，也包括中低收入组群，他们处于生存性支出消费和储蓄积累（或财产积累）的选择中，即当期痛苦的节衣缩食与未来相对宽裕的正常生存间的困难抉择，满足现在相对宽裕生活水平意味着未来痛苦，满足未来正常的生存条件意味着当期痛苦，多数人在抉择中是无奈的和个人无力改变的。假定所有人的财产运营能力和其他条件既定下，富人的财产性收入将呈现几何级增长，穷人的财产性收入呈现算术级增长，[①] 甚至无增长，居民间财产性收入差距大，且呈持续扩大态势。民生政策作为托底措施，可以在一定程度上舒缓居民财产性收入不平等程度，民生政策作为社会供养体系的一种重要方式，主要是以中低收入组群为保障对象，涉及人类生存所必需的居住、医疗、教育、子女供养和养老等领域，政府的供给体系提供基本保障，个人仅承担其中一部分开支，这就压缩了中低收入组群的生存支出额度，降低了中低收入组群的边际消费率，提高了边际储蓄率，中低收入组群因此能够积累一定数量的财产，绝对贫困者的财产也可能突破“零财产”的魔咒，这些居民一旦拥有一定数量的财产，财产性收入数量上增长也就成为可能，虽然富人的财产性收入增长并未停止，但是中低收入组群财产性收入的增长起到

① 对于绝对贫困者而言，没有财产，也就没有财产性收入。

了舒缓财产性收入不平等的程度。因此民生政策是从托底角度对财产性收入不平等形成影响。

2. 税收政策对财产性收入不平等的作用机理

本书一直主张不能仇视因勤劳和节俭而富裕的人群，他们应该得到社会的褒奖。现实问题是我国已经形成巨大的财富差距，以及由此聚集起社会不稳定的氛围，富人已经无法独善其身，必须直面现实情况，本书认为从社会正义角度看，富人应该和必须回报社会，在舒缓经济不平等中有所作为。显然地，慈善不是首选项，多数富人也不会自觉地回报社会，这就需要政策的调控，合意性政策是选择二次分配中的税收政策。税收政策一方面可以抑制富人收入的无节制增长，另一方面通过强制富人以纳税形式提供给国家实施民生政策的物质基础，改善穷人的经济状态，故税收政策从两头改善居民的收入水平，[①] 改变了居民间财产分布差距，最终对财产性收入不平等形成影响。另外，我们注意到财富代际转移也是财产积累的主要来源之一，是造成居民初始财产分布不平等的主因之一，消除该现象也不可能采用极端手段，其既不符合我国文化传统，也不符合法理上的规定，合意性措施依然是税收政策，通过税收政策可以有效抑制因财富代际转移形成的初始财产不平等程度。

本书要特别指出的是税收政策可以舒缓财产性收入不平等程度，但是政府不能据此选择恶税政策，而是在基于国情、文化和现实的基础上制定合意性税制，也即政府不能依据权力占优地位过度侵蚀其他部门的收入。

（三）金融、地产等行业政策通过对生产性财产形成水平的作用，形成对居民财产性收入不平等的影响

行业政策更偏好非穷人，虽然政府并非有意而为之，但是资本属性，抑或是资源的配置效率导致了该现象。从资源配置效率角度看，合理的产业政策将诱导更多的财产转化为促进某一产业发展的生产性资产，而让渡这些生产性资产权利的拥有者是有财产的人群，也即相对富裕的人群，随着产业的高速发展，相对富裕的人群将获得丰厚的回报，财产稀缺的中低收入者将被屏蔽在财富大门之外，居民间财产性收入不平等被持续加大。具体而言，我国居民主要财产是住房和储蓄，对应的投资渠道是房地产、储蓄、股票和国债等，也包括 2008 年后兴起的

① 穷人获得国家托底政策支持后，其支出减少，也就意味着收入在增加。

各类理财产品，所涉及的行业是金融与房地产业，目前，金融与房地产政策均成为助推我国居民财产性收入不平等扩大的动力源。从金融政策看，金融管制一直是我国资本市场难以抹去的诟病，管制的存在直接导致低收入组群难以获得金融支持，高收入组群因容易获得金融支持而偏好于将财产转化为生产性财产，获得财产性收入，由此形成财产性收入的极大差距，扩大了财产性收入不平等，究其原因是监管与放权的权衡问题，过度的金融管制直接导致我国资本市场投资渠道单一，低水平财产拥有者没有合适的投资渠道匹配，各类投资渠道从设计之初就偏好富人，金融资源和富人形成强强促进效应，该效应导致了我国财产性收入的不平等；从房地产政策看，促进房地产市场的市场化发展政策是没有问题，问题在于我国房地产政策应该包含低收入组群的住房需求，即房地产行业的市场化启动既要考虑住房的消费属性，也要考虑其投资属性，并以消费属性为主，完全市场化的结果是一部分人因地产而先富，另一部分人则陷入更加贫困的境地。当前房地产市场过度偏好投资属性，结果是房产价格一路飙升，低收入组群为了获得住房，只能以放弃其他财产和以增加家庭负债为代价，由于低收入组群的住房是以自用型为主，[①] 富人也包括少量高风险偏好的非富人得益于当前房地产政策，获得数额不菲的房屋溢价收入，最终形成财产性收入的不平等。

因此，行业政策的偏好是导致居民生产性财产形成的直接原因，其不仅杜绝了贫困者的财产性收入获得，也对中等收入者产生影响，只有利于中高收入组群，本书在不否认产业政策效率导向的前提下，指明了其对财产性收入不平等的作用机理。

（四）教育等政策改善了居民财产营运能力，形成对居民财产性收入不平等的影响

生产性财产形成财产性收入的过程还受制于个人的财产运营能力。个人财产运营能力取决于人力资本投资水平，显然地，具有不同人力资本水平的人运营生产性财产的效率是不一样的，产出也不一样，人力资本水平高的人可以获得更多的财产性收入，财产性收入不平等也因此形成。人力资本水平高低依靠教育的提升，教育的供给一方面与家庭关联，另一方面与政府关联，政府可以通过教育政

① 本书前面研究指出穷人住房是持有型的，最多基于家庭负债表压力，获取一定的租金收入，基本没有财产溢价收入。

策的完善调节个体人力资本发展状况，进而影响财产性收入不平等程度。

三、个体约束对财产性收入不平等的作用机制

个体约束对财产性收入不平等的作用主要体现在生产性财产的运营效率和初始财产的不平等上。从财产运营效率看，任何个体均可以不受限制地管理自己的财产，并获得财产性收入，由于存在先天禀赋差异和后天人力资本投资水平差距，个人运营财产的效率是有显著差异的，最终获得的财产性收入水平也迥然，其中禀赋是客观存在的自然现象，尚无合适方法可以消除禀赋在个体间造成的影响，后天人力资本投资是可以调节的，居民可以通过对自身或子辈进行人力资本的投资，提高运营财产的能力，以此获得更多财产性收入，居民间财产性收入不平等因此得以加大或缩减；从初始财产不平等看，除收入对财产积累水平的约束外，目前遇到更严峻的现象是财富代际流动形成的初始财产不平等现象，财产从父辈传承到子辈，不仅增厚了子辈的初始财产，而且大大缩短了子辈财产积累的时间跨度，使得子辈获得占优的起跑点，哪怕子辈财产运营能力一般，[①] 数量优势也会击垮效率优势，扩大居民间的财产性收入不平等程度。

当然，各个因素存在交互作用，个体约束的财富代际转移和人力资本投资强度又与税收、教育、人事的政策交织在一起，为了厘清各个因素对财产性收入不平等的作用机理，本书假定其他条件既定的情况下，进行单因素分析，得到没有交互影响的结论。

四、财产性收入数量增长与财产性收入不平等的关系

本书基于图 7–1，阐明了收入、政策和个人约束等因素对财产性收入不平等的作用机理，最后本书还需厘清财产性收入数量增长与财产性收入不平等的关系，回答数量增长会不会改变财产性收入不平等程度，以及其实现的机理是什么样的。

财产性收入数量增长与收入水平形成互动的反馈机制。按不平等测度的规模无关性公理约定，所有组群的财产性收入按原有的分配比例获取，只会出现居民

① 如果下一代成为奢靡的一代，那只能是坐吃山空，在一定时间跨度下，不存在其财产性收入占优的现象。

间财产性收入极值差扩大，不会影响不平等测度指标的变化，也即全体居民财产性收入同比例增加时，居民间财产性收入不平等程度保持不变。那么数量增长是不是和财产性不平等没有关系，显然，答案是否定的。从不断循环的财产性收入形成过程看，可以发现不同组群当期获得的财产性收入绝对值是存在差异的，高收入组群高于低收入组群，而财产性收入作为居民收入来源构成分项项目，将影响下一期的财产积累水平，因富人存在较多的当期财产性收入，其当期的收入水平也就更高，会形成下一期更高的财产积累水平，穷人则因微薄的财产性收入难以大幅改变其下一期的财产积累水平，因此，下一期居民间财产分布差距进一步扩大，在不变的财产运营能力和政策背景下，下一期财产性收入差距也将会改变，最终改变下一期的财产性收入的不平等程度，即财产性收入数量增长通过居民收入水平影响了财产性收入的不平等程度。同时，从低收入组群角度看，财产性收入数量增长也具有舒缓财产性收入不平等程度的作用，前提是全体居民财产性收入数量不是同比例增长的，且低收入组群的增速大于高收入组群的增速，如果这一现象出现，低收入组群财产性收入水平将得到改变，居民间财产性收入不平等程度将被缩减。当然，全体居民财产性数量增长比例的改变受多种因素的制约。

另外，从一定历史阶段看，财产性收入数量增长在不同阶段对财产性收入不平等的影响力是有差异的，假定居民间财产性收入按同比例增长，在起步阶段，居民财产性收入宛如收入增长的情境，表现为总量低、增速快、边际弹性大等特点，富人的财产性收入增长无论是数量还是增速远远高于穷人，居民财产性收入差距持续扩大；随着财产性收入进入成长期后，虽然该阶段穷人开始形成一定数量的财产性收入，但是因富人前期占优地位，出现“马太效应”，财产性收入差距将进一步扩大，政府和社会也因此承受更大的压力，进入到某一时点后，整个社会总收入将达到很高水平，其足以让原先的穷人变成拥有较多收入的中产阶级后，随着穷人的数量大幅下降，财产性收入数量增长对拉大财产性收入差距贡献显著下降，财产性收入不平等开始收敛，三阶段的变化形成“倒 U 型”的财产性收入不平等的演化趋势，这也是人类社会所希望达到的结局。

虽然财产性收入不平等可能会出现“倒 U 型”现象，但是世界上尚无这方面的实证数据用以检验，诸如欧美发达国家的财产性收入基尼系数一直很高，也未出现拐点，这既说明了“倒 U 型”状态仅仅是理论假设，也说明了自由经济能否实现财产性收入不平等的收敛存在质疑。因此，在财产性收入扩大阶段政府和社会事务管理者必须介入和调控。就我国而言，我国居民财产性收入刚刚进入起步阶段，部分低收入居民的财产性收入微乎其微，中高收入居民财产性收入才形成雏形，财产性收入在居民收入来源构成分项中增速最快，不平等程度高，如果国家不加以调节，仅仅依靠市场本身的运行规律进行自我修正，我国居民将要承受由此带来的贫富鸿沟持续扩大的痛苦，社会也将持续测试其承压的能力。故此，本书认为政府进行调控成为必需的手段。

政府可以采用直接行政干预和市场化政策等手段调控财产性收入不平等问题。直接行政干预对效率的负面影响过大，原则上慎用，市场化政策见效周期长，对个人勤奋精神的伤害小，是首选的政策选项。政策调控对象依次是收入、财产积累和财产运营能力等环节，主要包括财产性收入促增和不平等舒缓两个方面。

第八章　研究结论与政策建议

上述各章的定性与定量分析，厘清和论证了收入、财产、财产性收入的范畴和相互间的关系，以及当前社会和理论界最为关心的财产性收入不平等程度、成因和形成机理。

本章首先对上述各章的研究成果做系统归纳，首先，从系统有机的角度总结收入、财产、财产性收入现状、财产性收入不平等的影响因素和作用机理，其次，基于我国居民财产性收入现状及不平等成因，提出促增我国居民财产性收入的措施和促减财产性收入不平等的路径。本书希望所提的政策建议能在未来促使我国居民财产性收入不平等保持在适宜的水平内，让每个社会成员均有机会分享经济发展的成果，社会不存在极端的贫穷与富裕对峙现象，不存在因在富裕中贫困给公民带来感知上“公平”的缺失，力求消除因绝对贫穷形成的底层居民生存压力，实现全社会共同富裕目标，建立起经济有效率、社会有稳定的“橄榄型”社会，保持我国经济社会持续和谐发展。

第一节　研究结论

中国正处于多种矛盾交错的特殊历史时期，面临着既有全球经济再平衡带来的冲击，也有发展中国家工业化进程到一定阶段固有的各种矛盾。我国人口众多、地域广袤，没有哪个业已完成工业化进程的发达国家可与我国相提并论，矛盾的解决没有可参照的样本，如何破题，本书认为经济不能过度失速，社会必须稳定，实现该目标的关键在于分配领域，矛盾的解决之道既要激发公民创造财富的激情，又要考虑社会福利的整体增进。具体而言，存量财富是业已形成的事实，落脚点还应在增量财富上，如何在增量的财富中确定适宜性的分配比率将成为我国今后相当长一段时间内经济领域改革的重头戏。财产性收入作为我国居民未来收入的重要来源构成，与收入形成相互的反馈机制，其分配的平等与否将通过收入平等途径影响我国经济平等，进而影响我国社会稳定。

关于财产性收入的分配问题，本书得到一个基本而又符合当前中国现实的观点：平等与效率相均衡的观点。显然地，绝对平等是平均主义思想的复活，会掉入极端福利主义的陷阱，加重整个社会的负担，欧盟一些福利国家所面临的经济增长和社会稳定问题已经证明绝对平等的弊端。效率优先的导向也存在质疑，姑且不论我国经济的效率是以牺牲环境、消耗资源为代价所取得的，假定我国效率是合理经济发展模式下取得的，在前 30 多年工业化进程中，我国已经形成高收入组群在各个方面占优局面，改革的主要红利被高收入组群分享，随着以资本、技术等生产性要素占优的后工业化时代的开启，组群间的贫富差距必然会持续扩大，尤其在财产性收入方面不平等程度将持续加重，我国贫富鸿沟将难以被缩减，如果政策继续偏好效率优先，这是在宣告穷人永远处于底层，且其后代也将延续祖辈的命运，结果是经济不平等演化为社会不平等，正如色诺芬阐述的一样，社会动荡也将是不太遥远的事。因此，平等的考量必须纳入社会层面进行思考，基于经济层面和社会层面的考量，平等与效率的抉择也就确定了，即经济有发展、社会有稳定，平等与效率需要相均衡。基于该观点，本书认为社会应该既不仇视和压制不违法创造财富的创业行为，也不回避肩担共同富裕的责任，把平等和效率有机统一起来考量，整个社会形成人格健全的公民、人格健全的政府、人格健全的社会，多方共同努力下建设和谐局面。

全书除得到基本结论外，还得到其他研究结论：

一、收入与财产性收入存在高度正相关性

本书研究发现收入与财产性收入具有显著正相关性，两者相关系数为 0.989，在 0.01 置信水平上具有显著性，收入与财产性收入的显著正相关性说明收入增加必然会带来财产性收入的增加。换言之，穷人要提升财产性收入，其先决条件是在维系其生存必需支出之外，依然存在一部分收入剩余，这样才有可能获得财产性收入。因此，本书把这看似常识性的观点作为主要研究结论之一，是认为如果撇开收入因素，任何从政策和禀赋改善角度出发的促增财产性收入的措施，仅

仅有利于已经拥有一定财产的非穷人，而对于当前依然有 1.28 亿绝对贫困的穷人而言，这些措施均为纸上谈兵和空中楼阁。

二、初次分配中劳动者报酬占比过低制约了我国居民财产性收入水平

从全国数据看，我国 1978~2012 年的劳动者报酬均值为 47%左右，最大值为 53.28%，最小值为 39.74%，远远低于国际主要经济体 60%左右的均值，在经济总量增速最快的 2004~2012 年间，劳动者报酬占比位于 46%以下，并有向 40%水平收敛的倾向；从分八大经济区的数据看，各区域 1995~2012 年的劳动者报酬占比呈明显下降趋势，2003 年后各区域劳动者报酬占比基本上处于 50%以下。过低的劳动者报酬占比影响了我国居民收入水平，促增财产性收入也就失去了源头活水。

三、企业是挤占居民劳动者报酬的主因，国家是次因

无论是全国情况，还是分八大经济区情况，研究均得到企业是挤占劳动者报酬的主因，国家是挤占劳动者报酬的次因。从全国数据看，营业盈余在 0.01 置信水平上与劳动者报酬占比呈显著负相关，生产者税净额占比在 0.05 置信水平上与劳动者报酬占比显著负相关；从区域数据看，营业盈余在 0.01 置信水平上与劳动者报酬占比呈显著负相关，而东部地区（置信水平 0.01）、大西北地区（置信水平 0.01）和东北地区（置信水平 0.05）的劳动者报酬占比与生产者税净额占比呈显著负相关，黄河中游（置信水平 0.1）呈显著正相关，其他地区相关性不显著。数据说明企业是挤占劳动者报酬的主因，政府是次因，其中政府因在权力上占优，导致其收入水平不随经济周期变化而变化，保持平稳上升态势，生产者税净额刚性运行趋势证明了政府虽然没有直接挤占劳动者报酬份额，但是间接挤占了劳动者报酬。

四、保持经济效率是改善劳动者报酬的根本路径

1998~2012 年我国经济第二个增长区间内，劳动者报酬从 1998 年的 41960.46 亿元上升到 2012 年的 262864.06 亿元，增长了 6.26 倍，年均增长为 35.1%。由此可见，促增收入的根本路径是在增量上下功夫，保持经济持续增长是促增劳动者报酬的必要条件，改善劳动者报酬占比不能仅仅顾及蛋糕的切分，

而忽视经济增长的作用。目前，我国经济整体水平依然偏低，以经济增长促增劳动者报酬增长的空间还很大。同样地，基于地区数据的分析也支持上述结论，2004 年后北部沿海、东部沿海和南部沿海劳动者报酬总量有明显提升，其他地区基本是 2007 年后才出现上升趋势，这说明当经济发展达到一定阈值时，经济体自身就具有推升劳动者报酬增长的动力。当前，我国既有 1.28 亿绝对贫困者，也有数量众多的中低收入者，如果仅仅在存量上做加减，政府只是向公众宣誓致力于不平等问题解决的责任和积极态度，但没有收入的递增难以谈得上财产性收入增加，因此，解决财产性收入不平等的落脚点还在劳动者报酬上，这也是本书主张的平等与效率相权衡的实质所在。

五、我国居民的财产存在形式相对固定

城镇居民主要财产类型是房产和储蓄，农村居民则是房产、储蓄和生产性固定资产。2012 年城镇居民房产占总财产的 79.90%，储蓄为 18.69%，其他财产占比微乎其微；2012 年农村居民房产占总财产的 58.58%，储蓄为 28.99%，生产性固定资产为 10.13%，虽然与城镇略有区别，但是房产和储蓄依然占绝对份额。农村居民财产还呈现两个显著变化，其一是储蓄保持持续上升，占比从 1985 年的 12.81%到 2012 年的 28.99%；其二是生产性固定资产持续下降，占比从 1985 年的 23.39%到 2012 年的 10.13%，该变化趋势一方面说明增加收入对于财产积累的积极意义，另一方面说明小农经济必将制约农村居民的经营规模和效率。

六、城乡居民财产分布差距大

城乡居民财产分布存在巨大差异。2012 年城乡间居民人均财产总值、房产价值和人均存储额等差距分别是 195345.84 元、165292.38 元和 32070.86 元，城乡居民财产分布差距显著。从趋势看，1998~2010 年城乡居民总财产差距倍数稳定在 8 倍左右，说明巨大的城乡居民财产分布差距未得到有效遏制。

七、财产性收入呈现总量低、增速快和差距大等特点

通过按收入和地区分组，研究得到财产性收入的特点如下：

（一）财产性收入总量低

从收入分组看，1985 年全国、城镇居民和农村居民人均财产性收入分别为

23.37 元、29.47 元和 3.74 元，2012 年分别为 489.78 元、706.96 元和 249.05 元，1985 年全国、城镇居民和农村居民人均收入分别为 478.56 元、739.08 元和 397.6 元，2012 年分别为 16668.71 元、24564.72 元和 7917 元，比较 1985 年和 2012 年全国、城镇和农村居民的财产性收入和收入数值，可以发现我国居民财产性收入总量低，财产性收入最大值是 2012 年城镇居民的财产性收入，为 706.96 元，占同期城镇居民人均收入的 2.88%。从地区分组看，截至 2012 年，城镇居民财产性收入的最大值为南部沿海的 1507.96 元，最小值为大西北地区的 192.21 元，农村居民财产性收入最大值为东部沿海地区的 554.1 元，最小值为长江中游地区的 105.1 元。由此可见，我国居民财产性收入处于起步阶段，呈现总量低的特征。

（二）财产性收入增速快

我国居民财产性收入虽然总量低，但是增速快。从收入分组看，城镇居民从低到高七个组群 2011 年比 1995 年的财产性收入分别增长 4.39、4.34、4.92、6.51、6.79、11.48、9.79 倍，年均增长率为 28.26%、27.86%、32.7%、45.93%、48.28%、87.33%、73.26%；农村居民从低到高五个组群 2012 年比 2003 年财产性收入分别增长 3.59、3.77、4.15、4.36、3.6 倍，年均增长了 28.8%、30.7%、34.98%、37.34%、28.89%。从地区分组看，北部沿海、东部沿海、南部沿海、长江中游、黄河中游、东北地区、西南地区、大西北地区的城镇居民财产性收入年均增速分别是 21.59%、35.29%、23.57%、25.94%、6.72%、50.56%、32.77%、28.43%；农村居民年均增速为 21.75%、20.68%、7.41%、1.99%、13.96%、42.44%、0.33%、10.63%，农村居民财产性收入增速略低于城镇居民，个别地区存在增速缓慢的现象，总体增长势头依然表现强劲。由此可见，无论是按收入分组还是按地区分组，我国财产性收入的增速迅猛。

（三）财产性收入差距大

财产性收入差距表现在收入组群间、区域间和城乡间。从收入分组看，1995~2011 年的城镇居民最高收入组群与最低收入组群财产性收入倍数在 6.44~36.25 倍，农村居民 2003~2012 年的倍数在 13.87~24.4 倍，贫富差距悬殊；从地区分组看，沿海等发达地区的财产性收入远高于内陆腹地贫困连片的地区；从城乡之间看，2000~2012 年按收入分组的城乡居民财产性收入倍数处于 2.01~2.87 倍，城乡差距也很显著。由此可见，我国财产性收入虽然才起步，但是其差距已经张开巨大豁口，并呈持续扩大化的态势。

八、财产性收入不平等程度高，影响力持续上升

从收入来源构成的四个分项看，财产性收入的基尼系数仅次于转移性收入的基尼系数，高于工资性收入和家庭经营纯收入的基尼系数，并且在四个收入分项的基尼系数中，只有财产性收入基尼系数呈现上升态势，工资性收入、转移性收入和家庭经营纯收入的基尼系数均呈现显著下降态势；从地区分组看，财产性收入的基尼系数最高，是最不平等的收入分项；从变异系数角度看，无论是按收入分组还是按地区分组，农村和城镇居民的财产性收入标准差变异系数大于其他三个收入分项，说明财产性收入的不平等最大。由此可见，财产性收入不平等高，并且持续扩大的财产性收入不平等对总收入不平等的影响力逐年加强。

九、财产性收入不平等的影响因素涉及面广

从系统有机的观点出发，在整个分配领域中，有三个方面因素影响财产性收入不平等。

（一）收入因素

收入因素主要指初次分配中劳动者报酬占比的合理性，是财产性收入不平等的根源。

（二）政策因素

政策因素包括宏观经济政策、民生政策、税收政策、金融政策和房地产政策等。其中宏观经济政策和民生政策通过影响居民收入水平，对财产性收入不平等产生影响；税收政策则通过再分配的调节对财产性收入形成影响；金融政策和房地产政策则约束了居民财产性收入四项主要来源构成的水平，并对财产性收入不平等形成影响。

（三）个人约束因素

个人约束因素包括了初始财产不平等和人力资本投资强度。居民初始财产差距受制于收入水平高低和财富代际流动，其中财富代际流动造成的初始财产差距更加缺失公平性；人力资本投资强度与教育高度关联，涉及家庭、社会等因素。

十、重要推论

（1）对于我国全体居民而言，促增财产性收入的根本途径是增加劳动者报酬，这是在效率中寻求平等的最优方法。

（2）对于非穷人而言，其已经具备了财产和人力资本基础，决定他们的财产性收入水平的主要因素是政策因素，政策因素也是促成非穷人间财产性收入不平等的主因。

（3）对于穷人而言，除了提高其劳动者报酬外，提升穷人财产营运能力是促增财产性收入的关键所在，也是杜绝贫困代际转移的长效措施，对舒缓居民间财产性收入不平等有积极意义。

第二节 政策建议

虽然我国财产性收入总量低，但是增速快、不平等程度高，给业已承压的我国政府和社会形成新的冲击，是我国未来面临的新挑战。面对挑战，政府应该在矛盾初显的萌芽期，抓住财产性收入不平等形成的关键所在，采取有针对性的应对措施，以“预”的思路防微杜渐，逐步消融未来财产性收入不平等带来的巨大贫富鸿沟。

具体而言，政府解决收入分配问题时应该持“平等与效率”相均衡的观点，在平等与效率之间把握好适宜的尺度，过度偏好效率，将把经济平等与社会平等割裂开考虑，虽然在工业化初期，财产性收入不平等的影响力度不高，不会造成社会不稳定，但是随着工业化进程到一定程度，教育水平的提升、大量中产阶级的出现和民主意识的加强，人们将把视野从生存需要上升到更高水平的需要上，并把思考视角从物质和财富的平等转向包含道德和社会行为规则的正义考量中，财产性收入不平等也就成为社会稳定的新隐患。当然，本书并不否定发展中国家在工业化进程前半段采纳效率优先政策为导向，也不断然认为工业化后半段就是以平等优先政策为导向，各国情况存在一定差异，本书只是要说明当公民普遍感知到经济不平等时，在民主意识催化下，经济问题与社会问题将交织在一起，给社会带来挑战，给政府管理形成压力。同样地，过度偏好平等也未必是解决财产性收入不平等的最优选择，它将导致极端福利主义和民粹主义浪潮，也会造成社会的不稳定。因此，本书认为既要考虑平等问题，也要注意到平等是有物质基础的，如果放弃效率，也即忽略市场主体创造财富的激情，勤奋和创新精神将被磨灭，经济增长的动力将失去，经济体系新增加价值将减少，甚至消失，就会遇到奖品何处来的尴尬境界。进一步地，放弃效率而过度追求平等甚至可能引发激烈的社会冲突，当中低收入群获得过多经济体系产出物时，[①] 中高收入组群的抵抗也就开始了，对抗的结果要么是一方暴力地消除另一方财富拥有权，要么是以社会动荡形式展开不同阶层的对峙，无论哪种方式均会导致经济体失速和国家衰落，国别经济发展将开历史进程的倒车。显然地，任何一个负责任的、谋求人类福祉的国家均不可能接受该结果。

因此，分配问题既是一个经济现象，也是一个社会、政治领域关注的焦点，财产性收入作为我国未来收入来源的主要构成分项，在我国经济、社会和政治领域所发挥的作用将和总收入所起的作用相一致。因此，财产性收入分配及其不平等问题的解决也必须从平等与效率相均衡观出发，在促进经济增长过程中采取适宜的调控政策，收敛财产性收入不平等程度，确保财产性收入不平等被控制在各方均认同的适宜度范围内，只有这样，极端贫富鸿沟和福利主义暴力才会远离我们，阶层对峙和社会动荡才不会发生。

依据上述调控财产性收入分配及其不平等的基本思想，本书从促增财产性收入和促减财产性收入不平等两个角度拟定具体政策建议。

一、促增我国居民财产性收入数量增长的政策建议

财产性收入不平等的解决需要统筹考虑，其中我国居民财产性收入是不是普遍存在是问题解决的源头，我们难以想象一个没有源头活水的蓄水池，会以何种办法实现不同蓄水池水位的同一性。因此，促增我国居民财产性收入是解决财产性收入不平等的起始点。如何促增居民的财产性收入，我们认为有以下具体措施：

① 也即中低收入组群所得的报酬远远超过按边际生产力标准衡量下的要素报酬水平。

（一）保持适宜度的经济增长水平

收入是财产性收入源头，促增财产性收入的前提是提高居民收入水平，而居民收入水平与经济发展水平是密切关联的，因此，提高居民收入水平就回到了收入分配中平等与效率的争论上。本书认为中国在工业化前半段采取效率优先的导向，既是当时国情所致，也是发展中国家逐步走向繁荣昌盛的必然选择，犹如发达国家所经历的增长道路一样，把不平等归结到经济发展，这种判断存在质疑。虽然福利主义思潮有其先进性一面，尤其在后工业化阶段，其对劳动者权利的重新审视是必要和及时的，但是社会过度地采用转移支付手段解决不平等问题，就会陷入福利主义陷阱中，缺乏物质基础的解决之道只能解决问题一时，是“授予鱼，而非渔”的措施，穷人将永远处于劣势地位，是被恩赐的对象，代际“贫困文化”难以得到根本性改变。因此，解决问题的思路还要回到蛋糕本身上，是继续做大蛋糕，还是在原有蛋糕上做加减间的抉择，答案是明确的，做大蛋糕是唯一的正确选择。就我国情况而言，情况更为复杂化，绝对贫困和相对贫困交织在一起，如果解决之道仅仅采用干预措施削减高收入组群的财富用以弥补低收入组群，这样的政策是不完备的，国别经济将受到损伤，也将出现高净值人群把财富向国外转移的现象。因此，提高居民收入水平的政策抉择是在所有人群不减少自身福利的情况下，推动中低收入组群收入增加，在保持经济适度增长的情况下，对增量财富进行合理分配。

（二）坚持走全面深化改革的道路

本书认为保持适宜度效率可以促增居民的财产性收入，那么是否延续中国工业化前半段的经济增长模式来实现该目标，问题并非如此简单。虽然原有经济增长模式能实现数量上的增长率，但是其代价可能是难以承受的，资源承载力和环境容量最终会击垮社会运行体系，我国已经获得的经济成果也将化为乌有。由此可见，适宜度的效率不仅仅是数量上的效率，更是质量上的效率。显然地，我国不同经济区域处于不同的经济发展水平，如果不加以区别，欠发达地区将永远被限制在贫穷陷阱中，财产性收入增加只是沿海、沿江等发达地区的专属品，因此，适宜度的效率应该加入到区域维度进行考量。具体而言，沿海、沿江等经济发达地区采取更为严格的效率标准，资源承载力和环境容量作为经济发展的主要指标，倒逼经济转型升级；中西部等欠发达地区，尤其是中西部贫困连片的极端落后地区，资源承载力和环境容量的容忍度需要宽泛一些，这些地区依然处于前工业化阶段，摆脱贫困是这些地区的首选目标，如果其经济增长模式完全和沿海的发达地区一样，将无法改变自身的面貌，经济难以得到有效发展，居民的收入水平就难以提高，没有收入增长，财产性收入促增将成为一句空话，同时，容忍度宽泛不是放任不管，中西部等欠发达地区经济增长更多是通过承接东部地区部分产业转移得以实现，该承接不应是全盘照搬，是技术改造后的承接，也即通过技术改造削减产业对环境容量和资源承载力的冲击，问题是技术改造需要资金支持，中西部等欠发达地区没有如此雄厚的财力，这时，国家应该给予该技术改造补贴，这种补贴也是富裕组群为其生存环境支付的一种自然税赋。由此可见，适宜度效率视角下发展区域经济是持续深化改革的具体表现之一。换言之，持续深化改革是改变不同地区发展水平差距的唯一路径，是欠发达地区居民收入水平改善的唯一路径，最终必将促增居民财产性收入，尤其是穷人的财产性收入。

（三）推动内陆地区市场化进程

基于八大经济区分组，研究发现无论是收入、财产，还是财产性收入，市场化程度高的沿海地区领先内陆地区出现快速增长，因此，提高内陆腹地市场化程度，是改善劣势地区财产性收入的重要举措。

（四）提高劳动者报酬在初次分配中的比率

提高居民财产性收入水平，除了在经济适宜度增长下的持续深化改革外，另一重大措施是提升初次分配中劳动者报酬占比水平。我国劳动者报酬占比偏低，被企业和政府部门共同挤占，劳动者报酬占比偏低制约居民财产性收入的增长。因此，提高劳动者报酬占比对促增财产性收入的意义重大。

1. 按“提低、扩中、限高”思路突围劳动者报酬占比困境

在劳动者报酬提升过程中，增量部分优先倾向于中低收入组群，部分观点认为当前我国企业，尤其中小企业经营困难，持续提高中低收入人群的报酬，会给负压沉重的企业增加最后一根稻草，引发整个经济局面的动荡。其实这是两个问题，不能混为一谈，虽然直接人工支出是企业经营成本，但是企业经营成本减负空间不在直接人工支出，一个低杠杆的中小企业，其盈利空间依然很大，直接人工支出占这类企业的收入比例并不高，直接人工支出依然存在提升的空间，而目前多数高杠杆企业真正减负的空间是资金成本负担，也包括期间费用。由此可见，把两个问题混为一起讨论是企业经营理念出的问题，前 30 年“风也能把猪吹起的时代”已经过去，高利润，甚至暴利时代已经终结，长期稳定的回报才是

企业持久经营的王道，如果依此诟病劳动者报酬的提高，只能说明我国企业健全人格的缺失。

2. 降低中小企业税赋

虽然劳动者报酬和企业负担可以分开考虑，但是企业负担依然是劳动者报酬占比提升绕不开的障碍，政府作为挤占的次因，应该和企业联手解决劳动者报酬占比偏低问题。不同类型的企业对成本的承受能力是不一样的，以国企为代表的大中型企业消化成本上升的能力比较强，其可以通过优化管理效率和利用融资优势降低成本费用，吸纳劳动者报酬上升带来的冲击。税收减负对于这些企业来说没有必要，也不是必需的，尤其在国家必须保持适当的财政收入以维持日益递增的公共品提供的背景下，维系大中企业税赋水平也是必需的不二选择。中小企业在资金上没有优势，在资源上被动接受垄断企业定价，它们的减负空间有限，尤其是高杠杆企业压力就更大，税收减负对它们意义重大，政府通过减负，与中小企业共同承担中低收入组群的劳动者报酬上升带来的企业负担压力，由此，分配平等和经济发展被有效统一起来。

（五）完善个人所得税改革，促增中低收入组群的财产性收入数量增长

居民在初次分配中获得的收入不是个人可支配收入，个人可支配收入要经过二次分配调节后形成，也即是扣除税赋后的收入，这是直接影响居民财产积累水平的收入。收入转化为可支配收入的过程中，涉及的主要税赋是个人所得税，个人所得税计征依据是居民收入水平。综观我国居民收入构成，个人收入信息是不完整的，一些显性收入得到有效记录，众多隐形收入、灰色收入未得到记录，甚至存在部分企业主瞒报或者采取种种途径不予申报收入的情况，这些现象导致个人所得税的起征点和累进税率的设计偏离预期目标，结果是中低收入组群收入利益受损，中高收入组群利益得到保护。因此，建立起统一的收入信息平台，并在立法层面规范个人收入信息的申报，可以完善个人所得税起征点和累进税率的设计，使个人所得税真正起到调节居民收入差距的功能，确保中低收入组群的财产性收入增长。

（六）保障各类居民获得不动产的机会

不同组群居民总收入剩余水平是有高低的，在剩余数量的约束下，不同类型财产是互相竞争的，诸如居民选择房屋财产形式，就意味着放弃其他财产的积累，该竞争形式对于中低收入组群来说更为明显。显然地，住房作为我国根文化的一种存在形式，是居民愿意倾其所有为之付出的财产，中低收入组群如果把剩余财产全部投向房地产，就丧失了获得其他财产的机会，或者说其将拥有少量其他财产，由于中低收入组群住房是满足自用的或自持的财产，他们也就难以获得更多的财产性收入。如何让中低收入者的微薄收入剩余较少花费在住房消费上，保留一部分剩余投入到其他财产上，是提升中低收入居民财产性收入的有效路径，具体而言，加大廉租房、保障房和自住房的建设是出路，廉租房既可以保障低收入居民的居住功能，也可以最大限度地打破低收入居民收入剩余的禁锢，使得低收入组群能够把少量收入剩余投向其他财产，获得一定财产性收入，而保障房和自住房等政策适用中等收入者，其效应和廉租房一样，中高收入者和高收入者则以商品房为主，他们可以通过房屋市场自由交易获得房屋溢价收益。一个合理的、面向不同组群的住房体系构建基本满足了全体居民以生存为目的的不动产需求，也间接地、有效地促增不同居民财产性收入。

（七）建立城乡要素统一定价体系，促增农村居民的财产性收入

城镇居民受益于中国的改革开放，绝对贫困发生率已经很低，在 1.28 亿贫困人口中，农村居民占据绝大多数。城镇居民适用的一些促增财产性收入方法，农村居民不一定适用，如何让农村居民获得财产性收入是焦点问题。盘点农村居民可以获得财产性收入的资产主要是土地和宅基地。土地和宅基地是农村居民特有的、依法拥有的基本生存基础，在该项资产上做文章，提高农村居民的财产性收入，需要慎之又慎，既要考虑当代人和后代人的权利统筹，又要考虑地理区位差异形成的差距。从当代人和后代人权利统筹角度看，土地和宅基地不能一卖了之，当代人财产性收入的增加不能以后代人的痛苦为代价；从地理区位差异看，无法想象在偏远山区，贫瘠土地可以获得多大的财产性收入。因此，统筹要素价格不能局限于狭小区域或一次性交易。在要素价格统筹上，必须把要素价格统筹上升到国家层面，至少也要上升到经济区域层面，形成国家层面或者经济大区的要素统筹价格，形成附属于土地和宅基地权利的估价体系，使得全体农村居民在获得财产性收入提升的过程中，财产性收入内部差距得到一定程度均衡；在基于农村居民土地和宅基地的财产性收入分配形式上，估值后的市场公允价值不能采用以全部现金的形式发放给农村居民，应该采用现金、股权、有价证券等多种形式进行分配，这样就均衡了当代人及后代人的利益。

（八）全民共享国有财产的收益

我国实行人民民主专政制度，人民是国家财产的主人，附属于国家财产的收益理应为人民所分享，遗憾的是国企未对人民负起真正义务，存在于国企中的权利主体形同虚设。问题的关键是这部分财产性收入恰恰是全体公民最为稳健和最有可能成为托底的财产性收入，如果这部分财产性收入成为居民股息和红利收入的来源，是有效提升居民，尤其是中低收入者财产性收入的稳健路径。因此，合意性政策是把国有资产的股权分成两部分，一部分依然由国家代理，获得的收益弥补提供国家公共品的支出；另一部分分配给每个居民，该部分股权不能转让，由社保等专业机构代管，每年所得的股息和红利充实社保账户和养老基金，个人不能直接提取当期股息和红利。

（九）适度提高存款收益

利息收入是居民有了收入剩余后的财产性收入，多数居民是厌恶风险的，因此，储蓄成为我国居民仅次于房地产的第二大财产类型，储蓄形成的利息成为居民的重要财产性收入来源。是不是需要通过大幅提高利率来推升居民的利息收入，该判断存在质疑。目前，我国一年期定期存款基准利率为 3%（大型股份制银行上调到 3.25%，中小银行为 3.3%），对比发达国家，基准利率已经不低了，综合考虑物价中期变化趋势，基准利率可以略微上调，上调的幅度不宜过大，这样既可以促增财产性收入，又保证实体经济不受冲击。如果把利率推升到高水平上，短期内该措施确实促增了居民财产性收入，中长期内该措施反而会导致居民收入水平下降，进而促减财产性收入。比如一年期存款基准利率设置在 6%~7%，按目前市场情况，投资和经济将受损，最终衰退效应将传导到居民的财产性收入上，居民成为高利率的最后买单者。因此，本书认为目前基准利率水平是恰当的、适中的，尚无须通过大幅提高利率来促增居民财产性收入，仅仅具有略有上升的空间，适度提高存款收益。

（十）建立多层次的资本市场，拓宽居民的投资渠道

为什么保险收益促增（促减）效应不明显，贡献度如此低下，为什么出租房屋收入成为占比约 50%的财产性收入，为何房屋价值溢价能够达到 0.17 左右的贡献度，为何股息和红利收入贡献度逐年下降，这些看似难以回答的问题，其实症结在于一点：居民的投资受到约束。我国居民主要的投资渠道无非四类：房地产、股票、储蓄和民间借贷，民间借贷合法性难以界定，本书剔除民间借贷，余下的三种渠道中，房地产是居民财产的主要蓄水池，城镇居民房地产占总财产的80%左右，农村居民占到60%左右，比率之高难以想象，隐含的风险之大也是超出想象，股票则已经丧失了其投资价值，沦为纯粹的“工具”而已，只有储蓄还可靠一点，但是经济体系不允许通过大幅提高存款基准利率来推升居民的财产性收入。由此可见，中国居民投资是迷茫的，大量资金无处可去，庞大的资金成为影子银行的市场基础，催热了“余额宝”等网络金融创新，风险收益均衡观念被居民抛到身后，其所获得的财产性收入是短期的，从长期看，高风险的促增财产性收入的路径难以持续。因此，投资渠道的狭窄制约了居民财产性收入增加，加快多层次资本市场的建设可以在未来拓宽居民投资渠道，能在真正意义上具有持续促增居民财产性收入数量增长的效应。

（十一）形成创新氛围和基础，推动知识产权收入作为财产性收入的有益补充

我国知识产权收入专属于高收入组群，这说明我国创新氛围和基础非常薄弱，一般而言，知识的创新是没有阶层属性的，现实却打上了阶层的烙印，国家应努力营建良好的创新氛围，执行严格的知识产权保护法，让各个阶层居民均能通过知识创新获得相应的报酬，促增其财产性收入。

二、促减我国居民财产性收入不平等的政策建议

虽然促增措施可以提高居民的财产性收入，但是对舒缓财产性收入不平等的作用是不确定的。一般而言，低收入组群的财产性收入增速高于高收入组群时，提高居民财产性收入能够起到收敛财产性收入不平等的作用，诸如提高初次分配中的劳动者报酬、全民共享国有财产的收益和让农村居民从土地等财产中获益等措施均可能达到促减财产性收入不平等的效应；另外一些提高财产性收入的措施未必如此，甚至可能加剧财产性收入不平等程度，诸如提高利率水平和拓展投资渠道等措施。因此，虽然提高财产性收入是经济发展到一定阶段的必然要求，但是在财产性收入提高过程中更应注意其不平等的问题，政策选择应该包含促增财产性收入数量增长和促减财产性收入不平等两大类。

具体促减财产性收入不平等政策建议如下：

（一）开征遗产税

创业父辈通过个人的努力，也包括因我国前 30 多年不规范的经济体制等原

因，积累起高净值财产，在保护私有财产权的法律框架下，创业者拥有的财产理应受到法律的保护和公民的尊重，其可以通过自愿的第三次财富分配（慈善）承担社会责任。社会不能强求和强制，也即不能强行掠夺其财产，创业者只要在获得财产的过程中是合法的，就可以自由支配该部分财产，消费任何法律不禁止的产品和服务。虽然这可能存在一定社会负面影响，形成公众感觉上的不公平，但是一个人格健全的公民和社会应该是可以包容的，现象的本身不是不平等问题，不平等存在于现象背后，即政策失灵问题。由此，拥有财产不是个人的过失，造成财产差距的机制才是令我们深入思考的问题，从平等与效率相均衡观点看，父辈通过勤奋获得的财产是社会对其的褒奖，政策调控是应该在促增财产性收入数量增长中予以解决的。现实中存在另一种初始财产不平等现象，即财富代际转移问题，这才是极度扭曲财产性收入分配的不合理现象。虽然一个人无法选择家庭，拥有富裕家庭背景并不是令人唾弃的事情，但是不通过自身努力而获得一笔本不属于自己的财产，并不是一件令社会愉悦的事情，也不符合社会对经济努力的奖惩制度，子辈间初始财产差距将被无形中加大，形成起点和机会的不平等。因此，子辈无端获得一笔不菲的财产，必须为此承担一定的社会责任，这种责任就是让渡一部分财产给社会，开征遗产税的逻辑就此成立，理由非常充分。就我国当前现状，财富代际转移问题已经愈演愈烈，传统的“子承父业”思想根深蒂固，成为开征遗产税主要障碍，财富代际转移形成的初始财产巨大豁口，已经在相当长时间内加剧了我国居民财产性收入不平等程度，遗产税的开征是消融初始财产对于居民财产性收入不平等影响的最优选择。具体而言，国家应该先建立统一的财产信息平台，出台关于遗产税计征的法律条款，并估算合理的计征起点和累进税率，在考虑国情的基础上，最大限度地均衡个人初始财产水平，最终舒缓居民间财产性收入不平等程度。

（二）加快个人所得税税制改革

在促增财产性收入里，本书论证了个人所得税改革可以提升中低收入组群的可支配收入，进而促增居民财产性收入，本部分将进一步探讨个人所得税对财产性收入不平等的促减作用。不同收入组群间存在收入差距，收入又是财产性收入的源头，也即调整了收入差距，就意味着调整了居民财产性收入差距，调整的措施就是计征差别化个人所得税。现实问题是按目前个人所得税计征办法，不具有抵减项目，差别化个人所得税对那些通过勤奋获得高收入的人群而言也有失公平，故要充分发挥个人所得税对促减财产性收入不平等的作用，需要进行税制改革，完善个人所得税计征办法。

在完善的个人所得税下，个人要充分享用高收入是有前提的，前提是要么以多缴纳税收的形式实现，要么以消费形式实现，无论哪种方法均缩减不同组群的收入差距，也即收敛了财产性收入不平等。

（三）稳定房地产价格预期

持续的房价上升使得非穷人收益，房地产溢价成为财产性收入不平等的主因之一，抑制房价持续上升是舒缓财产性收入不平等的有效路径。同时，房价也不能大幅下跌，一方面房价下跌将引发居民财产缩水和家庭资产负债表的恶化，居民消费支出将受到抑制，从总需求端对经济形成压力；另一方面短期内投资将快速下降，从总供给端对经济形成新的冲击，两方面因素综合考虑，经济将呈现通货紧缩现象，穷人会因此受到牵连，穷人承担风险能力是脆弱的，如果生计出现问题，其财产性收入将趋向于0，因此，最优的政策措施是稳定房价价格预期，给其他促增居民财产性收入创造良好的外部环境，进而缩减居民间财产性收入差距。

（四）国家承担低收入组群的教育责任

有财产，但是不具备运营能力，是当前我国居民“贫困文化”发生的顽疾，也是居民间财产性收入不平等形成的主因之一，破解这一魔咒的对策是大力加强穷人的教育。现实是很残酷的，教育水平与质量的提高非个人或者社会团体努力而得到实现的，责任主体是国家。我国在基础教育普及上已经初见成效，高等教育也得到快速发展，然而，数量增长与质量增长并不匹配，优质教育资源偏好于非穷人，穷人名义上的受教育水平和实际的教育质量是不匹配的，穷人的财产运营能力也就未能得到真正提升。因此，本书认为国家应从下述几个方面加大对低收入组群的教育投入，实质性提升穷人的财产运营能力：

1. 增发边远贫困地区和面向进城农民工子弟学校教师的特殊津贴

在基础教育中，这些教师待遇偏低，对应的素质也难以得到保证，低收入组群的能力培养难以保证，通过物质刺激，可以吸引一批素质高的人员参与这些地方的教育事业，确保低收入组群子辈的教育质量。

2. 加强信息化与教育的深度融合

一般而言，真正优质的教师依然是稀缺的，也不可能配置到偏远山区，其个

人也不会同意。在当前网络技术条件已经成熟的时代，通过网络技术，加强信息化和教育的深度融合，可以让全国低收入组群的人享受到高质量的教育。

3. 提供边远贫困地区和面向进程农民工子弟学校的硬件建设资金

根据新型城镇化的总体规划，着力在人口相对集中的地区建设条件相对好的教学场地和设施，以住校补助形式鼓励远离人口集中的村落学生到教学条件相对好的学校求学。

4. 建立规范的、有计划的基础教育师资轮训方案

教育部门应建立边远贫困地区和面向进城农民工子弟学校一线教师集中轮训制度，推动这些教师的知识更新，确保教育质量的稳定和持续提升。

5. 大力提升高等教育的师资队伍素质水平

目前，我国高等教育也遇到教育质量问题，受用人机制和专职教师劳动回报失衡等因素影响，师资队伍存在良莠不齐的现象，在岗不在位和出工不出力的现象比较普遍，高校缺乏一批对知识执着的教师，教学质量难以保证。如果穷人的子辈在高校得不到能力塑造，对其来说教育是多余的，因此，高校应该通过转岗、分流和吸收新血液等多种举措，打造一支对知识执着、勇于献身教育事业的优质人才队伍，才能使高等教育培养人才功能得到真正发挥，其对穷人子辈提高财产运营能力的意义更为重大。

6. 改革高等教育招生模式

招生腐败已然成为教育不平等的主要表现，主要受损人群恰恰是低收入组群，一些涉及招生不平等的因素应该彻底摒弃，本书不建议取消高考，坚决取缔加分政策，还高等教育一个本来净土，同时，也允许极少数优秀高校采取差别化的招生政策，培育国家领军人才。

上述各类教育措施有利于低收入组群，其投入也需要国家承担，教育关系到国家、民族、个人的命运，也关系到人力资本投资匮乏的低收入组群今后财产运营能力的水平高低，因此，国家再难不能难教育，更不能难穷人的教育。穷人经过优质教育的培养后，财产运营能力得到真正提升，未来其财产性收入水平将大大改善，居民间财产性收入不平等也将被收敛。

（五）以人事制度改革破解当前用工领域存在的严重扭曲现象，软化社会阶层板结化状况

低收入组群子辈经过严格培养后，在我国还将面临一个严峻问题，这个问题

与财产性收入也挂钩。很多情况下，低收入组群子辈完成学业，也即意味着失业，抑或成为蓝领工人，当然我们不认为蓝领工作是一个不好的事情，只是说明现在存在的“拼爹”现象太突出，社会板结化现象太严重。众所周知，不同行业收入水平存在差异，如果优秀行业涌进的人员不是最优人才，也即意味着低收入组群子辈只能游离于主流社会外围，除了少数通过更高层次的培养，抑或公费出国留学[①]改变自身境况的穷人子辈。良好的教育似乎对低收入组群子辈是可有可无的，这是典型的机会不平等，个人收入由此决定其未来的命运，也基本决定其一生的财产性收入水平，低收入组群子辈也就有“早知如此、何必当初”的隔世感悟。为此，防范用工领域的腐败显得如此迫切，整个社会只有形成一个机会均等的环境，教育提升个人财产运营能力的效应才可能得到有效发挥，贫困文化才有可能得到舒缓，未来财产性收入的不平等才有可能收敛。

（六）建立强式有效的资本市场

目前，虽然股息与红利的贡献度是下降的，但是随着我国真正突破中等收入陷阱，进入后工业化时期，金融市场的威力将体现出来，股息与红利不再是富裕人群的专属品，将成为全体公民获得财产性收入主要方式之一，其对财产性收入不平等的影响力将持续加强，如果资本市场依然是弱势的，甚至是无效的，资本市场绞杀的对象仍是中低收入组群，居民间股息与红利的不平等程度将加剧，财产性收入不平等程度将更为恶劣。因此，消除未来股息与红利不平等的利器是建立强式有效的资本市场，强式有效的资本市场也是未来舒缓财产性收入不平等的重要措施之一。

① 有别于国内一些自费出国留学行为。

参考文献

[1] 阿瑟·奥肯:《平等与效率》，王奔洲译，华夏出版社 1987 年版，第 1 页。

[2] 阿瑟·奥肯:《平等与效率》，王奔洲译，华夏出版社 1987 年版，第 2 页。

[3] 孙裕生:《论平等与效率——评现代西方经济学家的“效率”、“平等”观》，《南开经济研究》1988 年第 12 期，第 51~55 页。

[4] 金良年:《论语译注》，上海古籍出版社 2004 年版，第 196 页。

[5] 阿瑟·奥肯:《平等与效率》，王奔洲译，华夏出版社 1987 年，第 4 页。

[6] Rozelle Scott. “Rural Industrialization and Increasing and Inequality: Emerging Patterns in China’ Reforming Economy”, *Journal of Comparative Economics*, Vol.19, 1994, pp.362~391.

[7] 陈宗胜:《公有经济发展中的收入分配差别理论模型与假说（Ⅱ）：两部门模型、总模型及倒 U 假说》，《南开经济研究》1991 年第 4 期，第 13~19 页。

[8] Frederic L Pryor. “The Future of U.S. Capitalism”, Cambridge University Press, 2006.

[9] Shi Li, Renwei Zhao. “Changes in the Distribution of Wealth in China 1995-2002”, *in the UNU-WIDER Project on Personal Assets from a Global Perspective* edited by Jim Davies, NC: UNU-WIDER Press, 2007.

[10] 贾康、孟艳:《我国居民财产分布差距扩大的分析与政策建议》，《经济社会体制比较》2011 年第 4 期，第 28~34 页。

[11] 李实、魏众、B.古斯塔夫森:《中国城镇居民的财产分布》，《经济研究》2005 年第 3 期，第 16~23 页。

[12] 赵人伟:《我国居民收入分配和财产分布问题分析》，《当代财经》2007 年第 7 期，第 5~11 页。

[13] 李璇:《先秦诸子的分配思想及其对当代中国的启示》，《重庆工商大学

学报》（社会科学版）2013 年第 6 期，第 87~97 页。

［14］ 色诺芬：《经济论雅典的收入》，张伯健、陆大年译，商务印书馆 1981 年版，第 2 页。

［15］ 色诺芬：《经济论雅典的收入》，张伯健、陆大年译，商务印书馆 1981 年版，第 3 页。

［16］ 色诺芬：《经济论雅典的收入》，张伯健、陆大年译，商务印书馆 1981 年版，第 4 页。

［17］ 色诺芬：《经济论雅典的收入》，张伯健、陆大年译，商务印书馆 1981 年版，第 7 页。

［18］ 色诺芬：《经济论雅典的收入》，张伯健、陆大年译，商务印书馆 1981 年版，第 60 页。

［19］ 威廉·配第：《赋税论·献给英明的人士·货币略论》，陈冬野等译，商务印书馆 1963 年版，第 71 页。

［20］ 亚当·斯密：《国民财富的性质和原因的研究》，商务印书馆 1981 年版，第 8 页。

［21］ 亚当·斯密：《国民财富的性质和原因的研究》，商务印书馆 1981 年版，第 21 页。

［22］ 亚当·斯密：《国民财富的性质和原因的研究》，商务印书馆 1981 年版，第 21 页。

［23］ 苏雪串：《西方收入分配理论评析》，经济发展与管理创新——全国经济管理院校工业技术学研究会第十届学术年会论文集，中国商务出版社 2010 年版，第 341~346 页。

［24］ 亚当·斯密：《国民财富的性质和原因的研究》，商务印书馆 1981 年版，第 31 页。

［25］ 刘娟：《古典与新古典收入分配理论之比较》，《中共南昌市委党校学报》2011 年第 6 期，第 27~30 页。

［26］ 亚当·斯密：《国民财富的性质和原因的研究》，商务印书馆 1981 年版，第 340 页。

［27］ 彼得·斯拉法：《李嘉图著作和通信集（第一卷）：政治经济学及赋税原理》，商务印书馆 2011 年版，第 167 页。

[28] 彼得·斯拉法：《李嘉图著作和通信集（第一卷）：政治经济学及赋税原理》，商务印书馆 2011 年版，第 72 页。

[29] 何正斌：《经济学 300 年》（精华版），湖南科学技术出版社 2010 年版，第 53 页。

[30] 杜辉：《我国居民财产性收入动态变化：结构和差距研究》，西南财经大学博士学位论文，2011 年，第 24 页。

[31] 克拉克：《财富的分配》，陈福生译，商务印书馆 1959 年版，第 15 页。

[32] 约翰·梅纳德·凯恩斯：《就业、利息和货币通论》，陕西人民出版社 2011 年第 2 版，第 222~223 页。

[33] 琼·罗宾逊：《资本积累论》，于树生译，商务印书馆 1963 年版，第 23 页。

[34] 李静茹：《西方经济学收入分配理论的比较研究》，东北财经大学硕士学位论文，2010 年，第 27 页。

[35] 贾生华：《发展经济学中的收入分配理论》，《新疆财经》1989 年第 5 期，第 45~52 页。

[36] 周玉燕：《论西方经济学个人收入分配理论的三次转型及其意义》，《上海交通大学学报》（哲学社会科学版）2005 年第 2 期，第 49~55 页。

[37] 厉以宁：《当代西方宏观福利理论评述》，《世界经济》1983 年第 7 期，第 42~48 页。

[38] 赵琳：《分配制度与和谐社会关系研究》，北京交通大学博士学位论文，2007 年，第 37 页。

[39] 赵人伟：《正确处理财产性收入与劳动收入的关系》，《中国改革》2008 年第 1 期，第 13~15 页。

[40] Maurice Leven. *Income in the Various States: Its Sources and Distribution, 1919, 1920, and 1921*, National Bureau of Economic Research, 1925.

[41] Kuznets S. "Economic growth and income inequality", *American Economic Review*, Vol.49, 1955, pp.1~28.

[42] Kuznets S. "Quantitative Aspects of The Economic Growth of Nations, Ⅷ: The Distribution of Income by Size", *Economic Development and Cultural Change*, Vol.1, 1963, pp.1~92.

[43] Lewis，Arthur W. "Economic Development with Unlimited Supplies of Labor"，*The Manchester School*，Vol.22，1954，pp.139~192.

[44] Lewis，Arthur W. "Reflections on Unlimited Labour"，in L. E. diMarco（ed.）*International Economics and Development*（Essays in Honour of Raoul Prebisch），New York：Academic Press，1972，pp.75~96.

[45] Robert Hunter. *Poverty*，New York：Macmillan，1904.

[46] Paul Kellogg. *The Pittsburgh Survey*：*Six Volumes*，New York：Russell Sage Foundation，1909~1914.

[47] Michael Harrington. *The Other America*，New York：Macmillan，1962.

[48] 阿马蒂亚·森：《贫困与饥饿——论权利与剥夺》，王宇、王文玉译，商务印书馆2001年版，第23页。

[49] 谢若登：《资产与穷人：一项新的美国福利政策》，高鉴国译，商务印书馆2005年版，第54页。

[50] Friedman M. *Capitalism and Freedom*，Chicago：University of Chicago Press，1962，p.81.

[51] Banerjee Abhijit，Andrew. "Newman.Occupational Choice and the Process of Development"，*Journal of Political Economy*，Vol.101，1993，pp.274~298.

[52] Oded Galor，Joseph Zeira. "Income Distribution and Macroeconomics"，*Review of Economic Studies*，Vol.60，1993，pp.35~52.

[53] Galor O，D Tsiddon. "The Distribution of Human Capital and Economic Growth"，*Joumal of Economic Growth*，Vol.2，1997，pp.93~124.

[54] Robert Townsend. "Micro Credit and Mechanism Design"，*Journal of the European Economic Association*，Vol.1，2003，pp.468~477.

[55] Maurer N，Haber S. "Related Lending and Economic Performance：Evidence from Mexico"，*Journal of Economic History*，Vol.67，2007，pp.551~581.

[56] Greenwood J，B Jovanovic. "Financial Development，Growth and the Distribution of Income"，*Journal of Political Economy*，Vol. 98，1990，pp.1076~1107.

[57] Asli Demirgüc-Kunt，Ross Levine. "Finance and Inequality：Theory and Evidence"，*Annual Review of Financial Economics*，Vol.1，2009，pp.287~318.

[58] Abhion P., P Bolton. "A Trickle down Theory of Growth and Development with Debt Overhang" *Review of Economic Studies*, Vol.64, 1997, pp.151~172.

[59] Chakraborty Ray. "The Development and Structure of Financial Systems", *Journal of Economic Dynamics & Control*, Vol.31, 2007, pp.2920~2956.

[60] Becker G, N Tomes. "An Equilibrium Theory of the Distribution of Income and Intergenerational Mobility", *Journal of Political Economy*, Vol. 87, 1979, pp.1153~1189.

[61] Grogger Jeff, Eric Eide. "Changes in College Skill and the Rise in the College Wage Premium", *The Journal of Human Resoures*, Vol.30, 1995, pp.280~310.

[62] Polachek Solomon W. "Differences in Expected Post-School Investment as a Determinant of Market Wage Differentials", *International Economic Review*, Vol. 16, 1975, pp.451~470.

[63] Todaro Michael P. *Economic Development*, Addison-Wesley Longman, Incorporated, 1997, p.45.

[64] Persson T, Tabellini G. "Is Inequality Harmful for Growth? Theory and Evidence", *Economic Review*, Vol.84, 1994, pp.600~621.

[65] Deininger Klaus, Olinto Pedro. "Asset Distribution, Inequality and Growth", *World Bank Policy Research Working Paper*, 2000.

[66] Galor Oded, Moav, Omer. "From Physicl to Human Capital Accumulation: Inequality in the Process of Development", *Working Paper*, 2001.

[67] Alesina A, R Perotti. "Income Distribution, Political Instability and Investment", *European Economic Review*, Vol.40, 1996, pp.1203~1228.

[68] Sheldon Danziger, Robert Plotnick. "Poverty and Policy: Lessons of the Last Two Decades", *Social Service Review*, Vol.60, 1986, pp.34~51.

[69] Herbert Spencer. *Social Statics*, New York: D.Appleton and Company, 1880 (first published in 1850), pp.353~356.

[70] Laerence Mead. "The Logic of Workfare: The Underclass and Work Policy", *Annals of the American Academy of Political and Social Science*, Vol. 501, 1989, pp.156~169.

[71] William J Wilson. *The Truly Disadvantaged: The Inner City, the Underclass and Pulicy*, Chicago: University of Chicago Press, 1987.

[72] 谢若登：《资产与穷人：一项新的美国福利政策》，高鉴国译，商务印书馆 2005 年版，第 107 页。

[73] 周彦文、陈莉霞：《试论财产收入的概念、性质和功能》，《中南财经大学学报》1998 年第 1 期，第 12~18 页。

[74] 李家勇：《财产收入的性质和功能》，《经济问题探索》1988 年第 6 期，第 13~15 页。

[75] 康渝生：《"拥有财产性收入"与"消灭私有制"——科学社会主义的哲学辨正》，《理论探讨》2008 年第 4 期，第 37~41 页。

[76] 尹焕三：《让更多群众拥有财产性收入的客观根由及路径选择》，《理论前沿》2008 年第 15 期，第 30~31 页。

[77] 赵人伟：《正确处理财产收入与劳动收入的关系》，《中国改革》2008 年第 1 期，第 13~15 页。

[78] 王国平：《财产性收入的价值判断与分配调节》，《国家行政学院学报》2009 年第 3 期，第 83~86 页。

[79] 杨永华：《论财产性收入的社会性质》，《南方经济》2010 年第 6 期，第 75~78 页。

[80] 王婷：《增加财产性收入对居民收入差距的影响评析》，《当代经济研究》2012 年第 7 期，第 45~49 页。

[81] 李卫东：《社会分化与财产性收入》，《经济问题》1993 年第 11 期，第 42~43 页。

[82] 唐雪梅、赖胜强：《财产性收入的社会经济影响及其分配优化途径研究》，《管理现代化》2013 年第 1 期，第 28~30 页。

[83] 莫凡、谭培文：《以财产性收入的增长推进社会公平正义》，《科学社会主义》2013 年第 3 期，第 115~118 页。

[84] 刘凤根：《财产性收入及其经济效应研究》，《湘潭大学学报》（哲学社会科学版）2008 年第 9 期，第 40~44 页。

[85] 刘江会、唐东波：《财产性收入差距、市场化程度与经济增长的关系——基于城乡间的比较分析》，《数量经济技术经济研究》2010 年第 4 期，第

20~33 页。

[86] 付敏杰:《建国以来我国居民财产性收入的演进分析》,《中国物价》2009 年第 12 期，第 41~44 页。

[87] 陈晓枫:《影响居民财产性收入增长的因素分析》,《中国经济问题》2010 年第 1 期，第 65~70 页。

[88] 孟庆荣:《制约农民财产性收入增长的障碍分析》,《农业经济》2013 年第 2 期，第 109~110 页。

[89] 孙益贤:《市场分割对财产性收入分配的影响》,《经济论坛》2008 年第 8 期，第 51~54 页。

[90] 李启航、陈国富:《法律制度对财产性收入影响作用的城乡差异——基于布罗代尔的法经济学思考》,《财经研究》2013 年第 3 期，第 99~111 页。

[91] 董虹:《我国城镇居民财产性收入与金融发展关系的实证研究：1992~2009》,《价值工程》2012 年第 21 期，第 179~180 页。

[92] 陈建东、晋盛武、候文轩、陈焱:《我国城镇居民财产性收入的研究》,《财贸经济》2009 年第 1 期，第 65~70 页。

[93] 刘湘勤、闫恺媛:《资产价格波动对居民财产性收入分配影响的实证研究》,《金融发展评论》2012 年第 2 期，第 128~144 页。

[94] 李爽:《财产性收入差距过大的主要问题》,《人民论坛》2007 年第 12 期，第 38 页。

[95] 董长瑞、王晓:《代际收入流动研究述评》,《理论经济研究》2013 年第 2 期，第 34~40 页。

[96] 常文涛:《工业化、城镇化与农民财产性收入关系的实证分析》,《理论月刊》2013 年第 6 期，第 180~184 页。

[97] 国家统计局城市司、广东调查总队课题组:《城镇居民家庭财产性收入研究》,《统计研究》2009 年第 1 期，第 11~19 页。

[98] 梁运文、霍震、刘凯:《中国城乡居民财产分布的实证研究》,《经济研究》2010 年第 10 期，第 33~47 页。

[99] 陈享光、王选华:《城镇居民财产性收入：一项实证研究》,《求索》2009 年第 12 期，第 1~5+12 页。

[100] 迟巍、蔡许许:《城市居民财产性收入与贫富差距的实证分析》,《数量

经济技术经济研究》2012 年第 2 期，第 100~112 页。

[101] 孟召将：《农民财产性收入差距分析》，《广东商学院学报》2012 年第 1 期，第 72~78 页。

[102] 马明德、陈广汉：《中国居民收入不均等：基于财产性收入的分析》，《云南财经大学学报》2011 年第 6 期，第 29~35 页。

[103] 周衍：《西部地区城乡居民财产性收入差距分析》，《重庆工商大学学报》（自然科学版）2013 年第 1 期，第 46~50+75 页。

[104] 李实、魏众、B.古斯塔夫森：《中国城镇居民的财产分配》，《经济研究》2000 年第 3 期，第 16~23 页。

[105] 周晓蓉、杨博：《城镇居民财产性收入不平等研究》，《经济理论与经济管理》2012 年第 8 期，第 56~64 页。

[106] 周青梅：《财产性收入、收入差距与政府公共政策选择》，《安徽商贸职业技术学院学报》2008 年第 1 期，第 6~8+36 页。

[107] 蔡亦敏：《从财产性收入看我国收入分配制度变迁》，《发展研究》2009 年第 6 期，第 39~42 页。

[108] 黄范章：《推行“财产性收入”大众化 深化收入分配体制改革》，《经济社会体制比较》2011 年第 2 期，第 169~173 页。

[109] 赵人伟：《从收入分配和财产分布看中国渐进式改革的成绩与问题》，《经济社会体制比较》2008 年第 4 期，第 1~4 页。

[110] 赵人伟：《我国居民收入分配和财产分布问题分析》，《当代财经》2007 年第 7 期，第 5~11 页。

[111] 陈宗胜：《中国城市居民收入分配差别现状、趋势及影响因素——以天津市为例》，《经济研究》1997 年第 3 期，第 21~31+39 页。

[112] 李实、罗楚亮：《中国收入差距研究育多大？——对修正样本结构偏差的尝试》，《经济研究》2011 年第 4 期，第 68~79 页。

[113] 约翰·洛克：《政府论（下篇）》，叶启芳、瞿菊农译，商务印书馆 1964 年版，第 77 页。

[114] 约翰·康芒斯：《制度经济学》，商务印书馆 2009 年版，第 3~7 页。

[115] 李芳：《财产权利、制度变迁与国家成长》，华中师范大学博士学位论文，2008 年，第 8~10 页。

[116] 石磊、张翼:《农地制度、财产性收入与城乡协调发展》,《学术月刊》2010 年第 4 期,第 62~68 页。

[117] 布尔什维克:《财产性收入及其条件》,《商业文化》2007 年第 11 期,第 21 页。

[118] 周衍:《西部地区城乡居民财产性收入差距分析》,《重庆工商大学学报》(自然科学版) 2013 年第 1 期,第 46~50+76 页。

[119] Commission of the European Communities, International Monetary Fund, Organisation for Economic Cooperation and Development, United Nations, World Bank, *System of National Accounts 2008*. Printed at the United Nations, New York, 2009.

[120] 洪兴建:《基尼系数理论研究》,经济科学出版社 2008 年版,第 100 页。

[121] Bandourian R, J McDonald, R Turvey. "A Comparison of Parametric Models of Income Distribution across Countries and over Time", *Luxembourg Income Study Working Paper*, No.305, 2002.

[122] 林宏、陈广汉:《居民收入差距测度的方法与指标》,《市场与人口分析》2004 年第 4 期,第 63~66+71 页。

[123] 万广华:《不平等的度量与分解》,《经济学》(季刊) 2002 年第 10 期,第 347~368 页。

[124] 李虎:《关于基尼系数分解的讨论》,《数量经济技术经济研究》2005 年第 3 期,第 127~135 页。

[125] Bourguinon F. "Decomposable Income Inequality Measures", *Econometrica*, Vol.47, 1979, pp.901~920.

[126] Sundrum R M. *Income Distribution in Less Development Countrie*, London: Routledge, 1990.

[127] 陈宗胜:《关于总体基尼系数估算方法的一个建议》,《经济研究》2002 年第 5 期,第 81~83+87 页。

[128] Fei J, G Ranis, S Kuo. "Growth and the Family Distribution of Income by Factor Components", *Quarterly Journal of Economics*, Vol.92, 1978, pp.17~53.

[129] Adams R. "Non-farm Income and Inequality in Rural Pakistan: A Decomposition Analysis", *The Journal of Development Studies*, Vol.31, 1994, pp.

110~133.

［130］李扬、殷剑峰：《中国高储蓄率问题探究——1992~2003 年中国资金流量表的分析》，《经济研究》2007 年第 6 期，第 14~26 页。

［131］白重恩、钱震杰：《谁在挤占居民的收入——中国国民收入分配格局分析》，《中国社会科学》2009 年第 5 期，第 99~115+206 页。

［132］李稻葵、刘霖林、王红领：《GDP 中劳动份额演变的 U 型规律》，《经济研究》2009 年第 1 期，第 70~82 页。

［133］冯志轩：《国民收入中劳动者报酬占比测算理论基础和方法的讨论——基于马克思主义经济学的方法》，《经济学家》2012 年第 3 期，第 5~13 页。

［134］梁季：《劳动者报酬占比的国际比较分析》，《经济研究参考》2012 年第 45 期，第 69~76 页。

［135］张贻龙：《中国劳动者报酬份额地区差异的原因分析》，华南理工大学硕士学位论文，2011，第 13~21 页。

［136］梁宏志：《西部地区初次收入分配格局问题研究》，《云南财经大学学报》2012 年第 5 期，第 78~83 页。

［137］周仲高：《我国贫困人口变动与反贫困战略转型》，《西部学刊》2013 年第 9 期，第 23~27 页。

［138］熊俊：《基尼系数估算方法的比较研究》，《财经问题研究》2003 年第 1 期，第 79~82 页。

后 记

在本书即将出版之际，回顾已经走过的历程，喜悦与辛酸一起涌上心头。我非常感谢苍天对我的眷顾，让我多年的梦想得以实现。我要感谢所有帮助我成长的真诚和善良的人们，没有他们的一路支持和鼓励，我将难以完成此书的撰写。

首先，我要诚挚地感谢导师刘迎秋老师。伴随着12个春夏秋冬，刘老师以严谨的治学态度、深厚的经济学功底默默地影响和培养着我，引领我走进一座宏伟与辉煌的经济学殿堂，领略经济学思想的启蒙、理论发展的脉络和各经济学流派的精髓，使我得以穿越经济学时空，寻找到研究方向，获得可以让我宽慰的研究成果。在具体指导过程中，刘老师仔细帮我甄别研究主题，提供该领域主要专家和著名学者的研究成果和资料，从而大大减少了我从事研究过程的曲折性；在写作过程中，刘老师帮助我梳理本书的逻辑性和矫正研究的结构，使本书达到一脉相承、融会贯通、逻辑严谨、条理清晰的要求；在具体内容阐述与文字处理上，刘老师总能在我的研究遇到困难和瓶颈时给予明确的方向性指导，使问题得以及时有效解决。师恩难忘，刘老师以其高尚品德和渊博知识，深深影响着我今后的人生道路。刘老师为我付出的心血和做出的栽培，我将永远铭记在心并伴我一路前行。

其次，我要真心地感谢中国社会科学院工经所黄速建老师。在我几乎要放弃考博的征程时，耳边及时传来了黄老师特有的和蔼声音，让我重新鼓足勇气报考中国社会科学院博士研究生，历经两年的备考努力最终顺利入学。正是黄速建老师给予我的支持和鼓励，推动我专注于学术研究，为书稿的完成铺垫了坚实的基础。“谢谢您”是我最想对黄老师说的一句肺腑之言。

再次，我要由衷地感谢我的家人。没有他们默默和无私的支持，我永远不可能实现自己的梦想。三年来，我的父亲与兄长一直关注我的学业，我的妻子翁肖俊和女儿郭嘉怡则无怨无悔地付出，让我能够获得大量时间专注于研究，在难以计数的孤灯长伴的不眠之夜，眼前常常浮现女儿纯真的笑容，是我持续研究与写作的动力。感谢你们，我的亲人。

最后，我要特别感谢能够共享经验与思想的同届同学，十多位同学虽然有着完全不同的成长历程、不同的视野和深邃思想，但在三年的共同求学过程中，大家不仅经常相聚并一起分享各自的经验和思想，而且经常在分享中实现相互理解、淳朴协作和互相支持。如今，所有这些均已成为我们求学过程中一道永不泯灭的亮丽风景线，我将永远保留这段人生历程中最绚丽的记忆。

本书的出版不仅是我历年研究的积累与总结，也是对帮助我的师长、同学和亲朋好友的最好回报，我将秉承中国社会科学院研究生院“笃学慎思、明辨尚行”的校训，不辜负师长、亲友和同学们的关爱和期许，走好未来的人生道路，以所学知识回报社会。